해외자료로 본 북한체제의 형성과 발전 II

이 저서는 2002년도 한국학술진흥재단의 지원에 의하여 연구되었음(KRF-2002-072-BM1021).

해외자료로 본 북한체제의 형성과 발전 II

초판 1쇄 발행 2006년 6월

저 자 정현수 · 김하영 · 우병국
        김 면 · 전현준 · 곽진오
펴낸이 윤관백
편 집 김은정
표 지 김지학
펴낸곳 선인
등 록 제5-77호(1998. 11. 4)
주 소 서울시 마포구 마포동 324-1 곳마루 B/D 1층
전 화 02)718-6252 / 6257
팩 스 02)718-6253
E-mail sunin72@chol.com

정가 · 20,000원
ISBN 89-5933-054-X   93900

· 저자와의 협의에 의해 인지 생략.
· 잘못된 책은 바꿔 드립니다.

해외자료로 본
북한체제의 형성과 발전 II

정현수 · 김하영 · 우병국 · 김 면 · 전현준 · 곽진오

선인

서 문

　본 연구서는 2002년부터 2005년까지 3년간 한국학술진흥재단의 지원을 받아 통일연구원에서 수행하였던 북한사회주의체제의 형성과 발전에 관한 연구에 참여하였던 연구자들의 연구논문을 한데 모아 출판한 것이다.
　수록된 논문들은 연구과정에서 해외로부터 수집·정리된 자료들을 기반으로 연구 참여자들이 작성한 것이다. 여기에 실려 있는 논문들은 북한연구학회를 통해 발표하였던 글들이 주류를 이루고 있으며, 일부는 다른 학술지에 발표하였던 글을 일부 수정하여 다시 출판하게 되었다.

　연구자들이 수행한 해외북한자료의 수집이라는 연구과제는 해외의 5개국을 대상으로 북한자료를 찾아내고 수집·정리한 힘든 작업이었다. 그동안 이와 유사한 작업들이 다양한 분야의 전문학자들에 의해 수행되어져 왔지만, 분산적으로 이루어져 왔을 뿐만 아니라 자료의 공유마저도 제대로 이루어지지 못하여 많은 어려움을 겪을 수밖에 없었다.

　본 과제에 참여한 연구자들은 해외북한자료를 수집하고 정리하는 작업과 함께 수집한 자료를 해제하고 분석하는 과정에서 전공영역을 중심으로 매년 1～2편의 논문을 작성하였다. 여기에 실린 글들은 그동안 수집된 자료의 내용분석을 통해 작성된 연구논문들 중 일부에 해당하는 것들이다. 여기에 실린 글들을 간략하게 소개해 보면 다음과 같다.

　정현수 박사는 두 편의 논문을 수록하고 있다. 「해외의 북한자료 수집과 활용실태에 관한 연구」 논문은 본 연구과제가 추진해 왔던 해외소재 북한자료에 대한 수집과 활용에 관한 전반적인 문제들을 사실적 차원에서 포괄적으로 압축하여 정리해 놓은 논문이다. 그 다음의 「북한의 사회주의체제 형성기의 당국가 체제 연구」는 노획문서를 바탕으로 북한 초기 당국가 체제를 연구한 것이다. 이 논문은 북한이 해방 직후부터 사회주의체제를 형성하려는 노력을 본격화하여 왔지만 1948년 건국 이전에는 김일성이나 공산당조직이 정부와 군을 지배수단으로 활용하는 당적 지배체제를 완벽하게 구축하지 못한 채 출발하였다는 사실을 규명해 주고 있다.

　김하영 박사는 미국지역을 담당하면서 수집한 자료에 기초하여 두 편의 논문을 작성하였다. 하나는 「항일무장투쟁과 김일성의 초기 정치리더십 형성」에 관한 논문이고, 다른 하나는 「북한체제의 초기 집단정체성 형성에 관한 연구」 논문이다. 김일성의 리더십에 관한 논문에서는 문헌자료와 구술자료들을 동원하여 항일무장투쟁의 경험이 김일성의 리더십 형성에 영향을 미쳐 왔음을 재확인해 주고 있다. 두 번째 글에서는 북한에 의해 생산된 공식적인 문건을 중심으로 해방 직후 북한에서 집단정체성이 형성되는 과정에서의 특징 및 내용을 규명하고 있다.

김 면·전현준 박사는 구동독의 문서보관소가 소장하고 있는 북한관련 자료들을 수집하고 정리하는 과정에서 그 중의 일부자료를 발췌하여 연구논문을 작성하였다. 김박사는 「구동독이 본 북한체제의 형성과 발전」을 통해 북한정권의 초기과정에서의 북한-동독 관계사를 고찰하였다.

우병국 박사는 중국 및 대만자료를 수집하고 분석하는 과정에서 발췌한 자료들을 중심으로 중국이 보고 있는 한국전쟁에 관한 입장과 연구동향을 분석하였다. 이 글을 통하여 우박사는 중국자료의 신뢰성에 문제를 제기하는 한편 중국에서 아직도 한국전쟁을 '항미원조'라는 차원에서 정의로운 전쟁으로 인식하려는 경향이 강하게 존재하고 있다는 점을 지적하고 있다.

곽진오 박사는 일본지역을 맡아 자료를 수집하고 해제하는 과정에서 외무성자료를 중심으로 「외무성 문서로 본 전후 일본의 한국인 국적처리 문제 고찰」이란 글로 재일 한국인문제를 다루고 있다. 이 글에서는 일본이 재일 한국인들을 외국인으로 취급하여 각종 차별적 시책을 실시해 왔다는 내용을 외무성 문서를 통하여 실증적으로 분석하고 있다는 점에 의의가 있다.

　북한연구에 있어 연구자들이 흔하게 직면하는 문제는 자료의 빈곤이었다. 본 서에 수록된 논문들은 각각 상이한 주제들을 다루고 있음에도 불구하고 수집된 문헌 및 구술자료에 기초하고 있다는 특징을 지니고 있다. 본 연구가 실증적 북한연구의 저변확대에 있어 자극이 될 수 있기를 기대한다.

　본 연구사업의 수행과 본 연구서의 출판에 있어 직·간접적으로 많은 도움을 준 여러분께 감사의 말을 전한다. 특히 연구팀의 구성과 활동에 있어서 물심양면의 지원을 아끼지 않았던 통일연구원과 박영규 원장님께 깊은 감사의 말씀을 드린다. 책의 편집과 교정에서 도움을 준 최선주양(연세대), 양은주양(연세대), 이은정양(통일연구원)의 노고에 감사를 드린다. 그리고 연구가 가능하도록 지원해준 학술진흥재단에도 감사의 말을 전한다.

2006. 6.
저자 일동

차 례

해외의 북한자료 수집과 활용실태에 관한 연구

차 례

해외의 북한자료 수집과 활용실태에 관한 연구

정 현 수

I. 서 론

1. 연구목적

21세기는 정보화의 시대이다. 정보화시대에서는 지식과 정보가 국력의 토태로 작용하면서 민족과 국가의 미래를 좌우한다. 한국은 산업화에는 늦었지만, 정보화는 일찍 출발하여 IT강국으로의 도약을 시도하고 있다. 한국이 추진하고 있는 세계사의 주역, 동북아시대의 중심국가로 나서기 위해서는 정보인프라의 지속적인 축적이 필요하다.

한국사회가 21세기의 새로운 주역으로 나서기 위해서는 먼저 분단구조를 해체하는 일이 시급하다. 현존하는 분단체제를 그대로 유지하면서 제한된 역량을 가지고 세계사의 중심국가로 나선다는 것은 불가능에 가까운 일이기 때문이다. 다행히도 남북한은 21세기를 앞두고 분단체제를 해체시키려는 적극적인 의지를 교환하면서 적대관계를 지양하고 평화공존과 화해협력에 기초하여 통일기반을 조성하려는 방향으로 움직여지고 있다. 독일의 통일이후에 겪고 있는 여러 가지의 어려움은 남북한에게도 영토통합 이전에 상당한 준비와 노력이 필요하다는 점을 분명하게 보여주고 있다. 남북한관계가 개선되면서 점차적으로 관계개선의 지속적 발전과 통일기반을 축적하는 일이 매우 시급한 과제로 나서고 있다.

최근 한반도 주변에서는 과거사 문제를 둘러싸고 치열한 논쟁이 계속되고 있다. 중국의 동북공정 프로젝트를 둘러싸고 한중간의 갈등, 독도문제와 과거사의 청산문제를 둘러싼 한일간 갈등도 계속해서 재생산되고 있다. 또한 국내적으로도 교과서에 수록되어 있는 한국현대사, 북한현대사를 둘러싸고 새로운 갈등이 야기되고 있는 실정이다. 이와 같이 지나간 시대의 역사적 자료들은 국가의 운명을 좌우하는 문제로 인식되어야 한다. 이러한 문제는 곧 지나간 역사를 실증적으로 뒷받침하는 자료를 통해서만 해결될 수 있다.

그동안 논란이 되고 있는 북한현대사의 경우, 미국을 비롯한 특정국가의 자료에 편중된 연구에서 벗어나지 못하였다. 이러한 현상은 북한연구가 지나치게 미국적 자료의 의존에 따른 편향된 연구결과로 이어질 수 있다는 문제점이 꾸준하게 제기되어 왔었다. 북한연구의 수준은 북한자료에 의존한다. 예를 들면, 미국의 브루스 커밍스는 미국자료에 의존하여 미국은 북한의 공격계획을 사전에 알고 있었다는 주장을 제기하는 반면에 국내연구자인 박명림은 한국전쟁을 북한의 계획적인 침략전쟁으로 규정하고 있으며, 일본의 와다 하루끼는 러시아와 중국측 자료를 통하여 한국전쟁을 동북아지역의 구도속에서 접근하고 있는 등 자료의 성격에 따라 서로 다른 연구성과들이 공존하고 있는 모습을 쉽게 발견할 수 있다. 따라서 북한과 같이 극단적인 자료와 주장이 공존하고 있는 상황에서는 좀더 다양한 자료에 기초한 연구가 절실하게 필요하다고 본다. 북한자료는 북한연구의 실증적 기반을 축적하는데 매우 중요하다. 그것은 북한현대사의 재해석을 위한 기반을 축적하는데 기여할 수 있다. 아직도 북한현대사를 둘러싸고 제기되는 여러 가지 의문점을 해소하기 위하여 다각적인 자료의 수집이 절실하게 필요한 실정이다.

지난 반세기 동안 수많은 자료들이 잘못 해석되고, 검증되지 않은 증언들이 마치 역사적 사실처럼 알려져 왔다는 점을 고려한다면 새로운 자료의 발굴과 더불어 지금까지 이용된 자료와 증언들을 재검증하는 작업도 매우 중요한 일이다.

21세기의 세계화시대는 북한연구자료의 세계화에도 기여하고 있다. 특히 사회주의국가의 개혁개방은 북한연구자료의 질적 빈곤상태를 개선시키는데 커다란 기여를 하였다. 21세기의 세계화시대는 북한자료를 축적하는 문제에 있어서도 세계화를 요구하고 있다. 이것은 후속연구의 기반을 축적하는데 기여할 수 있다.

한국이 한반도 문제의 당사자 국가이자 동북아지역의 중심국가로 나서기 위해서는 대북관계를 주도해 나갈 수 있는 역량의 확보가 필요하다. 한국이 북한연구의 중심이 되기 위해서는 북한 연구자료의 축적이 선행되어야 한다. 따라서 전 세계에 흩어져 있는 북한자료를 수집하는 일은 한국중심의 북한연구, 북한연구의 한국화에 크게 기여하게 될 것이다.

이에 따라 본 연구에서는 북한자료의 해외소장실태 및 국내반입실태를 점검해 보고 아울러 북한연구과정에서 해외자료가 얼마나 활용되고 있는지를 실증적으로 분석해 보고자 한다. 아울러 본 연구에서는 부분적으로 해외의 미국·일본·중국·독일·러시아 등 5개국을 대상으로 통일연구원에서 추진하고 있는 '해외북한자료의 수집연구'를 통해 이룩한 연구성과의 내용을 중심으로 접근하였다. 이러한 연구는 해외자료의 중복수집을 예방하고 후속연구의 활성화에 기여할 수 있다는 점에 의의가 있다. 그리고 북한연구의 활성화를 통하여 '북한적 현상'의 실체적 진실을 규명하는데 커다란 도움을 줄 수 있을 것으로 판단된다.

2. 선행연구의 검토

북한자료의 중요성은 북한과 관련된 분야에 종사하는 모든 주체들에 의해 공통적으로 제기되어 왔던 문제였다. 그러나 대부분의 북한연구자들은 북한연구자료의 빈곤문제를 해결하기 보다는 현존하는 자료에 의존하여 분석하고 해석하는 일에 치중하는 것이 일반적인 추세였다고 할 수 있다. 이에 따라 자료의 빈곤은 '실증의 빈곤'과 '방법의 빈곤'이 중첩되면서 북한연구 자체의 질적 발전을 저해하는 요인으로 지적되어 왔다.[1] 그러나 자료의 빈곤이 필연적으로 연구의 빈곤을 초래한다는 것을 의미하는 것은 아니다.

뿐만 아니라 대부분의 연구자들이 북한자료의 빈곤을 지적하고 있지만 조금 자료문제에 적극적인 자세를 견지한다면 의외로 주변에는 연구자료로 활용되지 못한 자료들이 널려 있음을 발견할 수 있다. 문제는 연구자들이 습관적으로 자료부족을 당연시하면서 획득 가능한 자료조차도 보지 않는 무성의와 이론의 자료 산출기능에 대한 관심부족, 자료의 분석 및 평가방법의 미숙에도 원인이 있다.[2]

우리 주변에는 북한연구에 활용 가능한 자료들이 널려 있다. 우선 북한연구에 필요한 가장 중요한 자료는 소위 '1차자료'라고 할 수 있을 것이다. 옥센버그(Michael Oksenberg)는 중국학의 예를 들어 1차자료의 범주에 해당하는 자료들로서 1) 중국본토에서 발행되는 간행물 : 서적, 잡지, 신문, 방송, 2) 과거 중국에 거주한 경험이 있는 인사들과의 인터뷰나 저술, 3) 중국방문자의 기록물, 4) 중국의 픽션, 5) 비공식적으로 획득하

---

1) 김연철, 「북한연구에서 인식론 논쟁의 성과와 한계」, 『현대북한연구』, 창간호(1998), 43쪽.

2) 최완규, 『북한은 어디로 : '북한적' 정치현상의 재인식』(마산 : 경남대출판부, 1996), 48쪽.

여 발표되는 중국의 기밀문서 등을 제시하고 있다.3)

북한연구에 있어서도 가장 중요한 1차자료는 북한에서 발행된 공식·비공식 간행물들이라고 할 수 있을 것이다. 아직은 주로 북한당국에 의해 간행된 공식기록물이나 간행물에 의존하고 있는 실정이다. 북한연구자들에게 가장 널리 활용되고 있는 1차자료들로서는 조선로동당의 기관지인 『로동신문』『평양신문』『로동청년』『근로자』『조선중앙년감』『민주조선』『력사과학』『력사연구』『사회과학』『철학연구』『정치사전』『철학사전』『천리마』『경제연구』 등을 들 수 있다. 그리고 북한의 최고지도자인 김일성과 김정일의 각종 문건을 담고 있는『김일성선집』『김일성 저작선집』『김일성 저작집』『김정일선집』『김정일동지문헌집』 등을 비롯한 수많은 단행본들이 연구자료로서의 가치를 높이 평가받고 있다. 이밖에도 북한을 움직이고 있는 주요 인물이나 기관을 비롯한 제반 행위자들의 출판물, 즉 조선로동당출판사, 사회과학출판사, 인민출판사 등에서 발행된 출판물 등도 중요한 연구자료에 해당된다.

그러나 북한에 의해 생산된 1차자료는 북한의 외부에서 재발행된 자료들도 상당수 포함되어 있다. 대표적으로는 국사편찬위원회에서 간행한『북한관계사료집』, 고려대 아세아문제연구소의 『북한연구자료집』, 통일원의 『조선로동당자료집』과『북한최고인민회의자료집』 등이 있으며, 최근에는 경남대 극동문제연구소에서 출판한 북한자료집으로『김정일저작선』과『북한문헌연구』(2004) 등이 있다.

이밖에도 개인연구자나 언론사 및 출판사 등지에서도 북한자료를 선별하여 기획출판하는 경우도 일반적인 추세로 자리잡아 왔다. 대표적으로는 북한의 사회과학출판사에서 발행한 주체사상 시리즈를 국내의 여러

---

3) Michael Oksenberg, "Sources and Methodological Problems in the Study of Contemporary China", A. Doak Barnett(ed.), *Chinese Communist Politics in Action* (Seattle : University of Washington Press, 1969), pp.577~599.

출판사에서 공동으로 전권을 출판하기도 하였다.

그러나 북한에 관한 자료집 수준이 과거 냉전하 미국의 공산권 연구지원으로 이루어진 것을 넘지 못한다는 점이 현재 우리 북한연구의 현주소라는 비판이 제기되고 있다.[4] 결국 북한연구에 필요한 자료의 빈곤은 상대적인 문제로 보는 것이 타당할 듯싶다. 북한연구에 필요한 자료는 연구자의 관심과 노력 여하에 따라 충족될 수 있을 것이다. 자료의 신뢰도를 확보하고 체계화시키는 방법도 만족할만한 수준은 아니지만 꾸준하게 진전되고 있다. 북한자료의 수집이 어려운 것은 사실이지만 연구자가 입수 가능한 자료에 대해서만 이라도 그것의 장단점을 파악하고 다루는 방법을 체계화시키는 노력을 게을리 하지 않는다면 자료의 문제는 어느 정도 극복이 가능하다고 볼 수 있다.[5] 현재 미국에 거주하고 있는 서대숙 박사는 『북한현대사 문헌연구』(백산서당, 2001)라는 단행본을 통하여 북한자료들의 성격과 문제점을 상세하게 설명해 주고 있어 북한전문가나 일반인들이 북한자료를 상대하는데 필요한 올바른 자세를 정립하는데 커다란 도움을 주었다.

한편, 해외에서 북한자료를 수집하고 정리하는 문제를 직접 다루고 있는 주요 대표적인 연구 성과물로서는 김기석의 『해외소재 한국학관련사료 수집 및 정보화방안연구』(1999), 정용욱과 김광운의 『미국 국립문서기록첩의 한국근현대사 관련자료 소장현황과 이용실태조사』(1999), 송승섭의 「국가기록물로서의 '통일사료'의 관리방안」(1999), 김광운의 「해외소재 한국사사료의 수집이전사업에 관하여」(2002) 등이 있다.

그러나 기존의 북한연구자료와 관련된 연구들은 대부분 문헌자료에 치중되어 있고, 구술자료의 수집 및 활용에 대해서는 아직도 초보적인 수

---

4) 서동만, 「북한연구에 대한 반성과 과제: 1990년대 연구성과와 문제점」, 『현대북한연구』, 창간호, 68쪽.

5) 최완규, 앞의 책, 56쪽.

준을 벗어나지 못하고 있는 것으로 보여 지고 있다. 그리고 문헌자료의 수집조차도 공식적인 각국의 문서보관소에 소장되어 있는 기록문서 위주의 1차 자료에 치중되어 왔다는 점에서 다양한 자료 발굴 노력의 필요성이 제기되고 있다.

II. 북한연구방법론의 동향과 북한자료

한국에서 북한자료는 국가의 생존과 번영에 직결된 국가전략을 선택하는데 커다란 영향을 미쳐 왔다. 한국에서 북한을 이해하고 평가하는데 있어 가장 보편적인 수단은 각종 지식과 정보를 담고 있는 자료들이라고 할 수 있다. 그동안 한국사회에서는 북한사회를 이해하는데 어떠한 자료에 의존하느냐에 따라 북한의 모습과 실체는 다양성을 띠어 왔다. 따라서 북한을 분석하고 이해하는 과정에서 자료에 대한 선택의 문제는 대단히 중요한 비중을 차지하고 있다고 볼 수 있다. 지난 기간동안 한국사회에서 북한사회를 분석하고 이해하기 위한 방편으로 동원하여 왔던 자료들은 크게 다음과 같은 세 가지의 연구방법론을 중심으로 오늘에 이르고 있다.

1. 외재적 접근방법

우선 국내에서의 북한연구의 시작은 냉전적인 분단상황의 현실적 수요를 충족시키려는 목적의식적인 연구로부터 시작되었다고 할 수 있다. 한반도의 분단상황은 북한을 학문적인 연구대상으로서 접근하는데 많은 어려움을 초래하였다. 북한은 민족적 차원보다 1민족 1국가적 차원에서 소멸되고 부정되어야할 대상으로 인식되어 왔다.

한국의 북한연구는 일반론적인 지역연구의 성격만이 아니라 태생적으로 당위론적인 성격을 지니고 출발하였다. 한국에서의 북한연구는 계기의 특수성을 지니고 있으며 일차적으로 생존을 위한 안보의 필요성과 분단의 극복이란 민족사적 요구에 의하여 국가정책 연구로서 시작되었다.6)

북한이란 연구대상은 분단상황의 특수성으로 인하여 대북정책을 주도하고 있는 정책당국의 대북관으로부터 커다란 영향을 받아 왔다는 점에서 국내외의 제반 환경으로부터 자유롭게 접근할 수 있는 자율성을 확보하기 매우 어려운 상황에 놓여 왔다.

북한을 학문적인 연구의 대상으로서 보편적 이론을 적용하고 객관적으로 접근하려는 시도는 1970년대에 들어와서야 본격화될 수 있었다. 1970년대 미국의 국무성 자료들이 부분적으로 비밀 해제되어 공개되기 시작하였다. 국내에서의 북한이해는 주로 국내 및 미국 내 한인 및 미국연구자들의 연구성과에 크게 의존하여 왔다. 특히 미국에 거주하고 있는 방선주 박사는 미국 각지에 흩어져 있는 자료들을 국내에 소개하는데 결정적인 기여를 하였다.

냉전시대의 북한연구방법은 주로 서방자료에 의존한 문헌연구가 주류를 차지해 왔다. 특히 미국자료가 북한연구를 지배해 왔다고 할 수 있다. 북한학계에서는 사회주의국가의 외부의 자료를 가지고 북한연구를 시도한다는 점에서 '외재적 접근방법'이란 용어로 개념화하였다. 외재적 접근방법이란 주로 냉전시대에 서구 및 국내학계에서 사회주의국가들의 정치를 비롯하여 사회경제 등의 제반 현상을 비판적으로 이해하고 설명하는데 사용되어져 왔던 이론들이 의존하고 있었던 방법론적 유형을 말한다.7) 여기에는 전체주의모델을 비롯하여 엘리트이론, 근대화론, 역사문화

---

6) 강성윤, 「북한학 연구의 현황과 과제」, 북한연구학회, 『분단 반세기 북한연구사』(서울 : 한울, 1999), 13쪽.

7) Leonard J. Cohen, Jane P. Shapiro(ed.), *Communist Systems in Comparative Perspective*(New York : Anchor Books, 1974), pp.xix~xliv ; 안병영, 『현대공산주의연구』(서울 : 한길사, 1983).

이론 등이 포함되어 있다. 이 접근방법에서는 북한과 같은 사회주의를 밖으로부터, 즉 자본주의나 자유민주주의에 입각한 가치나 척도에 따라 분석하려는 경향을 띠고 있다는 점에 공통점이 있다.8) 이에 따라 외재적 접근방법에 기초하여 접근된 북한의 모습은 부정되고 극복되어야할 대상으로 귀결되었고, 그것은 곧 남북한간의 대결을 재생산하는 기반으로 작용되는 역기능을 낳아 왔다.

그러나 사회주의 진영의 변화와 동서간 평화공존은 외재적 접근방법이 반북적인 시각을 조장하고 북한체제가 작동하는 방식을 이해하는데 한계가 있다는 비판적 지적이 제기되면서 대안적 접근방법을 모색하는 계기가 되었다.9)

2. 내재적 접근방법

1980년대 후반 사회주의진영의 몰락과 함께 동서냉전이 해체되면서 북한연구방법론에도 획기적인 질적 변화가 나타나기 시작하였다. 탈냉전시대에 들어오면서 북한연구방법에 있어서도 기존의 냉전형의 외재적 접근방법에 대한 비판적 대안의 일환으로 내재적 접근방법이라는 새로운 모형이 제시되어 왔다. 내재적 접근방법에서는 북한의 독자적인 논리의 중요성이 강조되었다. 내재적 접근방법에서는 북한에서 생산된 자료에 의존한 연구방법으로 귀결되었다.

내재적 방법론의 태동은 외재적 방법론이 지니고 있는 한계로부터 출발하고 있다. 내재적 방법론을 대표하고 있는 송두율 교수에 의하면, 북한사회를 제대로 인식하기 위해서는 〈정당한〉방법론이 마련되어야 한다

---

8) 강정인, 「북한연구방법에 대한 새로운 제언」, 『역사비평』(1992년 여름호), 319쪽 ; 최완규, 「북한연구방법론 : 반성과 제언」, 앞의 책, 187쪽.

9) 김남식, 「해방전후 북한현대사의 재인식」, 『해방전후사의 인식5 : 북한편』(서울 : 한길사, 1990), 14쪽.

고 주장한다. 그에 의하면 서구와 남한에서 북한을 포함한 공산주의체제를 이해하는데 사용되어온 기존의 '전체주의 이론'과 '산업사회론에 근거한 수렴이론'은 양자 공히 사회주의를 '밖'으로부터, 즉 시민적 민주주의나 자본주의의 척도로 분석해 내려는 경향을 띠고 있다는 점에서 본질적인 결함을 지니고 있다고 지적하였다.

이에 따라 그는 사회주의 이념과 현실을 내재적으로, 즉 안으로부터 분석 비판하는 방법론으로서 사회주의사회가 자본주의사회와는 다른 이념과 정책의 바탕 위에 서 있다는 것을 인정하고, 이 사회주의가 이룩한 성과를 이 사회의 이념에 비추어 검토 비판할 것을 주장하는 내재적 접근법을 정당한 방법론으로 제안하고 있다.[10] 내재적인 사회주의 접근방식은 전체주의나 산업사회이론이 근거하는 '선험적' 입장의 오류를 극복할 수 있는 장점을 지니고 있으며, 사회주의가 무엇을 지향하고 있고 이러한 목적은 실제적으로 얼마나 달성되었는가를 사회주의 스스로 이야기하게 함으로서 사회주의의 실체와 기능을 드러내고자 하는데 내재적 접근의 특징이 있다.[11]

내재적 접근방법에서 한걸음 더 나아가 일부학자들은 내재비판적 접근방법을 조금 더 진전된 접근방법으로 제시하고 있다. 여기에서는 "우리가 북한사회를 분석할 때 핵심적인 것은 북한사회주의가 지향하는 이념을 이해하는 것이고, 그것이 만들어낸 현실의 다양한 사회작동 원리를 분석하는 것이며, 이 이념이 북한사회 현실에 어떻게 구체적으로 구현되고 있는가를 관찰해야 한다"[12]는 입장을 주장하고 있다. 여기서 말하는 이념이란 주체사상을 말한다. 주체사상이라는 이데올로기적인 접근방법만이 북한사회를 총체적인 면에서 적실성 있게 연구하는 방법으로 보고

---

10) 송두율, 「북한사회를 어떻게 볼 것인가」, 『사회와 사상』(1988년 12호), 107쪽.

11) 위의 글, 210~211쪽.

12) 이종석, 「북한연구방법론 : 비판과 대안」, 『역사비평』, 1990년 가을호.

있다.13)

내재적 접근방법을 통한 북한연구는 전적으로 북한에 의해 생산된 자료의 수준에 달려 있다. 북한연구에 있어서 가장 귀중한 자료적 가치가 있는 것은 북한당국에 의해 생산된 기록물이나 내부용 문헌들로 볼 수 있다. 구체적으로는 북한사회를 지배하고 있는 주체사상과 최고지도자의 '교시'와 '문건'들이 북한사회를 분석하고 이해하는데 핵심적인 기초자료에 해당된다고 할 수 있다. 그러나 내재적 접근방법이 정작 귀중한 연구자료로 간주하고 있는 북한의 자료들은 일차적으로 북한에 의해 철저하게 통제되고 있는데다가 한국에 의해서도 통제되고 관리되어 왔다는 점에서 모든 '북한적 현상'을 연구할 수 있는 접근방법으로는 현실적인 제약을 받고 있다.

북한연구의 양적 풍성함에 비해 북한현대사 이해의 전제인 깊이 있는 분석적 연구는 상대적으로 저조한 수준을 면치 못하고 있다. 특히 현대사연구의 기초가 되는 자료축적과 각 분야별 심층연구는 제대로 이루어지지 못하고 있다는 평가를 받고 있다.14) 현실문제를 제대로 다루기 위해서라도 과거 역사에 대한 기초적인 심층연구는 필수적이다. 이러한 추세를 반영하여 최근에 들어와서는 북한연구의 경향도 현실적 요구에서부터 건국과정이나 한국전쟁을 둘러싼 역사연구, 기초연구에도 관심의 폭이 넓어져 가고 있다.

3. 다국적 사료 교차비교연구의 필요성

탈냉전시대의 도래는 북한연구와 북한자료의 개방화와 자유화에 크게 기여하였지만, 여전히 북한연구자료의 후진성과 빈곤으로부터는 벗어나

---

13) 김남식, 「해방전후 북한현대사의 재인식」, 앞의 책, 13쪽.
14) 정창현, 『인물로 본 북한현대사』(서울 : 민연, 2002), 18쪽.

지 못하고 있었다.

북한연구학계가 연구자료를 중심으로 외재적 접근방법과 내재적 접근
방법으로 나뉘어 '북한적 현상'을 둘러싼 치열한 논쟁구도를 전개하는 과
정에서 사회주의진영의 국가들이 소장하고 있었던 북한자료들의 발굴 및
수집은 북한연구에 새로운 활력을 불어 넣어 주었다.

사회주의권 자료가 공개되고, 수집되어 국내로 반입되면서 기존의 공
식화되고 단순한 북한담론의 영역이 해체되고 다양한 해석상의 여지를
보여 줄 수 있었기 때문이었다. 예컨대 일본의 와다 하루끼에 의해 발굴
된 자료에 기초한 김일성의 실체는 김일성을 둘러싼 논쟁구도를 종식시
키면서 북한연구에 있어 사료의 중요성을 다시 한번 보여 줄 수 있었다.

탈냉전은 특정국가에 편중된 북한자료의 폭을 크게 확대시키는 환경을
조성해 주었다. 구소련 및 중국 등 구 사회주의국가들이 외부세계에 개
방정책을 추진하면서 한국인들의 자료접근도 가능할 수 있게 되었다. 구
사회주의권 자료의 특성은 그동안 서구 및 북한자료에 의해 설명하기 힘
들거나 왜곡되어 왔던 문제들에 관한 내용을 포함하고 있다는 점에서 자
료의 공백을 메우는데 커다란 기여를 하였다.

이러한 방법의 일환으로 전문가들 사이에서는 '다국사료 교차분석'의
방법을 통해 한국전쟁을 재조명해 보려는 시도가 꾸준하게 이어져 왔
다.15) 여기서 말하는 다국사료 교차분석이란 기존의 '사회주의의 비교연
구' 방법과는 근본적으로 다른 개념이다. 사회주의 비교연구방법은 사회
주의 각국의 제반 유사현상을 국가별로 비교분석하여 유사성과 차별성을
발견하려는데 목적을 두고 있다고 한다면, 다국사료 교차분석방법이란
동일한 현상에 관련된 다양한 나라의 자료들을 비교·검토하여 역사적

---

15) 김명섭, 「냉전의 종식과 연구의 열전」, 한국전쟁연구회 편, 『탈냉전시대 한국전쟁의 재
조명』(서울 : 백산서당, 2000), 43~89쪽 ; 김명섭, 「한국전쟁 연구를 위한 다국사료교차분
석법과 그 국내적 기반」, 『정신문화연구』, 제23권2호(성남 : 한국정신문화연구원, 2000 여
름), 3~17쪽 ; 이완범, 『한국전쟁 : 국제전적 조망』(서울 : 백산서당, 2000), 11~16쪽.

사실을 재발견하는데 목적을 두고 있다. 우리나라의 경우에서는 주로 해
방이후의 분단사와 한국전쟁 등과 같이 여러 나라들이 개입된 사건이나
현상을 분석할 때 매우 중요한 연구방법의 하나로 강조되고 있다. 예컨
대 중국의 심지화(沈志華)라는 학자는 중국사람임에 불구하고 「소련과
한국전쟁 : 러시아 비밀해제 당안속의 역사진상」이란 제하의 글을 통해
러시아와 중국의 자료를 비교하면서 한국전쟁에 대한 실체적 진실을 규
명하려는 노력을 시도하였다.

국내적 수준에 있어서도 마찬가지이다. 같은 민족 내에서도 다양한 주
체들의 역사적 경험과 해석의 다양성이 존재할 수 있다. 지방에 따라, 세
대에 따라, 계층에 따라 성별에 따라, 한국전쟁을 경험한 주체들은 각기
다양하게 한국전쟁에 대한 해석을 내릴 수 있지만, 기존 학계에서는 다
양한 주체의 해석들을 고려하지 않고 있다는 것이다.16) 따라서 아직도
우리의 한국전쟁 연구는 방법론적으로 제2차 세계대전이나 베트남전쟁
등 다른 전쟁에 대한 연구에 비교해 아직 초보적인 수준이라고 하여 크
게 틀린 말이 아니라는 지적을 받고 있다.17) 따라서 한국전쟁 연구도 완
결된 것이 아니라 여전히 미해결의 과제들이 많이 남아 있다.

구 사회주의진영의 국가로부터 자료수집의 폭이 확대되기 시작하면서
북한현대사도 재해석되는 계기가 마련되기 시작하였다. 구사회주의권의
자료들은 그동안 미국중심의 북한자료나 정부가 제공하는 관제자료들에
기초한 북한연구를 비교검토해 볼 수 있는 기회를 제공해 주면서 북한현
대사를 바로 세우는데 커다란 기여를 할 수 있었다. 최근에도 중국외교
부에서는 건국직후의 외교에 관한 자료의 공개를 발표하였지만 한국전쟁
관련 자료는 여전히 북한 측과의 관계를 고려하여 공개할 수 없다는 입

---

16) 윤택림, 『인류학자의 과거여행 : 한 빨갱이 마을의 역사를 찾아서』(서울 : 역사비평사,
　　2003), 21쪽.
17) 박명림, 『한국 1950 : 전쟁과 평화』(서울 : 나남, 2002), 71쪽.

장을 표명한바 있다.[18] 오늘날 대표적인 중국 역사서에도 조선인민군에 편입된 이들의 활동은 중국조선족의 역사에서 배제되어 있다는 것이다.[19]

최근의 정보화에 따른 인터넷의 발달은 다국적 사료에 기초한 접근방법을 더욱 활성화시켜 나갈 수 있는 기반을 제공해 주고 있다. 국내를 비롯하여 대부분의 국가에서는 점차적으로 국가기관 및 연구기관들이 소장하고 있는 자료들을 디지털 자료로 전환하여 누구나 쉽게 접근할 수 있도록 공개하는 방식을 점차 확대해 나가고 있다는 점에서 북한연구자료의 접근성이 크게 개선되고 있는 상황이다. 결국 지금까지의 연구성과에 의하면 다양한 국가의 사료(자료)들은 북한현대사에 관한 특정국가의 자료에 기초한 분석이 지니고 있는 편향성을 극복하는데 커다란 도움을 줄 수 있었다고 평가해 볼 수 있다.

III. 주요 각국의 북한자료 소장실태

북한현대사를 해석하는데 도움을 줄 수 있는 북한자료는 전 세계에 걸쳐 광범위하게 산재하고 있다고 볼 수 있다. 그러나 해외 각국에서 북한에 관한 자료들이 얼마나 소장되어 있는지 전체적인 윤곽을 파악하는 것은 불가능한 일이다.

그동안 해외에서 북한자료를 수집하는 것은 미국에 편중되어 왔다. 해외에서 수집한 자료는 미국에서 생산된 자료이거나 미국에 의해 소장되

---

18) 중국외교부는 1949년부터 1955년까지의 외교문서 1만여건을 담고 있는 3,000여권의 자료를 기밀해제하고 일반인과 외국인에게도 공개한다는 방침을 발표하였으나 한국전쟁 자료는 북한과의 관계에 영향을 미칠 수 있다는 이유로 공개를 보류하였다.『조선일보』, 2004. 1. 28.

19) 염인호, 「해방직후 연변 조선인 사회의 변동과 6.25전쟁」, 『한국근현대사연구』, 제20집 (2002 봄), 293쪽.

어 있는 자료들이 주종을 이루어 왔다. 사회주의 국가들의 개방화가 확대되면서 북한과의 외교관계에 놓여 있었던 러시아, 구동독을 비롯한 구 사회주의국가들이 새로운 자료시장으로 각광을 받고 있다.

그러나 해외에도 북한에 관한 자료들이 산재하고 있는 것으로 알려지고 있으나 정확한 실태를 파악한다는 것은 불가능한 일이다. 최근에도 KBS에서 기획한 한국현대사에 관한 「영상실록」물을 방영하는 해외자료들도 공식적인 자료소장기관으로부터 수집한 것도 있지만 개인소장자로부터 어렵사리 수집한 자료들도 상당수 포함하고 있다.

해외 각국에서 북한자료를 수집하기 위해서는 우선 현지사정에 관한 정보를 수집하는 것이 중요한 과제이다. 수집대상국가의 어느 곳에서 어떤 자료를 소장하고 있으며, 자료수집을 위한 절차와 방법 등에 관한 정보는 필수적인 선차적 과제라고 할 수 있다.

1. 미 국

미국은 한반도 문제에 관한 당사자국가로 규정될 정도로 남한뿐만 아니라 북한에 관한 자료들도 가장 방대하게 소장하고 있다. 미국에서는 국립문서보관소를 비롯하여 문서보관소, 도서관, 연구기관, 그리고 개인들에 이르기까지 다양한 곳에서 다양한 북한자료들을 소장하고 있는 것으로 알려지고 있다. 일부 자료에 의하면, 미국에는 한국관련 기록이 173개 기관에 소장되어 있으며, 기록물의 종류도 1,248종에 달하는 것으로 조사되고 있다.[20]

미국은 각종 자료의 수집이 비교적 체계적으로 이루어져 있고 또한 정보공개법에 따라 일정기간이 지나면 적절한 검토를 거쳐서 정부문서들을

---

[20] 김기석, 『한국학의 세계화를 위한 해외소재 한국학관련사료 수집 및 정보화방안연구』, (서울 : 교육부 정책과제, 1999), 9쪽.

공개하고 있다. 미국에서 북한관련 기초자료를 가장 많이 소장하고 있는 곳은 미국 동부의 메릴랜드주에 소재하고 있는 미국국립문서보관소(National Archives and Records Administration : NARA)이다. 이 기관에는 미국정부의 공식문서 뿐 아니라 한국전쟁 당시 미군이 노획한 방대한 양의 문서와 책자가 보관되어 있다. 이 노획문서들은 1945년부터 한국전쟁 이전까지의 북한에 대한 연구에 귀중한 자료로 인정되고 있다. 그리고 대통령기념관들도 통치 시기의 자료들을 소장하고 있다. 그 중에서 트루만대통령 기념관(Truman Presidential Museum and Library)은 미국의 한국전쟁 참여와 관련하여 많은 문서들을 소장하고 있다. 이 기관은 특히 미국의 한국전 참전과 관련하며 미국의 참전결정과 관련된 1차자료들을 소장하고 있다. 이런 자료들은 위에서 언급한 냉전국제사 프로젝트에서 발굴한 자료로서 디지털화되어 인터넷상으로 제공되고 있다.

한국전쟁 이외의 주제로서 북한 체제의 형성 및 발전에 관련되는 주제와 관련되는 자료를 체계적으로 제공하고 있는 미국내 정부기관은 미국무성(Department of State)이다. 국무성의 자료들은 일정기간이 지나면 국립문서보관소에서 보관하고 있고 그 중 일부는 비밀해제되어 일반적인 열람이 가능하다. 국무성에서 형성된 문서들 중 일부는 상업적인 회사에 의해 마이크로필름에 수록되어 일정한 가격을 지불하고 구입할 수 있는 것도 있다. 다만 국무성의 문서들은 그 내용이 북한에만 관련되는 것이 아니라 남한 또는 한반도 문제와 관련되는 것들이 많기 때문에 이를 활용하는 북한연구자들이 많은 문서들 속에서 필요한 것을 찾아내는 데는 많은 노력을 투자해야 할 것으로 판단된다.

미국 내의 많은 연구기관들과 공공 및 대학도서관들도 북한에 대한 자료를 소장하고 있다. 대표적인 기관은 미국의회도서관(Library of Congress)인데, 이 도서관 소장의 자료목록은 인터넷을 통해서 파악할 수 있다. 그렇지만 북한의 원전 자료, 남한의 각 학술 및 연구기관에서 생산한 북한관련 연구, 미국 및 기타 지역에서 출판된 북한관련 연구들이 구분되어 있지 않고 혼합되어 있기 때문에 인터넷을 통하여 북한관련 기초적인 자료를 수집하는 데에는 어려움이 있는 것으로 파악된다.

미국의 대학도서관들도 상황은 마찬가지이다. 더구나 대부분의 대학도서관은 학생이나 교수가 아닌 외부자가 인터넷을 통해서 자료검색을 할 수 없으므로 대학도서관이 소장하고 있는 북한 관련자료들의 구체적 상황에 대해서는 그 전체 규모를 알기가 어렵다. 모든 대학도서관을 다 대상으로 하지 않고 일부만 선택해서 자료에 대한 조사를 하더라도 외부에서 검색을 할 수가 없으므로 얻을 수 있는 정보와 자료의 양은 상당히 제한되는 것으로 파악된다.

미국내 정부기관 및 연구기관들 가운데 북한에 대한 연구를 수행하며 자료를 소장하거나 체계적으로 제공하고 있는 기관들도 여럿 있다. 미국의회조사국(Congressional Research Service), 미국일반회계국(United States General Accounting Office), 미국평화연구소(United States Institute of Peace), 전략 및 국제문제연구소(Center for Strategic and International Studies), 노틸러스 연구소(Nautilus Institute), 몬터레이 국제문제연구소(Monterey Institute of International Studies) 등이 대표적인 것으로 나타났다.

이들 가운데에서 국립문서보관소가 북한관련 자료를 가장 많이 소장하고 있는 것으로 알려지고 있다. 국립문서보관소는 연방정부 산하의 각 기관과 군부, 의회, 사법부 등 미국의 공공기관들이 생산한 각종 자료들과 이들 기구에서 활동했던 인사들에 관한 자료들이 체계적으로 보존되어 있다. 이곳에서 소장하고 있는 자료는 정치, 경제, 군사, 사회, 교육, 문화, 한미관계, 한일관계 및 북한 및 통일문제에 이르기까지 광범위한 주제를 모두 포괄하고 있다. 그러나 국립문서보관소에서 소장하고 있는 한국관련 문서의 규모는 정확하게 예측하기 어려울 정도로 방대한 것으로 알려지고 있다.

국립문서보관소에서 한국관련 문서가 가장 많이 집중되어 있는 부분은 국무부 일반문서(RG 59, General Records of the Department of State), 국무부 재외공관문서(RG 84, Records of the Foreign Service Posts of the Department of State), 그리고 전쟁, 군사, 방위, 정보와 직결된 문서 군들(예를 들어, RG 18, 28, 80, 94, 111, 127, 153, 160, 165, 179, 208, 210, 218, 238, 243, 262, 319, 330, 331, 332, 335, 338, 340, 341, 342, 349, 389, 395, 407, 500), 이외에도 미국정부 일반문서(RG 11, General Records of the United States Government), 1941년 이후 노획문서 컬렉 션(RG 242, National Archives Collection of Foreign Records Seized, 1941-)등이 중요한 문서군에 해당한다.[21]

이 자료들은 1945년에서 1950년 사이의 북한의 정치, 경제, 사회, 문화, 군사에 관해 북한 밖에서 이용할 수 있는 가장 포괄적인 자료군이다. 이 문서철에는 북한의 정부 각급 기관의 각종 공문서류와 간행물, 북한지도 부 및 일반대중들의 개인문서, 서적, 신문, 잡지 등의 각종 정간물, 중국 인민지원군 문서, 북조선공산당 문서, 북한군 문서 등 국가사회 전 영역 에 걸쳐 다양한 형식의 자료들을 포함하고 있다.

미국의 국립문서보관소에 소장되어 있는 한국관련 자료들에 대해서는 국내학자들에 집중적인 관심을 받으면서 점차 그 구체적인 규모와 내용 들이 세상 빛을 보고 있다. 정용욱은 국립문서보관소에 소장된 자료 가 운데 미군정 자료만을 모아 『미군정 자료연구』(2003)를 통해 해방이후 미군정 당국의 점령관련 자료들을 소개해 주었다.[22]

특히 북한이외의 지역에서 북한을 연구하고자 할 때 가장 풍부하게 활

---

21) 『미국소재 한국사 자료 조사보고 I-NARA 소장 RG59·RG84 외-』(과천 : 국사편찬위 원회, 2002), 5쪽.

22) 정용욱, 「해방전후 미국 대한정책사 관련자료의 종류와 성격」, 『해방전후사 사료연구II』 (서울 : 선인, 2002), 11~62쪽.

용할 수 있는 자료군은 한국전쟁 시기의 '노획문서'일 것이다. 노획문서란 미국국립문서보관소의 수집물 가운데 RG242로 분류되는 Record seized by US. Military Forces in Korea이다. 이들 자료는 1977년 2월 비밀 해제되었으며, 1천2백개의 문서상자에 보관되어 있다. 문서목록은 없으며, 주가 달린 785쪽의 선적리스트만 있다.

이 자료들은 전투중 우연히 획득되었기 때문에 언어·문서종류·주제에서 다양하다. 현재 노획문서 가운데 약 10%정도가 국내에 들어와 있을 것으로 추정되고 있다. 이 자료들은 국사편찬위원회에서 출판한『북한관계사자료집』(1~32),『북한관계목록집』(1986)과 국토통일원의『6·25 당시 노획한 북한자료 마이크로필름 목록』(1987) 등을 통해 국내에 소개되었다.

국립문서보관소의 한국자료 관리담당자인 리처드 보일런은 "1940~1950년대 미군정 및 한국전쟁 등에 관해 아직 한국학자들이 전혀 보지 못한 기록물이 많다"면서 이들 기록물에 대한 지속적인 관심을 갖을 것을 권고하였다.23) 국립문서보관소에서는 인터넷을 통하여 국립문서관 웹사이트(http://www.archives.gov)에 접속하면, 소장자료에 대한 개괄적인 안내를 받을 수 있는 것으로 알려지고 있다.

이와 같이 미국 내의 북한관련 자료의 풍부성은 관련분야의 연구 활동을 촉진시키는 기반으로 작용하면서 한국전쟁에 관한 단행본만 하더라도 20여종에 이르고 있다. 그러나 국내연구자들은 문서소장 현황, 이용방법 등 구체적 정보에 어두운 편이고, 더욱이 자료를 현물로 자유롭게 접하지 못한 상태에서는 그것의 가치나 활용가능성을 계량하기 힘들기 때문에 여전히 그림의 떡으로 남아 있는 실정이다.

한편 미국에서 공식적인 연구기관들 이외에 개별연구자들도 개인적으

---

23)『세계일보』, 2004. 7. 13.

로 수집한 자료를 상당히 소장하고 있는 것으로 파악된다. 그러나 개인
소장 자료들은 연구자의 개인적 관심과 연구목적에 따라 수집되어 있어
서 주제가 비교적 제한되어 있다. 더구나 이들 자료들은 공개되어 있지
않기 때문에 그 분량이나 자료의 범위 등에 대해서는 체계적인 정보가
없는 실정이다. 또한 개인소장 자료의 공개나 확인은 사적인 친소관계에
영향을 받기 때문에 체계적인 자료발굴에는 어려움이 따르는 것으로 파
악된다.

아울러 미국은 북한에 관한 구술자료도 가장 많이 소장하고 있는 것으
로 추정되고 있다. 미국의 경우에는 한반도의 현대사의 전 과정에 직접
참여한 인사들이 절대적으로 풍부한데다가 구술자료의 중요성에 대한 인
식이 상대적으로 앞서 있기 때문에 한반도문제에 관련된 다양한 구술자
료들을 생산하여 왔을 뿐만 아니라 폭넓게 활용하여 왔다.

2. 러시아

해방 후 북한현대사에서 러시아 자료가 지니는 가치는 대단히 크다.
러시아는 북한지역을 직접 점령하여 북한정권의 창출과정에 직간접적으
로 관여한 당사국이기 때문이다. 따라서 해방 후 3년간 소련군이 주둔하
는 과정에서 무수한 문서와 자료들이 생산된 것으로 알려지고 있다. 특
히 이 과정에 참여한 구소련 인사들과 한국인들이 상당수 거주하고 있어
북한현대사의 재정립에 필요한 매우 귀중한 구술자료 수집의 대상이라고
할 수 있다.

러시아에 소장된 해방 후 북한현대사 관련 문서와 자료는 러시아연방
대외정책문서보관소와 러시아연방 국립문서보관소, 러시아 사회정치사문
서보관소, 러시아연방 대통령문서보관소, 러시아 보안부 중앙문서보관소
등에 산재되어 있는 것으로 알려지고 있다.24) 각 문서보관소는 해당기관

러시아의 한국관련 기록물 소장 현황

기관명	소재지	한국관련 문서소장 현황
러시아연방국립문서보관소	모스크바	한러관계사, 한국독립운동사, 북한사
러시아국립역사문서보관소	상-뻬째르부르그	한러관계사, 한국독립운동사
러시아군사문서보관소	모스크바	한러군사협력, 연해주지역독립운동
러시아국립해군함대문서보관소	상-뻬째르부르그	동북아군사정치정세
러시아국립경제문서보관소	모스크바	대북경제원조
러시아군사문서보관소	모스크바	재소한인관련
러시아국립블라디보스톡 극동역사문서보관소		제러한인사
러시아국립음성기록보관소	모스크바	45~60 조선어 라디어 방송기록
러시아현대사문서보관센타	모스크바	일제시기 한국공산주의운동사
현대문서보관센타	모스크바	조선로동당, 한국전쟁 관련
러시아연방대외정책문서보관소	모스크바	소련군정, 한국전쟁
러시아국방성중앙문서보관소	빠돌스크	소련군정, 한국전쟁
러시아해군함대문서보관소	가치나	조소군사협력
러시아연방대통령궁문서보관소		1917년 이래 한국현대사에 관한 비밀기록
러시아국립경제문서보존소	모스크바	북한경제, 소련군정시기 자원반출관련
러시아기록필름문서보존소		소련군의 북한진주 관련
러시아국립중앙역사문서 쌍-뻬째르부르그보관소	상-뻬째르부르그	19세기 말~20세기 초 한국관련기록

출처 : 김기석, 『한국학의 세계화를 위한 해외소재 한국학관련자료 수집 및 정보화방안연구』, 16~17쪽 참조.

의 기능과 성격에 따른 문서와 자료를 축적하고 있으나, 정확한 실태에 대해서는 외부에 개방되지 않고 있다. 러시아문서보관소 가운데 우리에

---

24) 강인구, 「상-뻬째르부르그에 위치한 러시아국립문서보관소와 우리역사 자료들」, 『역사와 현실』, 22집(1996), 254~272쪽 ; A.P. Sokolov, 강인구 역, 『러시아문서보관소 소장 러시아-한국관계사 자료들 : 19세기에서 20세기전반까지』(서울 : 한국학진흥원, 2003).

게 특히 관심을 끄는 곳은 러시아연방대통령궁 문서보관소라고 할 수 있다. 이곳은 소련공산당이 중요 정책결정관련 기록을 보존하고 있어 1917년 이래 최근까지 한국현대사 전반에 걸친 최고의 기록적 가치를 지닌 비밀문서를 보관하고 있는 것으로 알려지고 있다.[25]

그리고 러시아현대사 문서보관센타(모스크바 소재)에는 일제시기 한인사회당을 비롯하여 좌파공산당의 기록물들이 소장되어 있으며, 해방이후 각급인민위원회, 각 도당위원회, 각 정당사회단체의 기관지(신문, 잡지) 등을 소장하고 있는 것으로 알려지고 있다.

러시아연방 국방성중앙문서보관소에서는 주로 북한주둔 소련군이 직접 생산한 문서들을 소장하고 있다. 국방성 중앙문서보관소에 소장되어 있는 북한관련문서의 현황은 정확한 규모를 파악하기 어렵다. 아직은 한국인들의 접근이 용이하지 않기 때문이다.

소련과학원 동방학연구소는 1917년부터 1970년까지 소련에서 연구발표된 한국에 관한 문헌들을 모아 1981년에 『韓國學硏究 文獻目錄』(Bibliografiia Korei, 1917~1970)을 출판하였다. 본 연구소에서는 1984년부터 이 자료를 입수하기 시작하여 총 2,369편의 논저 중에서 1,672편(마이크로필름 : 53Reel)을 현재 보유하고 있다. 이 자료에 대해서는 위 연구소가 발행하고 있는 논문집 『아시아문화』 제6호(1990)부터 자료의 해제와 함께 완역하여 연재한바 있다.

뿐만 아니라 러시아는 모스크바를 중심으로 하는 중앙지역 뿐만 아니라 블라디보스톡과 같은 연해주 지구를 비롯하여 구소련의 일부였던 국가들에도 상당한 자료들이 산재하고 있는 것으로 알려지고 있다.[26] 특히 러시아를 비롯하여 구소련권에 속해 있는 나라들은 북한체제의 형성과

---

25) 김기석, 『한국학의 세계화를 위한 해외소재 한국학관련사료 수집 및 정보화방안연구』, 19쪽.

26) 반병률, 「러시아 극동지역 한국학 관련기관과 한인자료 현황」, 『역사문화연구』, 제20집 (2004).

발전과정을 이해하는데 중요한 역할을 맡고 있는 구술자료의 보고이다. 러시아지역의 한인들에 의해 발행된 『선봉』같은 신문들은 한국공산주의 운동사를 이해하는데 매우 귀중한 자료들이다.27) 이미 많은 중요인사들이 노후로 사망하였지만 아직도 러시아를 비롯한 곳곳에 북한의 현대사에 관해 귀중한 증언을 해줄만한 인물들이 생존해 있는 것으로 알려지고 있다.

물론 이곳의 재외동포들도 식민지시대의 한인공산주의운동이나, 북한의 건국과정에 참여한 인사들이 상당수 거주하고 있어 북한현대사에 관한 귀중한 구술 자료들을 확보하는 데 많은 도움을 줄 수 있을 것으로 추정되고 있다.28)

최근에는 러시아가 소장하고 있는 북한자료들에 대한 실태파악과 자료수집을 위해 각종 연구기관이나 기광서, 전현수, 이영형 등과 같은 소장학자들의 활발한 자료발굴 활동이 기대되고 있다. 이들은 계속해서 러시아 각지에 산재하고 있는 문서보관소의 자료실태를 파악하는데 활발한 접근노력을 경주하고 있다는 점에서 앞으로도 새로운 사실의 발견에 커다란 기여를 할 수 있을 것으로 보여 진다.

그러나 러시아는 아직도 북한과의 전통적인 우호관계를 유지해 오고 있다는 점에서 북한에게 불리한 내용의 자료공개에 대해서는 꺼리고 있는 실정이다.

3. 일 본

일본에는 한국사 전반에 관련된 다양한 자료들이 전역에 산재해 있다. 그중에서도 일본이 명치기 이래 대외팽창에 관련된 자료들은 일본자신에

---

27) 반병률, 「러시아지역 한인신문 선봉과 1920~30년대 한인사회」, 『역사문화연구』, 제55호 (2005.6), 137~161쪽.

28) 정상진, 『아무르만에서 부르는 백조의 노래』(서울 : 지식산업사, 2005).

의해 방대한 분량이 생산 보관되어 왔으며, 개인이나 기관에 의해 수집되어 오고 있다. 최근에도 한 연구자의 노력으로 일본이 빼앗아간 북관대첩비를 반환받은바 있다.

일본은 지정학적으로 비교적 가까운 거리에 위치하고 있다는 점에서 다른 어느 나라보다도 자료접근이 용이하다는 이점을 갖고 있다. 특히 일본은 조총련계 재일동포들이 상당수 거주하고 있다는 점에서 북한과 관련된 자료들이 상당수 축적되어 있을 것으로 추정되고 있다.

그러나 현실은 아직도 일본 내에 한국은 물론이고 북한에 관련된 자료들이 어느 곳에서 어느 정도 소장하고 있는 지에 대한 의문점을 해결할 방법은 전무한 실정이다. 국내 학자나 연구자들에 의해서도 일본소장 자료들은 거의 활용되지 않고 있는 실정이기도 하다. 따라서 일본소재 한반도 관련 자료들의 실태를 파악하기 위해서는 상당한 시간과 노력이 투입되어야 가능할 것으로 보여 진다.

일본소재의 한국사 관련자료의 실태를 파악하기 위해서는 장기간에 걸쳐 체계적인 조사를 통한 접근노력이 필요하다. 이제 겨우 국사편찬위원회를 비롯한 사료수집에 관심 있는 기관이나 개인들을 중심으로 일본의 자료소장 기관들의 실태를 파악하기 위한 노력이 추진되고 있다.29)

현재 일본에 산재하고 있는 한국학 관련사료들은 내용에 따라 한국 근현대사 관련기록, 한일관계사 관련기록, 강제연행 관련기록, 한국사 일반 기록물 등 5가지 주제로 대별되고 있다.

한국사와 관련된 자료들을 소장하고 있는 주요 기관들을 살펴보면 국립공문서관과 지방공문서관, 외무성 외교사료관, 국립국회도서관 헌정자료실, 방위청 방위연구소 도서관, 국립도서관, 대학도서관 등을 대표적인

---

29) 『일본소재 한국사 자료 조사보고 I—국립공문서관국회도서관 헌정자료실·외교사료관 외—』(과천 : 국사편찬위원회, 2002) ; 박맹수, 「일본지역 근현대사 자료소장 현황에 대하여」, 『한국독립운동사연구』, 제19집(2002), 347~366쪽.

수집대상기관들로 볼 수 있다. 특히 한국사 관련자료가 집중된 기관들은 외무성 외교사료관, 국회도서관 헌정자료실, 방위청사령부 연구소 등의 국공문서관과 지방공문서관이다. 우선, 국립공문서관에는 일본의 국가기관의 보유하고 있는 역사자료로서 중요한 공문서의 보존 및 이용을 관장하고 있다.

일본이 소장하고 있는 한국사 관련자료의 성격을 살펴보면, 전근대에 한국과 일본에서 작성된 고문서·고도서를 비롯하여 식민지지배를 목적으로 만들어진 총독부자료, 조선인 강제징용과 위안부 관련자료, 1945년 이후 동아시아 국제질서의 재편과정에서 생산된 외교자료 등을 비롯하여 한일간의 민감한 현안들과 관련된 공·사문서들이 방대하게 소장되어 있다.

일본 내의 특기할만한 한국관련자료는 사가현립대학이 소장하고 있는 재일동포「박경식자료」이다. 이 자료는 해방이후부터 1970년대까지 북한 관련 기록, 1960~70년대의 북한발간물 등을 포함하고 있다.

국내에는 국회도서관에서 일본외무성 외교사료관 소장 문서가 마이크로 필름 131개, 일본외무성이 소장하고 있는 육·해군성 문서가 2,275의 마이크로 필름형태로 정리되어 반입되어 있으며, 일본 국립국회도서관이 소장하고 있는 조선/한국관련 신문기사도 29개의 마이크로 필름형태로 정리되어 있다.

한편 일본 내의 북한자료는 일본의 북한연구자들에 의해서도 상당수 발굴되어 소장하고 있는 것으로 보여지고 있다. 와다 하루끼 같은 학자는 오래 전부터 김일성에 대한 자료들을 발굴 수집하여 김일성이 실존한 항일 공산주의운동의 지도자였음을 밝혀주는데 크게 기여하였다. 최근에는 미국의 노획문서뿐만 아니라 소련이나 중국의 자료를 광범위하게 동원하여 한국전쟁에 관한 연구성과를 내놓은바 있다.30)

4. 독 일

독일지역은 한반도와 직접적인 지정학적 관계가 없음에도 불구하고 북한관련 자료조사에서 중요하게 다루어져야 할 것이다. 독일은 통일과정을 겪었다는 점에서 한반도에 의미 있는 시사점들을 줄 수 있으며, 동독지역은 북한과 긴밀한 관계를 유지해왔다는 점에서 큰 의의를 지니고 있다. 따라서 독일지역에는 북한과 관련 있는 인사 및 전문가들이 상당수 포진해있다. 또한 독일지역에는 북한과 교류경험이 있는 동포들이 거주하고 있는바, 이들에 대한 조사 역시 향후 북한연구의 객관성을 확보하기 위해서 필요할 것으로 판단된다.

구 동독지역의 경우 사회주의국가로서 대 유럽의 전진기지 역할을 했으며, 북한과 공식적 관계를 형성하고 있었다는 점에서 북한과 관련된 자료들을 확보하고 있을 개연성이 크며, 관련 인사들에 대한 조사도 풍부하게 이루어질 수 있을 것이다. 예를 들어 동독의 마지막 평양주재 대사였으며, 「병영국가 북한」을 저술한 한스 마레츠키와 같은 전문가에 대한 체계적이고 집중적인 조사는 후기 북한체제와 관련된 자료의 빈곤문제를 상당부분 해결해 줄 수 있을 것이다. 또한 독일지역은 분단국 통일사례로서 중요한 경험적 사례연구가 가능한 지역이다. 따라서 북한과 관련된 자료들도 사회통합적 차원에서 비교연구의 범주속에서 수집이 가능할 것이다.

독일외무성 문서보관소는 1923년 외무성정치문서보관서로서 출발한 정부기관이다. 여기에는 각종 외교문서, 외국과의 협정문서, 외국대표단의 문서류(외교사절, 대사관보고서, 공사와 영사보고서 등), 신임장 등이 보관되어 있다. 북한과 관련된 1차 자료는 주로 구 동독외무성보관소

---

30) 和田春樹, 『朝鮮戰爭』(東京 : 岩波書店, 1995).

(MfAA)에서 이전되어온 것이다. 구 동독외무성보관소는 1951년 외무성 내 행정보관소로 설치되어, 정부 발간 서류문서를 관리·보관했던 곳이다. 본 행정보관소는 1960년 학술보관소의 명칭으로 변경되었고, 1966년 이래 구동독 정부자료의 최종보관처로 발간된 문서를 정리·평가, 문서의 장기 보관여부를 결정하는 기능을 하였다. 독일 통일 후 구동독문서보관소는 독일 외무성 보관소로 편입되어 오늘에 이르고 있다.

외무성보관소가 소장하고 있는 북한 관련 문헌 및 자료는 현재 확인된 것만 총 750개의 파일에 이르고 있으며, 총 1,500~2,250개의 마이크로피시 형태로 보관되어 있다. 미확인 파일들을 합하면 대략 3,000개의 마이크로피시로 담겨 있는 것으로 추정된다. 각 마이크로피시는 최대 98쪽에 이르는 분량을 담고 있으며, 이를 합하면 총 약 67,000~75,000쪽에 이른다. 총 750개 파일 중 250개의 파일은 아직 열람되지 않고 있다.

경제관련 파일은 총 120개의 파일에 이르고 있다. 문서보관소의 자료

독일 내 관련기관 분포와 기관명

공개기관 (대학 및 시도서관)	베를린, 뮌헨, 브레멘, 밤베르크, 드레스덴, 라이프찌히, 포츠담, 함부르크 프랑크푸르트, 보훔, 하노버, 본, 쾰른, 튀빙엔, 마부르크, 뮌스터, 예나, 밤베르크, 뒤셀도르프, 브레멘, 아우구스부르크, 켐니츠, 프라이부르크, 마인쯔, 칼스루헤, 로스톡, 할레
비공개기관	· 독일외무성문서보관소 　(Auswärtiges Amt-Politisches Archiv) · 연방공문서관내 동독 당과 대중단체 문서보관기관 　(Stiftung Archiv der Parteien und Massenorganisationen 　　der DDR im Bundesarchiv) · 구동독 국가공안국 문서보관소 　(Die Bundesbeauftragten für die Unterlagen des 　　Staatssicherheitsdienstes der ehemaligen DDR) · 연방공문군사서관 　(Bundesarchiv-Abteilung Militärarchiv)

이용은 개별 연구자들에게 년 약 2,000쪽으로 자료복사를 제한하고 있다. 이에 따라 통일연구원에서는 북한관련 자료전체를 국내로 이전하는 문제를 독일외무성보관소와 협의 중이며, 자료의전에 관한 확약서를 송부받았다.

구동독의 당과 대중단체의 문서보관기관(SAPMO)에는 사회주의 통일당(SED)의 중앙당문서보관소가 있다. 여기에는 동독정부, 당, 사회단체, 외국정당·단체와의 교류한 문서를 소장하고 있다. 그 외 구동독의 외교활동을 보여주는 구 사회주의 국가, 특히 동유럽 국가 역사관련 문헌, 이들 국가들의 민주주의 정치발전과정을 담은 서류들도 소장되어 있다. 본 문서보관소는 독일 통일 이후 1993년 연방공문서관내 비독립 재단으로 편입되었다. 북한 관련 문서는 1972년 이후 최근까지 북한 관련 경제 문건과 자료목록들이 잘 정리되어 있으며, 對북한 외교정책 담당자들의 보고서, 평양주재 사회주의국가 대표단의 북한 평가서, 구동독 파견단의 북한경제 상황 보고문서 등 총 700여개의 파일로 되어 있다. 경제관련 문건과 관련하여 현재 112개의 마이크로피시 8,000여 쪽이 입수되어 있다.

구 동독 국가공안국문서보관소(BStU)는 구동독의 첩보기관이다. 주요 업무는 국내외 정보 및 국내보안 정보 수집, 국가기밀에 해당되는 문서의 보안업무를 담당했으며, 활동 결과보고서와 출판물을 발간하였다. 북한관련 기밀문서는 총 15,600미터에 이르는 서가를 직접 방문, 수집하는 형태를 통해 입수 가능하다.

연방공문 군사서관은 구동독의 인민군조직, 국경경비대, 민간방위체제의 군사정책과 외국과의 군 관련문서와 군사기밀 등 다양한 자료가 소장되어 있다. 통일연구원에서는 현지인을 통해 소장 자료 중 평양주재 구동독대사관 육군무관 보고서와 북한의 아시아, 아프리카와의 군사훈련 및 사회주의 국가들과의 군사교류협정서 등이 소장되었음이 확인되었다.

5. 중 국

중국은 오랫동안 지정학적 인접성 때문에 한반도와 매우 긴밀한 관계를 유지해 왔다. 특히 중국과 북한은 거의 유사한 시기에 사회주의가 태동하고 국가를 수립하고 작동시켜 오는 과정에서 '혈맹관계'로 규정될 만큼 매우 특수한 관계를 유지하면서 오늘에 이르고 있다. 특히 중국은 북한에서 사회주의체제를 형성하고 발전시키는 과정에서 매우 커다란 영향을 미쳐 왔다는 점에서 북한에 관한 매우 귀중한 자료들이 축적되어 있는 것으로 추정되고 있다.[31]

사회주의 국가인 중국도 자신들의 역사에 관한 기록물들을 '당안'이라고 하는 문서보관소를 통해 보관해 오고 있다. 그러나 당안속의 북한자료에 대해서는 심지화 같은 중국학자들도 한국전쟁에 관한 중국의 입장과 역할을 규명하는데 자국의 자료에 의존하기 보다 러시아자료에 의존하여 분석할 정도로 중국당국의 엄격한 통제를 받고 있어 당분간은 북한연구자료로 활용되기는 어려울 전망이다.[32]

한국전쟁과 관련된 자료들은 주로 중앙당안관, 해방군당안관, 외교부당안관, 항미원조전쟁기념관 등에 집중적으로 소장되어 있는 것으로 알려지고 있다. 최근에는 국사편찬위원회에서 『중국소재 한국사 자료조사보고 Ⅰ』를 통해 중국이 소장하고 있는 한국관련 자료의 실태를 직접 조사한 결과를 발표하였다.[33] 여기에는 중국 전지역을 대상으로 삼고 있기 보다는 상해나 연변지역 등 주로 조선족(한국인) 밀집지역의 당안자료들

---

31) 이종석이 중국측 자료를 동원하여 집필한 『북중관계』는 해방직후의 북한체제가 형성되는 과정에서의 북한과 중국사이의 관계를 이해하는데 커다란 도움을 주고 있다.

32) 심지화, 「소련과 한국전쟁 : 러시아 비밀해제 당안속의 역사진상」, 『현대북한연구』, 3권1호(2000), 11~91쪽.

33) 『중국소재 한국사자료 조사보고 Ⅰ : 중국지역 한국사 관련자료 현황』(과천 : 국사편찬위원회, 2004).

의 실태 파악에 주력하고 있는 제한적인 연구보고서의 성격을 띠고 있다.

전반적인 추세를 말한다면, 초기에는 한국전쟁과 관련한 자료 및 도서 등이 주류를 이루고 있고, 이후 북한의 사회주의 경제건설에 관한 기록들이 일부 나타난다. 1960년대에는 문화혁명과 중소 국경분쟁 등의 영향으로 북한에 관한 소개나 자료들이 적게 나타나고 있으며, 1980년대 중반 이후에는 한국, 한국의 경제에 관한 내용들이 위주를 이루고 있다.

한편 중국 내에서의 북한관련 자료들을 발굴하고 수집하여 역사적 사료로 보존하려는 노력은 조선족들의 역할에 주목할 필요가 있다. 요녕성에는 요녕조선민족출판사, 흑룡강성에는 흑룡강조선민족출판사, 길림성에는 길림조선민족출판사, 연변인민출판사, 연변조선민족출판사 등에서 중국 내 조선족의 출판물 뿐 만 아니라, 북한관련 자료도 인쇄하고 있다.

그러나 중국은 여전히 북한과 특수관계를 유지하고 있다는 점에서 북한에 관한 자료를 개방하는데 대단히 신중한 자세를 견지하고 있다. 지난 2004년 1월 중국외교부에서 처음으로 공개한 1만여건의 외교문서 가운데에서는 북한관련 문서들도 상당수 포함된 것으로 알려지고 있는데, 이들 가운데에는 한국전쟁 당시 세균전에 관한 문서들과 한국전쟁 직후 「조선정부가 파견한 '김일성원수 항일 전적조사단'의 동북지방 활동과 관련된 자료」 등이 주목되고 있다. 이 자료에 의하면 북한은 휴전협정 서명 직전인 1953년 7월에 조사단의 파견의사를 중국 측에 전했고, 그해 9월 1일부터 11월 9일까지 리종혁 박물관장이 이끄는 10명의 조사단이 길림성 등 중북 동북지방에서 장기간에 걸쳐 자료수집과 현장답사를 한 것으로 나타나고 있다.[34] 이것은 김일성의 권력강화를 위한 정당성의 기반을 축적하려는 절차가 이미 진행되고 있었음을 보여주는 실증적 토대라고 할 수 있다. 그러나 중국 당국은 이러한 공개된 자료들 마저도 외부

---

34) 『한겨레』, 2004. 1. 31.

에 유출하려는 것을 꺼리고 있는 실정이다. 따라서 아직까지는 중국내부의 각급 당안에 소장되어 있는 국가기록물들의 자료를 통하여 북한현대사를 분석하는 것은 어려운 일이다. 북한현대사를 이해하고 분석하는데 가능한 중국자료들은 문서보관소가 소장하고 있는 기초자료 대신에 중국당국의 허가하에 생산된 언론매체나 출판매체, 그리고 각종 연구성과물들을 통해 접근해 볼 수 있다. 주로 선별 발췌된 문건들을 모은 자료집의 형태나 회고록 및 단행본 등이 주류를 이루고 있다. 최근 중국은 중국 공산주의청년단과 중국사회과학원이 공동으로 항미원조 기념관 웹사이트(http://kmyc.china5000.cn)를 개설하여 중국의 한국전쟁 참전사실을 대대적으로 홍보하여 중국민족주의를 고조시키는 방편으로 활용하고 있다.

현재 중국의 북한연구자료와 관련하여 가장 가치 있는 자료로서는 한국전쟁과 관련하여 모택동에 관련된 문건들이다. 中共中央文獻硏究室에서 발간한 「建國以來毛澤東文稿」(1990)을 들 수 있다. 「毛澤東文集」과 「建國以來重要文獻選編」도 북한연구에 많은 도움이 되는 내용을 포함하고 있다. 1954년 인민출판사가 펴낸 『偉大的抗美援朝運動』도 한국전쟁 연구를 위해 중요한 자료집의 하나라고 볼 수 있다.

이밖에도 중국에서는 한반도에 관련된 자료들을 정리하여 목록집으로 출판하여 중국의 한반도정세에 대한 연구동향과 입장을 파악하는데 많은 도움을 주고 있다.

(1) 崔蓮, 金順子, 『中國朝鮮學－韓國學硏究文獻目錄(1949～1990)』(中央民族大學出版社, 1995年) : 기간 동안 중국 내에서 발표된 저서 1,067권, 역서 333권, 논문자료 7,947건, 역문자료 636건의 목록을 정리. 중국 내 조선족의 생활과 관련된 것이 많이 포함되어 있음. 그러나 신문기사 정도의 자료 제목도 많이 포함됨.

(2) 沈善洪, 『韓國硏究中文文獻目錄 1912～1993』(杭州大學出版社, 1994

年) : 한국의 철학, 사회과학 관련 저서 및 논문 약 3,000건의 목록을 수록, 대우학술재단의 지원으로 출판됨. 1949년 이전의 자료가 주목됨.

(3) 劉金質 等, 『中國對朝鮮和韓國政策文件彙編』 1-5(1949~1994)(中國社會科學出版社, 1994년) : 人民日報, 신화사의 新華月報 등에 실린 기사와 자료 등을 중심으로 약 1,470건의 남북한 관련 정책 자료 등의 목록과 원문이 수록됨.

(4) 劉金質 등, 『中朝中韓關係文件資料彙編』, 上中下(1919~1949)(中國社會科學出版社, 2000年) : 1919~1949년간 중국에서 출판된 각종 신문잡지 28종에 발표된 1,973건의 기사 목록과 내용을 정리.

(5) 세계지식출판사, 『중화인민공화국대외관계문건집』, 1-4집(1949~1957)(세계지식출판사, 1957).

이밖에도 중국의 주건영과 한국의 홍면기는 각각 중국학계에서의 한국전쟁의 연구동향을 설명하면서 중국연구자에 의해 생산된 한국전쟁에 관한 연구성과물들을 다양하게 제시해 주었다.35)

한편 흑룡강조선민족출판사에서 펴낸『人民日報 关于朝鮮韓国日本问题資料汇編』(1997)라는 자료집도 해방직후의 한반도정세에 관련된 인민일보의 기사들을 발췌하여 당시의 중국을 시각을 파악하는데 많은 도움을 주고 있다.

IV. 해외 북한자료의 수집을 위한 노력

한국은 이제 겨우 국가기록물의 중요성을 인식하고 국가적 차원에서 국가행위에 관련된 제반 행위자들의 기록을 체계적으로 수집 보관하는

---

35) 홍면기, 「중국의 한국전쟁에 대한 인식변화」, 『전사』 4호(2002. 6), 205~247쪽.

사업을 본격적으로 추진하려 하고 있다.

1. 해외자료수집 패러다임의 변화

해외에서 북한에 관한 자료를 수집한다는 것은 쉬운 일이 아니다. 우선 해당국가의 자료공개에 의존할 수밖에 없을 뿐만 아니라 수집 가능한 자료 조차도 여러 가지 이유로 인해 국내로 반입하는데 많은 어려움이 존재하고 있다. 우리나라의 경우에는 해외소재 한국사 자료에 대한 국가적 무관심으로 인해 수집과정이 몇몇 연구자와 기관들의 개인적 노력과 관심에 의존해 왔다.

그러나 최근에 들어와서는 북한자료에 대한 수집도 소극적 자세에서 벗어나 적극적 자세로 해외자료의 수집을 위한 인프라를 확대하려는 노력이 경주되고 있다. 해외 각국의 일방적인 공개에만 의존해 왔던 방식에서 이제는 적극적으로 한국 중심적 시각을 반영한 접근방식으로 전환되고 있다.

수집방법에 있어서도 비체계적인 방식에서 점차로 체계적인 방식으로

국내 각 기관의 수집·활용 현황

수집 기관	중점 수집분야	검색 도구	활용 내용	공개 여부
국사편찬위원회	한국사 전반	목록집, 웹싸이트목록	인터넷공개 일부 자료집 발간	열람 및 복사가능
국회도서관	입법활동	웹싸이트 목록	인터넷 제한공개 일부 자료집 발간	열람 및 복사가능
국가보훈처	보훈	없음	일부 자료집 발간	일반열람 불가능
독립기념관	독립운동	일부 소장목록집	일부 자료집 발간	열람 및 복사가능
서울대 한국교육사고	교육사	없음	일부 자료집 발간	열람 및 복사가능
한국정신문화연구원	근현대사	없음	일부 자료집 발간	열람 및 복사가능
군사편찬연구소	군사	일부 목록집	일부 자료집 발간	열람 및 복사가능

출처 : 김광운, 「해외소재 한국사자료의 수집이전사업에 관하여」, 『사학연구』, 제65호(2002), 134쪽.

전환되고 있다. 즉 일회성, 단기적인 접근방식에서 장기적·연속적 접근 방식으로 전환되고 있다.

과거에는 자료수집의 주체도 개인연구자중심에서 최근에 와서는 기관 중심으로 변화되고 있다. 수집대상도 서방국가에서 사회주의진영의 국가로 다변화되는 추세로 확대되고 있다. 그리고 과거에는 연구자 중심의 개별적인 분리주의적 접근방식에 전적으로 의존하여 왔으나 최근에는 해외자료의 수집에 관심을 갖고 있는 공적 기관들의 자금이나 전문적인 연구 인력을 중심으로 하는 네트워트/협력적 접근방식으로 전환되고 있다.

그러나 아직은 공식적인 문서보관소를 대상으로 하는 접근방식에 치중되면서 개인이 소장하고 있는 기록물의 수집에 대해서는 거의 방치되고 있는 실정이다. 그리고 문헌기록물에만 치중되고 있으며 구술기록에 대해서는 여전히 힘이 미치지 못하고 있는 실정이다. 그동안 북한자료를 수집하는 과정에서는 많은 성과를 거둔 것도 사실이지만, 그에 못지않게 많은 문제점도 드러나는 계기가 되었다. 가장 커다란 문제점은 해외자료를 수집하는데 필요한 정보공유체계가 부재하다는 점이다.

이와 관련하여 수집된 자료조차도 미공개로 인해 연구자료로 활용되지 못하고 사장되고 있다는 문제점도 심각하다. 신복룡 교수는 「해외소재 한국사자료의 현황과 수집의 문제」라는 주제발표를 통하여 "해외 사료수집에 대한 국가적 무관심이 가장 큰 문제점이지만 그나마 개인적으로 수집한 자료도 혼자만 보려는 옹졸함과 이기주의로 인해 중복복사를 유발, 연구의 생산성을 저하시키고 있다"고 지적하였다.36) 이에 따라 중복수집의 폐해가 나타나고 있으며, 과열경쟁으로 인한 비용의 증대로 인해 국력의 낭비가 초래되고 있다.37)

뿐만 아니라 수집된 자료 조차도 필요한 사람들에게 손쉽게 활용할 수

---

36) 『문화일보』, 2000. 7. 11.
37) 『국민일보』, 2003. 6. 6.

있는 서비스를 제공해 주는 문제에도 매우 인식한 실정이다. 수집된 자료목록을 간행하여 서비스를 제공해 주고 있는 곳은 국사편찬위원회나 국방부 군사편찬연구소, 그리고 한림대 아세아문화연구소 등 몇몇 기관에 그치고 있을 뿐이다. 개인들이 수집한 자료들은 거의 개별적인 용도로만 활용되는 수준에 머무르고 있는 실정이다.

그리고 전문적인 인적 자원의 부족과 관련분야의 종사자들의 해외자료에 대한 인식부족도 자료수집의 커다란 걸림돌이다. 특히 북한자료들만 전문적이고 체계적으로 수집을 전담하는 기관도 없는 실정이다. 따라서 이제는 화해협력시대의 남북관계의 진전에 대응하여 사회 각 분야에서 통일에 대비한 다양한 준비를 추진하고 있는 것처럼 북한관련 사료도 단순히 북한연구자료가 아니라 통일연구사료의 일환으로 중요하게 고려되어야 할 것이다.

2. 해외북한자료의 수집실태

가. 국가별 수집실태

1) 미 국

미국은 세계적인 초강대국답게 북한을 포함한 세계 각국의 유용한 정보를 가장 많이 축적하고 있다. 미국은 북한과 관련된 자료에 있어서도 가장 많이 축적하고 있는 것으로 보여지고 있다. 특히 미국에는 구술자료 및 기타 시청각자료 등과 같은 비문헌자료들도 상당수 소장되어 있는 것으로 알려지고 있다.

미국이 소장하고 있는 북한관련 자료들은 상당수 국내로 반입되어 국내연구자들의 연구자료로 많이 활용되고 있다. 그중에서도 미국국립문서보관소가 소장하고 있는 자료들이 가장 많은 관심을 집중받으면서 반입된 것으로 보여진다. 국립문서보관소가 소장하고 있는 북한자료는 한국은 물론이고 미국이나 일본의 북한전문가들에 의해서도 가장 우선적인 관심의 대상으로 간주되어 왔다.

미국이 소장하고 있는 북한관련 자료를 국내로 반입하는 과정에는 주로 자료수집에 필요한 인적, 물적 자원을 상대적으로 확보하기 쉬운 국가관련기관들의 역할이 두드러지게 나타나고 있다.

가장 먼저 국사편찬위원회의 활동이 돋보이고 있다. 국사편찬위원회는 1946년 설립되어 국가의 공적 사료연구 편찬기관으로서의 역할을 수행하여 오고 있다. 특히 2001년도부터 100여억원의 예산을 투입하여 '해외자료수집 이전 5개년 계획'을 추진하면서 국립문서보관소에 있는 한국관련 기록물들을 대거 반입하는 성과를 거두었다. 국사편찬위원회에서는 자료수집을 위한 예산확보를 통해 해외 현지에 전문적인 인적 자원을 파견하여 자료수집을 직접 추진하는 등 다른 기관보다 월등하게 앞서 나가고 있다. 이 기관에서는 유관기관과의 공조 시스템 구축 및 네트워크 형성하고 해외사료조사위원 35명이나 해외 현지에 파견하고 있다.

그리고 국외 유관기관과의 협정 및 직원 파견, 해외사료조사위원의 운영, 해외출장 수집 및 자료교환, 그리고 수집사료를 분류·정리·등록 후 인터넷 공개 및 자료집을 간행하고 있다. 2001년에는 『해외소재 한국사 자료 수집 목록집 Ⅰ~Ⅳ : 2001년, 해외 사료 총서 Ⅰ~Ⅵ』 간행을 발간하였다. 2003년까지 실적을 살펴보면 문서 2,445,062장, MF 3,366롤, CD 474장, 서적 3,550책, 사진 8,512장, 그림·지도(복사) 344장, 포스터 25점, 마이크로 피시 17,292장, 독립운동사 관련 녹취 682개, 사진첩 외 46 등이 있다. 국사편찬위원회에서는 수집된 자료를 정리하여 자료집으로 발간하여 관련분야의 연구자나 일반인들이 이용할 수 있도록 편의를 제공하고 있는 한편 자체적으로도 수집된 자료들을 소장하여 외부인사들에게도 개방하고 있다.

한편 행정부 산하에 설치되어 있는 국가기록원(구 정부기록보존소)은 해외의 기록물을 수집하고 있다. 이 기관에서 수집한 해외자료의 현황을 살펴보면, 문서 96권 117,725매, MF 2,937롤, 도안류 419점, 시청각 560점, 그리고 서신 124점 등이 소장되어 있는 것으로 제시되고 있다.

미국 내의 자료수집과 관련하여 국방부 산하의 군사편찬연구소의 활동도 주목할만하다. 군사편찬연구소는 국방관련 연구기관으로서의 전문성을 바탕으로 한국의 군관련 자료들만 선택하여 집중적으로 수집·축적해오고 있다. 국방부 직속의 최고 군사연구기구인 군사편찬연구소는 2000년 9월 1일부로 국내 유일의 군사사 연구편찬을 위한 전문기관으로 창설되었다. 동 연구소는 1964년 8월에 발족한 국방부 전사편찬위원회가 수행했던 6·25전쟁 편찬사업의 성과를 토대로 점차 군사사 연구편찬의 기능이 강화됨으로써 몇 차례 기구개편을 거듭한 끝에 오늘에 이르고 있다.

군사편찬연구소는 군사사의 연구편찬을 심화하는 한편 정책현안으로 제기되는 군사문제에 역사적인 자료를 제공하여 효율적인 정책 수립이 이루어지도록 기여하고 있다. 이를 위해 국방사 및 전쟁사를 연구편찬하고 군사작전 사료를 조사연구하며, 국내 및 해외의 관련기관에 소장된 각종 군사자료를 수집·보존·관리하는 업무를 수행하고 있다. 군사편찬연구소가 발간한 간행 목록집에 의하면 문서자료 1,086건, 마이크로필름 1,421건, 마이크로피치 222건 등으로 나타나고 있다.[38]

한편 역시 국가연구기관으로서의 성격을 띠고 있는 한국학중앙연구원(구 한국정신문화연구원)에서도 지난 100여 년간의 근대화 역사가 남긴 성취와 한계, 그리고 유산을 정리하고, 그 바탕위에서 새로운 100년의 미래사를 준비한다는 취지에서 대외관계사를 포함한 우리 현대사에 대한 종합적이고 체계적인 연구를 활성화시키고자 노력하여 왔다. 이를 위해

---

38) 김광운, 「해외소개 한국자료의 수집·이전사업에 관하여」, 『사학연구』, 제65호(2002). 132쪽.

사라져가고 있는 현대사 관련 사료들을 조사, 발굴, 수집, 정리하여 학계에 제공하여 왔다. 한국정신문화연구원이 수집하여 소장하고 있는 주요 해외 문서군들을 나열해 보면 다음과 같다. 미국소재 해방전후 한국관련 자료, 미국소재 푸에블로호사건 관련자료, 한국관련 러시아 극동문서보관소 소장자료, NARA문서 등을 소장하고 있다.

한편 민간적 차원에서 미국자료의 국내 반입을 위해 주목할 만한 역할을 수행하고 있는 곳은 한림대학교의 아세아문화연구소를 꼽을 수 있다. 이 연구소는 국내의 교육기관 가운데에서 유일하게 해외의 북한자료를 수집하는데 관심을 갖고 상당한 성과를 거두고 있다. 이 연구소에서는 연구소 중장기 사업으로, 1994년부터 북한사 연구를 중심으로 한 근 현대사 연구사업을 착수하였다. 그동안 학계에서의 많은 연구에도 불구하고 아직까지 미정리 상태에 있는 분야 가운데 특히, 해방직후부터 휴전까지(1945~1953)의 북한연구를 통일시에 대비하여 체계적인 자료발굴과 수집, 심층적인 조사와 분석으로 총체적인 북한사 연구를 추진해 나오고 있다. 이에 따라 방선주 편, 『북한논저목록』(2003), 『한국현대사와 미군정』(1991), 『한국전쟁기 삐라』(2000), 『KLO-TLO문서집 : 미극동군사령부 주한연락사무소』(2000), 『한국전쟁기 중공군문서』(2000), 『미국 극동군사령부 G-2 일일정보요약(1-10)』(1999), 『북한경제관련 문서집 : 1946~1950(1-2)』(1996), 『빨치산자료집(1-7)』(1996), 『북한경제통계자료집(1946~1948)』(1994), 『조선공산당 문건자료집 : 1945~1946』(1993) 등의 괄목할만한 북한연구자료집을 출판하여 북한연구자들이 활용할 수 있는 기반을 구축하는데 크게 기여하고 있다.

그러나 국립문서보관소에서 한국자료를 담당하고 있는 보일런에 의하면 1940~1950년대 미군정 및 한국전쟁 등에 관해 아직도 한국학자들이 전혀 보지 못한 기록물들이 많은 것으로 주장하고 있다.[39] 따라서 앞으로도 계속해서 미국자료를 발굴하고 국내로 반입하기 위한 노력이 계속되어야 한다는 사실을 보여주고 있다.

한편 최근에는 디지털기술의 발달로 인하여 자료수집 과정에서도 점차적으로 인터넷의 활용이 크게 늘어나는 추세로 변화되고 있다. 역시 인터넷을 통한 자료발굴 및 수집에 있어서도 가장 먼저 발달한 나라가 미국이다. 인터넷을 통한 자료수집활동은 비용이 적게 드는 장점이 있지만, 인터넷상으로 공개되는 자료는 제한적이다. 더구나 각 연구기관마다 관심있게 다루는 주제가 다르고 공개하는 자료의 범위가 상이하므로 장기간에 걸친 자료는 구하기 어렵다. 그리고 연구기관들은 자신들의 연구관심에 따라서 수행된 연구업적 등은 인터넷을 통해서 제공하지만 자료는 잘 제공하지 않기 때문에 북한에 대한 전체적인 자료의 수집에는 한계가 따른다. 그렇지만 인터넷을 통해서 수집된 북한관련 자료라 할지라도 다른 방식으로 수집된 자료와 함께 이용한다면 북한연구자들에게 도움이 될 것이라고 생각한다.

자료의 유형으로 본다면 문헌자료가 가장 많은 분량을 차지하고 있다. 비문헌자료는 그 비율이 아주 적으며 그 소재가 정확하게 파악되지 않아서 수집하기가 어렵다. 미국 정부 문서들 중 일부는 마이크로필름 형태로 소장되어 있으나 이들은 상업적으로 제작되어 판매되기 때문에 구입에 상당한 비용이 소요된다. 디지털 형태로 만들어져 인터넷으로 파악할 수 있고 또 재생할 수 있는 자료들은 수집비용이 적게 들지만 그것은 전체 자료 중 일부에 불과하다.

해외자료의 수집은 국가가 직접 운영되고 있는 국립중앙도서관이나 국회 산하에 설치되어 있는 국회도서관도 중요한 역할을 담당해 오고 있다. 국회도서관은 1995년부터 미국·중국·일본·러시아 등지에서 근현대사 자료를 수집해 오고 있다. 그렇지만 도서관의 경우에는 해외의 북

---

39) 『세계일보』, 2004. 7. 13.

한자료에 대해서는 자료수집기능보다 자료열람 서비스 기능에 상대적으로 더 큰 비중을 차지하고 있는 것으로 보여지고 있다. 국회도서관은 북한 자료의 보관과 열람에 별도의 공간과 서비스를 제공할 정도로 북한자료에 대해 많은 관심을 갖고 있다. 해외북한자료의 소장실태는 미국의 국립문서보관소가 소장하고 있는 한국 관련 자료를 비롯하여 상당수의 마이크로 필름형태의 자료들을 축적해 놓고 있다.

국회도서관 사서와의 면담을 통해서 파악한 바는, 이들 마이크로필름의 상당수는 자료소장 기관 또는 상업적인 자료판매 기관에서 구매한 것들이 대부분이라는 점이다. 해외소재 한국관련 자료의 목록에서 다음의 자료들이 북한연구에 도움이 되는 것이라고 판단된다.

- 〈한국전쟁시 미군 노획문서〉(미국 국립문서보관소 소장자료; 마이크로필름 릴 101개);
- 〈Armed forces oral histories : Korean War studies and after-action reports〉(미국 육군군사센터 소장자료; 마이크로피시 154매);
- 〈CIA research reports, 1946~1976〉(미국 트루만 대통령 도서관 소장자료; 마이크로필름 릴 1개);
- 〈Defense history program studies prepared during the Korean War period〉(미국 국립문서보관소 소장자료; 마이크로필름 릴 1개);
- 〈Records of the U.S. Department of State relating to the Korea〉(미국 국립문서보관소 소장자료; 마이크로필름 릴 수십 개. 국회가 소장하고 있는 국무성 문서들의 마이크로필름은 모두 290개인데 그 중 일부가 북한과 관련되는 내용을 수록하고 있다);
- 〈The Korean War〉(미국 육군군사센터 소장자료; 마이크로필름 릴 15개).

2) 러시아

북한의 현대사를 분석하고 이해하는데 러시아자료는 매우 중요한 비중을 차지하고 있다. 특히 북한에서 사회주의체제의 형성, 한국전쟁, 그리고 전후복구와 김일성의 유일적 리더십이 강화되는 초기과정을 이해하는데 있어서 러시아측 자료는 거의 절대적인 중요성을 차지하고 있다고 볼 수 있다.

러시아가 소장하고 있는 북한관련 자료들이 본격적으로 국내로 반입되어 북한연구자료로 활용되기 시작한 것은 구소련의 개혁과 개방에 기인한다. 가장 대표적인 사례는 러시아의 옐친대통령이 한국측에 양도한 러시아문서보관소가 소장하고 있었던 한국전쟁 관련 문서들을 들 수 있다.

그러나 러시아 소장자료의 국내반입은 대체로 공식적인 기관들 사이에서 체계적으로 이루어지기 보다는 러시아 유학생이나 언론기관 및 국내학자들의 현지방문을 통해 수집되는 방식을 거쳐 점진적으로 축적되고 있는 실정이다. 이들은 언어적 접근성을 바탕으로 러시아의 주요 문서보관소를 방문하여 북한관련 자료를 수집하는 동시에 국내에 소개하는 한편 자료분석을 통해 북한연구의 발전에 크게 기여할 수 있었다.[40] 최근에는 안드레이 란코프와 같은 러시아의 북한전문가들도 북한연구 과정에서 입수한 자료들을 바탕으로 러시아측 자료를 축적하는데 커다란 도움을 주고 있다.[41]

최근 들어 해외자료의 수집에 역점을 두고 있는 국사편찬위원회에서는 2004년 러시아연방 국방성중앙문서보관소에 소장되어 있는 해제문서를 수집하여 『소련군정문서, 남조선 정세보고서 : 1946~1947』을 출간하였다.

---

40) 전현수, 「해방직후 북한사 연구의 몇 가지 문제에 대하여－'러시아대외정책문서보관소 소장 북한관계자료의 검토－」, 『역사와 현실』, 제10호(1993).

41) 와닌 와실리비치, 「러시아 대외정책문서보관소 해방직후 한국관계자료들」, 『역사비평』, 제24호(1994).

이 자료집은 '조선에 대한 미소공동위원회 소련대표단 비서부'에 의해 수록된 남조선정세보고서 시리즈로서 45~48년 소련군정기간 동안의 문서들 중에서 가장 규모가 크고 사료가치가 높은 것으로 평가되고 있다.[42] 이 문서에서는 해방직후 남한의 좌익세력들이 소련 군정지도부에게 남조선정세보고서를 작성하여 전달하였음을 보여주고 있다.[43]

이밖에도 소련 극동군 정치위원으로서 북한주둔 소련군을 지휘한바 있는 테렌티 포미치 스티코프 중장이 남긴 일기중에서 한반도 관련 내용을 발췌하여 번역 출판한 『쉬띠꼬프 일기』(1946~1948)에 의하면 북한정부의 수립과정은 철저하게 소련측의 지시에 따라 이루어져 왔음을 증언해주고 있다.[44]

한림대학교 아시아문화연구소에서는 소련과학원 동방학연구소가 1917년부터 1970년까지 소련에서 연구발표된 한국에 관한 문헌들을 모아 1981년에 출판한 『韓國學硏究 文獻目錄』(Bibliografiia Korei, 1917~1970)을 입수하기 시작하여 총 2,369편의 논저 중에서 1,672편(마이크로필름 : 53Reel)을 현재 보유하고 있다. 이 자료를 본 연구소 논문집 『아시아문화』제6호(1990)부터 자료의 해제와 함께 완역하여 연재하고 있다.

특히 러시아에서 북한 관련자료의 발굴 및 수집, 활용에 있어 언론기관들의 역할이 매우 크게 나타나고 있다. 언론기관들은 해외 각국에 직접 상주인력을 파견하여 각종 고급정보를 접하는 유리한 위치를 점유하고 있다는 점에서 북한자료를 발굴하고 국내로 반입하는 데에도 커다란 기여를 할 수 있었다.

언론기관 가운데에서 사회주의국가의 북한관련 자료에 주목한 언론사는 중앙일보였다. 중앙일보에서는 통일기반의 조성을 목적으로 하여 통

---

42) 『한국일보』, 2004. 2. 21.

43) 『동아일보』, 2004. 2. 24.

44) 『동아일보』, 2005. 11. 8.

일문화연구소를 운영하고 있다. 통일문화연구소는 그동안 국내외 현대사 자료발굴, 현대사, 북한관련 국제학술 심포지움, 현대사 통일분야 외부 연구프로젝트 지원 등의 활동을 통해 언론사 부설 연구소로서는 유일하게 독자적인 위상을 확보하고 다양한 현대사 자료를 소장하고 있다.

중앙일보에서는 사회주의국가들의 개혁개방 초기에 해당하는 1991년도부터 3년여 기간에 걸쳐 러시아와 중국 등지를 통해 북한의 당·정·군 관련 사료와 사진들을 발굴하여 국내에 반입하는 성과를 거두었다. 그리고 북경, 모스크바 등지에서 과거 북한의 전직 고위인사들과 해외인사들을 만나 북한의 외교비사에 관한 증언을 수집하였다. 특히 해방직후 북한체제의 형성과정에 참여한 구소련의 전직 군부인사, 외교관 및 관료 등을 통하여 김일성에 관한 증언 등은 해방직후의 북한에서 사회주의체제가 형성되는 과정을 이해하는데 커다란 도움이 되었다. 이것을 바탕으로 중앙일보사에서는 『김일성 외교비사』(1994)를 출판하였다. 러시아측 자료에 따르면 해방직후 북한지역의 공산화와 김일성의 집권은 당시 소련의 영향력이 결정적으로 작용하였음을 분명하게 보여주고 있다.45)

서울신문사에서는 1995년 러시아가 소장하고 있었던 방대한 양의 미공개문서를 입수하여 한국전쟁에 관한 진실을 규명하는 사료로 활용할 수 있는 토대를 제공해 주었다. 서울신문사에서는 총 950건 3천여 쪽에 달하는 문서를 통해 한국전쟁 직전 38도선을 중심으로 벌어진 군사적 충돌, 한국전쟁을 전후로 하여 북한주재 소련대사관과 본국 사이에 교환된 전문 등을 통하여 한국전쟁에 관한 의혹을 푸는데 많은 도움을 줄 수 있었다. 이들 자료들은 모스크바에 있는 러시아정부의 주요국가문서보관소인 대통령문서보관소, 외무부문서보관소, 옛소련공산당 중앙위 문서보관소, 국방부 산하 문서보관소 등지에 보관되어 있던 한국전쟁 관련 자료들이다.

---

45) 박길용·김국후, 『김일성 외교비사』(서울 : 중앙일보사, 1994) ;『한국일보』, 1995. 8. 21 ; 『동아일보』, 2005. 7. 14.

그러나 아직도 북한정권의 수립과정이나 김일성의 집권 및 한국전쟁 등과 같이 북한체제의 초기형성과정에 관련된 주요한 사건과 동향을 이해하기 위해서는 러시아가 소장하고 있는 문서들의 공개가 더욱 요구되고 있다. 러시아연방기록청 산하의 중앙당문서보관소와 국립문서보관소 등은 거의 전면적으로 개방되고 있지만, 당시 북한주재 소련대사관의 자료나 소련군정 문서들이 상당수 보관되어 있는 국방성 문서보관소 등은 아직도 정확한 실태파악이 어려운 실정이다.46) 개인적으로는 전현수가 모스크바에서 조선공산당 북조선분국의 기관지였던 정로를 1945년 11월 1일부터 46년 5월분까지의 자료를 입수하여 국내연구자에게 귀중한 연구자료로 제공해 주는 성과를 거두기도 하였다.

뿐만 아니라 러시아는 북한에 관한 구술자료의 보고이기도 하다. 러시아에는 북한의 건국이나 한국전쟁, 그리고 전후복구와 김일성의 유일체제가 형성되는 과정에 직접 참여하였거나 경험한 인사들이 상당수 거주하고 있다는 점에서 문헌자료를 통해 구체적으로 알기 힘든 구술증언들을 확보하는데 대단히 중요한 지역이라고 할 수 있다. 소련점령시기 정보보고서, 소련군 주요 인물들의 비망록, 일기를 중심으로 러시아자료를 발굴하는 데에는 기광서, 전현수, 김성보 등 모스크바에 유학한 연구자들이 중요한 기여를 하였다.47)

최근에도 통일연구원에서는 러시아의 이러한 지역적 특성을 고려하여 과거 북한정권에 참여한바 있는 인사들을 중심으로 북한현대사에 관한 구술증언을 녹취한바 있다.

---

46) 다만 기광서에 의해 공개된 범위 내에서 파악되고 있다. 기광서, 「러시아연방 국방성중앙문서보관소 소재 해방 후 북한정치사 관련 자료개관」, 한국정신문화연구원 편, 『해방전후사 사료연구 Ⅱ』(서울 : 선인, 2002).

47) 서동만, 『북조선사회주의체제 성립사』, 36쪽.

3) 일 본

일본은 해외의 북한자료를 수집하는 대상 가운데에서 비교적 유리한 환경에 놓여 있음에도 불구하고, 실제로는 정반대의 현상이 나타나고 있다. 일본은 지정학적으로나 역사적으로 남북한과 매우 밀접한 연관성을 갖고 있음에도 불구하고, 의외로 일본전문가들도 크게 부족한 것으로 나타나고 있으며,[48] 이에 따라 일본자료의 국내반입도 저조한 수준을 면치 못하고 있는 것으로 나타나고 있다.

현재 일본자료의 국내반입은 일본의 전체적인 자료소장실태를 파악하는 단계에 머물러 있으며, 다만 식민지시대의 자료들이 집중적으로 반입되어 있는 것으로 보여 지고 있다. 일반인들이 접근이 용이한 형태의 공개된 자료의 수준에서 살펴보면, 국회도서관의 경우 일본국립국회도서관이 소장하고 있는 한반도관련 기사에 관한 마이크로 필름형태의 자료가 수집되어 있는 것으로 나타나고 있다.

통일연구원에서는 2002년부터 일본 외무성이 소장하고 있는 자료로서 비밀에서 해제된 기록문서 약 6,500쪽을 복사하여 수입하였다. 외무성의 외교기록 문서는 북한의 사회주의 형성과정뿐 아니라 북한과 일본의 관계, 북한과 중국, 러시아와의 관계를 일본이 제3자적인 입장에서 어떻게 파악하고 있는지를 이해할 수 있는 좋은 자료이다. 수집된 문서는 일제 패망 직전부터 1970년대 중반까지를 포괄하는 자료이다. 문서는 해외주재 대사가 북한과 관련하여 본국에 보고한 전문에서부터 북한의 각 부문에 관한 분석보고서에 이르기까지 그 성격이 다양하고 각개 문서의 분량은 적게는 10여 쪽에서부터 많게는 100여 쪽에 이른다.

수집된 자료들의 내용을 검토해 보면 대략 1) 해방 직후의 북한 상황,

---

48) 2004년 기준은 미국유학생은 56,390명, 중국은 23,722명인 반면에 일본은 16,992명인 것으로 집계되고 있다. 『매일경제신문』, 2005. 6. 20.

2) 한국전쟁 관련자료, 3) 북한 대외정책, 4) 1950년대 북한 국내정세, 5) 1960년대 북한 국내정세, 6) 1970년대 북한 국내정세, 7) 북한 경제 관계 조사 보고서 및 자료, 8) 북한개론의 8개 범주로 분류되고 있다.

그렇지만, 일본의 북한전문가나 그들에 의해 발굴된 북한자료 등은 국내의 북한학계나 연구풍토에 커다란 영향을 미친 것으로 볼 수 있다. 일본의 대표적인 북한연구자라 할 수 있는 와다 하루끼와 오코노기 마사오 같은 학자들은 김일성의 실체를 규명하고 북한체제에 대하여 독특한 개념을 도입하여 성격을 규정하면서 국내연구자들에게 커다란 영향을 미친 것으로 볼 수 있다. 이들의 영향은 구체적으로 국내를 대표하는 이종석과 서동만 등으로 이어지면서 방대한 역사적 사료에 기초하여 북한의 현대사를 새로 정리하는데 커다란 영향을 미친 것으로 보여진다.

4) 독 일

통일연구원에서는 2002년 12월부터 현지 인력이 문서현황을 파악하고, 국립문서기관의 관계자－독일외무성문서보관소 소장 비버(L. Biewer)박사, 연방 동독 당과 대중단체 문서보관소의 하르트만(S. Hartmann)자료담당관, 연방공문군사서관의 캐스트너(A. Kästner)책임자－의 협력을 통해 다양한 문서관의 기밀자료를 수집하여 왔다. 특히 2003년 5월 14일 통일연구원으로의 문서이전동의서를 받을 수 있게 되어, 상당한 자료들의 수입이 가능하였다. 또한 독일출장을 통해 북한관련 자료일부가 아시아지역목록의 대범주에 편입되어 그 자료의 특성이 정확히 알려져 있지 않거나 분류되어 있지 않고 있음을 확인하였고, 출장 중 이를 직접 입수하는 성과를 거둘 수 있었다. 현지 방문을 통해 수집된 문서는 3만여쪽이며 앞으로도 계속해서 수집할 예정이다. 아래의 표는 수집된 문서와 자료의 현황을 서술한 것이다.

수입된 문서들은 2001년까지 독일 내 국가비밀로 처리되어 왔던 자료들로, 대부분 해제는 물론 공개되지 않았다. 따라서 독일국립문서보관소의 요청에 따라 통일연구원에 소장된 자료들은 독일국립문서관의 규정과 동일하게 개인별 연간 2,000쪽까지의 복사로 제한되어야 한다고 요청을 받았다.

그 외 코블렌쯔 연방문서기관(Bundesarchiv-Koblenz)은 북한관련 사진과 다큐멘터리 필름의 영상자료를 소장하고 있음을 확인했으며, 일차분 130건의 사진자료를 입수하였다. 그리고 데사우 건축공예학교(Dessau Bauhaus)는 구동독의 對북한 함흥시 지원 사업과 관련하여 주택도로, 공장, 철도, 전력, 항만 및 통신 등 다양한 도시 인프라에 관한 건설도면 140장, 협조문과 사업관련문건 A4용지로 4,000장과 슬라이드 필름 900개를 소장하고 있음을 현지 관계자를 통해 확인하였으며 이와 관련된 목록이 입수되어 있다. 특히 1950년대 함흥프로젝트관련 사진자료는 국내에 일부 수입된 200종 이외에 레셀(E. Ressel)가족을 통해 독일 건설진이

독일 내 북한관련 비밀자료 소장상태와 수집현황(2004년 4월 20일 현재)

소장처	소장자료	자료성격	수집현황
독일 외무성 문서 보관소	67,000~75,000쪽	구동독과 북한간 비공개 공식외교문서	27,000여 쪽
구동독 당과 대중 단체 문서보관기관	5,000쪽 이상	◦ SED당 간부회의록 ◦ 중앙위원회 정치국 문서철 ◦ 외무정보수집문건 ◦ Honecker, lbricht, Grotewohl, Pieck 등의 지도자 유고문서	3,000쪽
구동독 국가공안국 문서보관소	구동독일반에 관한 연구 서적류	외무성문서보관소와 당 문서보관소로 이관	공개자료로 분류
연방공문군사서관	10,000쪽 이상	◦ 구동독 육군무관보고서 ◦ 양국 군사사절단보고서 ◦ 양국 군사교류협력문서 ◦ 군사협력 체결관련문서	2,000쪽

찍은 대략 3,500장을 확인할 수 있었고 복사본의 기증을 확인받았으며 현재 700여 장이 입수되어 있다.

아울러 독일 현지로부터 독일인이나 재독동포들을 상대로 구술자료를 확보할 수 있었고, 이러한 자료수집 성과에 기초한 내용분석을 통해 전후복구과정에 구동독이 상당한 기여를 하였다는 역사적 사실을 규명할 수 있었다.49)

5) 중 국

중국의 한국관련 기록물들에 대한 수집활동은 대체로 1980년대 후반부터 단편적으로 개인연구자의 역량에 의존하여 진행되어 왔다. 최근에 들어와서는 개인뿐만 아니라 국가 및 공공기관, 그리고 민간부문에 의해서도 한국관련 기록물들을 경쟁적으로 수집하려는 데 적극성을 보이고 있다.

중국은 러시아와 마찬가지로 북한의 특수관계를 유지하고 있다는 점에 북한에 관한 귀중한 자료들이 상당수 축적되어 있는 것으로 알려지고 있다. 그러나 중국에서의 자료수집은 지지부진한 상태를 넘지 못하고 있다. 아직은 러시아와는 달리 북한과 관련된 자료들을 개방하는데 매우 꺼리고 있기 때문이다. 따라서 중국에서의 자료수집은 공식적이고 합법적인 형태로 추진되기 보다는 비합법적이고 사적인 채널을 통해 필요한 자료들을 수집하는 방식에 의존하고 있다.

그럼에도 불구하고, 중국측 자료들은 식민지시대의 항일운동, 공산주의 운동, 김일성의 행적, 건국과 한국전쟁, 그리고 전후복구 과정에 이르는 북한체제의 전 이행과정을 이해하고 분석하는데 매우 귀중한 사실들을

---

49) 김 면, 「독일 국립문서보관소 소장 자료를 통해서 본 북한과 구동독간의 경제협력 : 구동독의 함흥시 경제지원을 중심으로」, 『북한연구학회보』, 제7권 제1호 (2003. 8), 83~105쪽 ; 「구동독의 對 한 사회주의 건설지원」, 『한국동북아논총』, 제10권 제1호(2005. 3), 351~374쪽.

전달해 주고 있다. 동북항일연군투쟁사 편사조의 『동북항일연군투쟁사』 (인민출판사, 1991), 조소분의 『주보중장군전』(해방군출판사, 1988), 주보중의 『동북항일연군일기』(인민출판사, 1992), 요작기의 『동북군정대학길림분교』(연변민족출판사, 1994), 홍학지의 『항미원조전쟁회억』(해방군문예출판사, 1990), 자성문의 『판문점담판』(해방군출판사, 1989) 등은 제한적이나마 북한현대사를 접근하는데 유용한 자료들이라고 할 수 있다.

중국의 북한자료를 국내로 반입하는 과정에도 국가기관이나 연구기관 및 개인연구자 등 다양한 행위자들이 참여하였다. 국가기록원(구 정부기록보존소)에서는 중국의 당안을 담당하는 행정당국과의 정보교환을 추진하면서 주요 당안이 소장하고 있는 한반도 관련 자료들을 상당량 수집할 수 있었지만, 북한관련 자료의 수집까지에는 이르지 못하고 있다. 중국의 당안자료로부터의 수집은 주로 식민지시대의 항일운동에 관련된 자료들이 주축을 이루고 있다. 국가기록원에서는 2002년 『한국전쟁과 중국』이라는 단행본 출판을 통해 중국의 한국전쟁 관련 자료들을 선택적으로 발췌하여 국내연구자들에게 연구자료로 활용할 수 있는 자료집을 발간하였다.

국방부 군사편찬연구소에서도 국방관련 외국사료들을 지속적으로 수집해 오면서, 중국 군사과학원 군사역사연구부에서 펴낸 『항미원조전쟁사』 (3권)을 『중국군의 한국전쟁사』라는 제하의 번역본을 출판하였다.

그러나 중국당국의 북한관련 자료에 대한 엄격한 통제와 관리는 비공식적인 차원의 자료수집 방식에 의존하는 결과를 초래하였다. 따라서 중국에서의 자료수집은 대체로 개인연구자의 비공식적 차원에서 수집된 것이 주류를 차지하고 있다. 국내로 반입된 중국의 북한관련 자료들의 대부분은 주로 식민지시대의 항일운동, 공산주의운동에 관한 것들이거나 한국전쟁에 관한 것들이 주류를 차지하고 있다. 그리고 자료의 유형도 다른 나라와 마찬가지로 문헌자료와 구술자료들을 포함하고 있다.

중국의 북한관련 자료들은 김일성의 실체나 중국에서의 공산주의운동
의 이행경로나 성과, 그리고 한국전쟁과 관련된 중국과 북한의 입장과
동향을 파악하는데 매우 중요한 내용을 포함하고 있다.[50] 특히 중국당국
에 의해 선별되어 공개되고 있는 자료들과는 달리 한국전쟁 당시 미국이
노획한 중공군 관련문서들은 한국전쟁 과정에서 중공군의 활동과 성격을
이해하는데 많은 도움을 주고 있다.[51]

특히 러시아를 비롯하여 중국에서의 자료반입은 해외에 거주하고 있는
재외동포의 역할이 매우 크다. 특히 러시아나 중국 등지에 거주하고 있
는 재외동포들은 직접 자신들의 역사를 발굴하고 정리하는 과정에서 북
한에 관한 새로운 자료의 발굴과 함께 새로운 역사적 사실을 제공해 주
고 있다.[52] 중국조선족발자취 편집위원회에서 기획 출판한 한국어 자료
들은 중국 내에서의 조선족들의 역사와 생활상을 이해하는데 커다란 도
움을 주고 있다. 이들에 의해 정리된 내용에 의하면 중국인민지원군이
한국전쟁에 항미원조라는 명분을 내걸고 참전하는 과정에서 동북지방에
거주하고 있었던 조선족이 2만여명 정도 참전한 것으로 분석하고 있
다.[53]

중국의 경우에서는 김성호, 박창옥, 권립 등과 같은 조선족 학자들이
민족문제에 관한 자료의 발굴과 축적 및 연구활동을 수행하면서 국내연
구자들과의 교류협력을 통한 후속연구의 기반을 제공해 주고 있다.

한편 중국으로부터 구술자료를 확보하려는 노력은 점차 늘어나고 있는
추세를 보이고 있다. 통일연구원에서는 연변조선족들을 대상으로 한국전
쟁에 참전한 증언을 녹취하여 새로운 역사적 사료로 확보하는데 성공할

---

50) 이종석, 『북한-중국관계』 참조.

51) 『한국전쟁기 중공군문서 : 1949~1953』, 1-4(춘천 : 한림대학교 아시아문화연구소, 2000).

52) 명 드미트리, 「한국전쟁(1950~1953)에 참전한 재소한인들」, 『민족연구』, 제14호(2005. 3), 162~163쪽.

53) 중국조선족발자취총서 6, 『창업』(북경 : 민족출판사, 1994).

수 있었다.[54]

나. 자료수집의 인프라

해외에서 북한자료를 수집한다는 것은 매우 어려운 일이다. 다른 무엇보다도 막대한 인적, 물적 자원이 필요하기 때문이다. 따라서 해외자료를 효율적으로 수집하기 이에 관련되어 있거나 관심을 갖고 있는 제반 행위자들간의 유기적인 협조체계가 구축되어야 한다. 즉 제반 행위자들간의 효율적인 역할분담체계의 구축이 필요하다는 것이다.

그러나 현실은 해외의 북한자료의 수집과 관련된 행위자들을 하나로 묶어 줄 수 있는 종합적인 network system이 구축되어 있지 못하다. 대부분 해외의 북한관련 자료들을 수집하는데 관심을 두고 있는 제반 행위자들이 제각기 독자적으로 자료수집활동에 임하고 있는 실정이다. 2002년도에는 한·중·일 3국의 사료연구 편찬기관들이 학술회의를 개최하고 국제적인 협조체계를 구축하는 문제를 논의한바 있으나, 국내에서는 아직도 필요성만 거론되는 단계에 머무르고 있다.

우선 해외자료의 수집과정에서 정부의 역할이 대단히 중요하다. 정부는 국내외에 방대한 규모의 인적, 물적 자원을 보유하고 있다는 점에서 시장의 힘이 미치지 못하는 분야의 공적인 문제들에 대하여 관심을 두고 정부역량을 투입해야 한다. 특히 정부는 해외 각국에 나라를 대표하는 해외공관을 설치하고 한국의 국가이익에 관련된 해당국가의 정보를 수집하여 국가시책에 반영하는 역할을 수행하고 있다. 해외공관들은 정보를 수집하여 관련분야에 서비스를 제공해 주어야 한다.

최근에는 정부기록보존소, 국사편찬위원회, 민주화운동기념사업회, 독

---

54) 이에 대해서는 정현수, 「중국조선족의 한국전쟁 참전연구」, 『국민윤리연구』, 제57호 (2004. 12), 241~270쪽.

립운동사 연구소, 국방부 산하의 군사편찬연구소 등지에서 각각 설립취
지에 부합하는 사료의 수집을 체계적으로 지속적으로 추진할 수 있는 인
적, 물적 자원을 보유하고 있다. 그러나 아직도 북한자료만을 전문적으로
수집할 수 있는 기구나 조직은 아직 갖추지 못한 실정이다.

  1) 인적 인프라

  해외의 북한자료를 수집하는 일은 전문성을 요하는 작업이다. 그럼에
도 불구하고 국내에는 해외의 북한자료만을 전문적으로 수집하는 역할을
담당하는 전문인력이 부족한 실정이다. 대부분의 경우 해외에서 북한문
제에 관한 학위를 취득을 목적으로 하는 유학생이나 국내 연구자들의 연
구필요를 충족시켜 주기 위한 방편으로 자료수집이 이루어지고 있는 실
정이다.

  우선적으로 북한자료를 수집하기 위해서는 북한문제에 대한 종합적인
지적 능력의 소유자가 필요하다. 그럼에도 불구하고 국내에서 북한관련
분야를 전공으로 하고 있는 대학교육의 양적, 질적으로 상대적인 후진성
을 면치 못하고 있는 실정이다. 대학에서 북한문제를 체계적이고 다각적
으로 연구하고 인적 자원을 양성하기 시작한 것은 1994년도에 들어와서
부터이다.

  그러나 교육받은 전문인력을 수용하고 활용할 수 있는 사회적 공간이
확보되지 못하고 있어 갈수록 위축되고 있는 실정이다. 연구인프라 구축
에 있어서는 전문 연구인력의 양성과 이들을 수용하는 제도적 장치가 마
련되지 않고서는 학문적 차원에서만이 아니라 국가정책적 차원에서도 절
대적으로 필요한 유능한 인력이 공급될 수가 없는 것이다.[55]

  최근에 와서 정책적으로나 학문적으로 국내외 자료의 중요성을 인식하
고 전담기구와 인력양성기관이 설치되고 있다. 한편, 해외의 자료수집과

---

55) 강성윤, 『북한학 연구의 현황과 과제』, 18쪽.

관련하여 관련분야의 학회 등이 중요한 역할 수행하고 있다. 대표적으로
는 북한연구학회, 한국전쟁연구회, 한국근현대사연구회, 기록학회 등이
해외자료 수집에 커다란 도움이 되고 있다.

대부분의 북한연구자들은 북한자료의 빈곤성과 중요성을 지적하고 있
으면서도 자신의 연구분야와 관련된 자료난을 해소하려는 노력에 대해서
는 상대적으로 소극적인 자세를 취해오고 있다.

2) 물적 인프라

해외에서 북한관련 자료를 수집하는 것은 쉬운 일이 아니다. 대부분의
경우 각국의 문서보관소를 비롯하여 각종 자료소장기관들의 자료소장 실
태에 관한 정확한 정보가 없기 때문이다. 따라서 해외에서 북한자료를
수집하는 일은 국내에서부터 사전에 철저하고도 세심한 준비과정을 거쳐
충분한 시간적 여유를 갖고 현지방문을 통하여 자료수집에 임하지 않는
다면 낭패를 보기 쉽다. 뿐만 아니라 대부분의 경우에는 자료수집에 소
요되는 경제적 비용도 만만치 않은 것으로 조사되고 있다.

그럼에도 불구하고 그동안 해외에서의 북한자료의 수집은 주로 민간차
원의 개인연구자나 연구기관 및 학술단체, 그리고 출판관련기관들이 선
도적 역할을 담당하여 왔다. 북한자료를 포함하여 해외소재 한국관계 사
료를 수집하고 있는 공공기관으로는 국사편찬위원회·국회도서관 수서
과·국방부 군사편찬연구소·행정자치부 국가기록원·국가보훈처·외무
부 외교사료과·독립기념관 독립운동사연구소·한국학중앙연구원 등의
역할이 두드러지고 있다. 대학부설 연구소로는 한림대 아세아문화연구
소·경남대 극동문제연구소·연세대학교 현대한국학연구소 등이 있다.
그리고 언론기관으로는 중앙일보·경향신문·동아일보·조선일보 등 신
문사에서 해외사료 발굴에 관심을 갖고 있으며, KBS·MBC·SBS 등에
서도 영상자료 중심으로 자료를 모으고 있다.56) 그리고 최근에 들어와서

는 민주화운동기념사업회, 과거사진상위원회 등과 같이 특수목적형 기관 등에서도 해외에서 관련자료의 수집에 많은 노력을 경주하고 있는 것으로 나타나고 있다.

최근에 들어와서는 국가적 차원에서 기록물의 보존에 많은 관심이 집중되면서 행정부를 비롯하여 입법부와 사법부에서도 관련분야의 사료들을 수집하는데 많은 노력을 경주하고 있다. 특히 정부부처 가운데 해외자료의 수집에 대해서는 교육인적자원부가 주도적인 역할을 수행하고 있다. 교육인적자원부에서는 산하의 국사편찬위원회나 한국학술진흥재단을 통하여 직·간접적으로 해외자료를 수집하는 활동에 관여하고 있다.

국사편찬위원회에서는 자체의 연구인력을 통해 직접 해외로부터 자료를 수집하고 있으며, 한국학술진흥재단에서는 프로젝트 형식으로 관련분야의 연구자들의 연구활동을 지원하는 형식을 통해 해외자료를 수집하고 있다.

3) 법·제도적 기반

국내에는 일찍이 1989년에 우리나라의 역사를 연구하고 그 체계를 정립하는데 필요한 각종 사료의 조사·수집·보존·편찬 및 발간을 제도화하여 국사연구의 심화와 체계적인 발전에 기여함을 목적으로 하는 '사료의 수집 및 보존 등에 관한 법률' 및 시행령을 제정한바 있다.57) 이 법에서는 국내 및 해외에서의 사료수집에 관한 조항들을 마련해 놓고 있다. 해외자료 수집과 관련하여 "국외에 거주하는 자(외국인을 포함한다)로서 국사에 관한 지식과 사료조사에 경험이 풍부한자"를 해외사료조사위원으로 위촉하도록 명문화하고 있다.

---

56) 김광운, 「해외소재 한국사자료의 수집이전사업에 관하여」, 『사학연구』, 131쪽 참고.

57) 정식법률안 명칭은 「사료의 수집 및 보존 등에 관한 법률」(법률7351호)이며, 시행령은 대통령령 18808호, 「사료의 수집 및 보존 등에 관한 법률 시행령」으로 마련되어 있다.

그리고 국립중앙도서관장, 국가기록원장, 국방부 군사편찬연구소장, 그
리고 사료의 수집보존업무를 담당하는 서울대학교 부속시설의 장 등으로
구성된 「사료모집보존위원회」를 설치하도록 제도화하고 있다.

그러나 이 법에 기초하여 해외자료, 특히 북한 관련자료를 지속적이고
체계적으로 수집하는 것은 어려운 일이다. 법안 자체가 지나치게 추상화
되어 있으며, 사료수집을 추진해 나갈 수 있는 구체적인 조직이나 물적
토대에 관한 내용들이 마련되지 못하고 있다는 점에서 상징적인 역할 이
상의 효과를 거두기는 어려울 것으로 보여 진다.

최근에는 주변의 다른 나라들과의 역사분쟁이 빈번해지고, 남북관계의
진전을 비롯하여 과거사에 대한 관심이 고조되면서, 이를 뒷받침할만한
자료의 중요성이 지속적으로 강조되고 있다. 정부에서도 국가기록원의
역할을 확대하는 한편 사료수집을 안정적으로 뒷받침할 수 있는 법과 제
도를 정비하고 있는 실정이다.

V. 해외 북한자료의 활용실태

해외자료는 수집하는 일도 중요하지만, 수집된 자료를 가공하여 한국
사회의 발전에 활용하는 일도 매우 중요하다. 그러나 수집된 자료를 일
반인들에게 공개하는 수준은 아직도 후진성을 면치 못하고 있다.

1. 해외자료의 활용실태

해외자료수집의 진정한 가치는 수집된 자료의 내용분석을 통하여 새로
운 사실을 발견하여 '북한적 현상'의 정확한 실체를 규명하는데 있다. 지
금까지 해외자료들은 북한의 실체를 밝히는데 커다란 기여를 해왔다고
할 수 있다. 앞에서도 살펴본바와 같이 해외자료들은 국내자료나 북한자

료만 가지고서는 제대로 접근하기 힘든 사실들을 포함하고 있다는 점에서 상호보완적인 관계를 갖고 있다.

해외의 북한자료를 이용한 연구실태에 대해서는 한마디로 정리하기 매우 어려운 일이다. 그럼에도 불구하고 북한 연구자들의 연구 성과물들을 중심으로 하는 사례분석을 해보면 해외북한자료의 활용실태를 파악하는 데 많은 도움을 받을 수 있다. 우선 국내를 대표하는 북한전문가로 볼 수 있는 이종석 박사가 집필한 『북한－중국관계』라는 저서에 동원된 자료들을 검토해 보면 국내의 도서관이나 연구기관 등이 소장하지 않고 있는 자료들이 대부분을 차지하고 있다는 점을 확인해 볼 수 있다.

현재 활발하게 북한문제를 연구하는 대표적인 북한전문가들이라고 할 수 있는 백학순, 박명림, 기광서, 전현수, 서동만, 김광운, 정성장 등의 학위논문이나 연구성과물 등에서는 상당수의 해외자료들이 동원되고 있음을 볼 수 있다.58)

2. 해외자료의 공개 및 서비스

북한에 관한 해외자료는 수집도 중요하지만, 수집된 자료를 활용하는 것도 대단히 중요하다. 수집된 자료가 널리 활용되기 위해서는 자료공유 체계가 필요하게 된다.

북한자료가 활용되기 위해서는 공급자와 수요자를 연결시켜 줄 수 있는 연결 메카니즘이 필요하다. 이러한 기능은 현재 주로 도서관이 담당하고 있다고 볼 수 있다. 그러나 아직도 북한자료를 소장하고 있는 도서관은 북한연구자나 일반인들에게 북한사회를 분석하고 이해하는 공간으로서 제기능을 다하지 못하고 있다.

---

58) 위 책의 참고문헌을 통해 제시되고 있는 자료들을 분석해본 결과 대부분의 자료들을 국내의 도서관이나 연구기관 등에서 소장하지 않고 있는 자료들이 대부분을 차지하고 있는 것으로 나타나고 있다.

민주화 이래 '북한바로알기운동'이나 '정보공개'로 인해 상당부분 일반인들도 손쉽게 접근할 수 있도록 개방이 확대되어 왔다. 그러나 아직도 북한자료는 한반도의 특수한 분단 상황으로 인하여 국가에 의해 통제와 규제, 관리감독의 대상으로 간주되어 왔다.

해외에서 수집된 방대한 양의 다국적 자료들이 북한연구에 널리 활용되기 위해서는 자료의 성격을 밝혀주는 해제나 번역작업이 이루어져야 한다. 그럼에도 불구하고 상당량의 자료들은 해외에서 반입된 원형 그대로 소장되고 있는 실정이다. 따라서 해외에서 수집한 자료들에 과연 어떤 내용들이 들어 있는지에 대해서는 연구자 자신의 특별한 노력이 투입되지 않으면 파악하기 힘든 실정이다.

한국의 북한자료를 소장하고 있는 대표적인 기관이라 할 수 있는 통일부 산하의 북한자료센타가 소장하고 있는 자료의 현황을 살펴보면 다음

통일부 북한자료센타 소장 자료현황

자료구분		일반자료	특수자료	합계
도서	동양서	32,779	10,510	43,289
	서양서	16,004	1,303	17,307
	소계	48,783	11,813	60,596
정기간행물		469종	91종	560종
파일자료	동양서	2,572	431	3,003
	서양서	1,269	134	1,403
	소계	3,841	565	4,406
시청각자료	MF	1,207	479	1,686
	VTR-TAPE	515	1,778	2,293
	슬라이드	34	7	41
	기타	976	661	1,637
	소계	2,732	2,925	5,657
통일부 자체생산자료		3,607		3,607
대외비, 비밀자료			368종 606	606
합계		66,165	18,193	84,358

출처 : 송승섭, 「북한자료의 수집과 관리」, 『국회도서관보』, 제39권 5호(2002).

과 같다.

이밖에도 한국을 대표하는 국립중앙도서관의 경우 북한관련 소장현황
은 단행본의 경우 동양서가 5,776책, 서양서가 139책 정도이고, 국회도서
관의 경우에는 단행본이 6,175책, 특수자료가 2,082책 정도 보유하고 있
는 것으로 알려지고 있다.

한편, 북한자료의 이용현황은 통계적인 처리가 의미가 없을 정도로 대
단히 미약한 것으로 나타나고 있다. 2002년도에 발표된 논문에 의하면
국회도서관의 경우 1일 평균 10여명도가 이용하는 것으로 나타나고 있으
며, 북한자료를 가장 많이 보유하고 있는 북한자료센터도 연평균 5,631명
정도인 것으로 조사되었다.59) 특히 자료이용자의 성향을 살펴보면, 대학
생이 61%정도 차지하고 있고, 학계 등의 관련분야의 전문가(5%), 공무원
(4%) 등의 순으로 나타나고 있다. 자료를 가공하여 새로운 가치를 창출
하는 전문분야의 종사자들에게는 거의 이용되지 못하고 있음을 알 수 있
다. 매년 엄청난 양의 북한관련 논문들이 양산되고 있음에도 불구하고
도서관을 비롯한 자료제공(소장)처들이 제기능을 다하지 못하고 있음을
말해주는 것이다.

도서관을 비롯한 각종 자료(소장)제공 기관들의 이용실적이 저조한 것
은 여러 가지 이유로 설명해 볼 수 있겠지만, 북한관련 자료소장 기관들
이 자료수요자들의 욕구를 제대로 충족시켜주지 못하고 있기 때문이다.
수요자의 요구에 제대로 응답할 수 있는 자료의 축적이 1차적인 원인이
라면, 기왕에 수집된 자료조차도 제대로 활용하기 힘든 구조적인 문제도
중요한 요인중의 하나이다. 예컨대 북한에 대한 중국의 입장과 정책을
살펴보고자 할때, 모택동의 저서는 필수적인 자료이다. 그럼에도 불구하
고 모택동에 관한 자료 가운데에서 매우 중요한 자료에 해당하는 「건국

---

59) 송승섭, 「북한자료의 수집과 관리」, 『국회도서관보』, 제39권 5호(2002).

이래 모택동문고」의 경우 국립중앙도서관의 경우에는 소장되어 있지만, 국회도서관이나 통일부 북한자료센터에서는 검색되지 않고 있다.

북한자료 수용자의 측면에서 볼 때 현재 한국의 북한자료 소장기관들의 자료를 손쉽게 이용하기가 대단히 어렵게 되어 있다는 점이다. 수요자의 입장에서 볼 때 어디에서 내가 원하는 자료를 구해야 할지 쉽게 판단을 내리기 어렵게 되어 있다는 것이다. 또한 자료소장기관에서 필요한 자료를 수집하는 과정에서도 수요자가 원하는 자료를 구하는 일도 쉬운 일이 아니다. 저자나 자료명 혹은 출판사 같은 기본적인 요건을 갖추지 않고서는 수요자가 원하는 자료에 접근하려면 많은 비용을 지불해야 하는 실정이다. 특히 영어권 자료를 비롯하여 불어, 독어, 중국어, 러시아어 등 북한연구에 필수적인 해외자료의 경우에는 사정이 더욱 심각하다. 결국 북한자료의 접근성이 용이하지 않는다는 의미이다.

따라서 한국의 북한자료도 이제는 21세기의 정보사회가 요구하는 수준에 부응할 수 있는 시스템으로 재편되어야 한다. 그것의 요체는 누구나가 손쉽고 값싼 비용으로 원하는 자료를 수집하여 다양한 용도로 활용될 수 있는 인프라를 구축하는 일이다.

VI. 결론 : 문제점과 대안

21세기의 지구촌에서는 세계화시대가 강조되면서도 국가간 치열한 경쟁상황이 더욱 심화되고 있다. 지금의 세계적 차원의 경쟁력의 핵심에 지식과 정보가 위치하고 있다. 지식과 정보가 모든 행위자들의 생존력과 경쟁력을 좌우하는 시대로 변모하고 있다.

세계화·정보화시대에서 민족과 국가의 국제적 위상과 역할은 지식과 정보의 축적에 달려 있다. 지금 한국은 산업화는 늦게 출발하였지만, 정보화는 다른 어느 나라보다도 앞서면서 IT강국으로 상징화되고 있다. 그렇지만, 정보화 시대의 한국의 IT강국은 반도체로 대변되는 하드웨어의 강국일지는 몰라도, 세계화·정보화시대를 선도할 수 있는 지적·정신적 역량에 있어서는 아직도 많은 문제점을 드러내고 있다.

지금 우리는 정보화시대의 놀라운 변화를 경험하고 있음에도 불구하고 북한에 대해서는 여전히 암흑수준의 상태로부터 벗어나지 못하고 있다. 최근 남북한의 인적 교류이동을 통하여 서로를 직접 확인해 볼 수 있는 귀중한 기회가 크게 증대되고 있지만, 여전히 북한의 실체에 대해서는 명쾌한 결론을 내리지 못하고 있다.

북한에 대한 불확실성을 해소하기 위해서는 북한에 관련된 자료수집 및 관리와 제공을 위한 정보공유체계의 구축이 시급하다. 북한연구자들의 자료와 정보에 대한 인식의 전환이 시급하다.

해외에는 아직도 미발굴된 자료들이 많을 것으로 추정되고 있다. 그렇지만 해외의 북한자료를 체계적으로 수집하기 위한 정보수집체계가 구축되지 못하고 있어, 과연 어느 나라에 어떤 자료들이 소장되어 있는지를 정확하게 파악하지 못하고 있다. 해당국가의 관련분야의 전문가를 발굴/소재파악, 협조를 구하는 방식도 고려해 볼 필요가 있을 것이다. 아울러 해당국가의 유학생이나 학자 및 현지인들을 적극 활용하는 방안을 적극 강구할 필요가 있다. 특히 지금까지의 해외자료들은 주로 미국이나 일본, 그리고 최근의 러시아지역으로 확대되고 있긴 하지만 아직도 특정지역에 편중되어 있다는 문제점은 개선되지 않고 있으며, 또한 문헌자료에 치중되어 있다는 점도 개선되어야 할 문제점으로 지적해 볼 수 있다. 지금 한반도의 현대사에 관해 귀중한 역사적 가치가 있는 구술자료들이 사라지고 있다. 구술자료들은 문헌자료와는 달리 물리적인 시간적인 제약을 받고 있다는 점에서 시급하게 추진되어야 할 연구과제라고 할 수 있다.

아울러 해외자료수집의 진정한 가치는 수집된 자료를 통해 지나간 역사를 재해석하여 왜곡된 역사를 바로잡는 일이다. 자료수집이후의 후속

연구도 중요하다. 수집된 북한자료가 널리 활용되기 위해서는 연구자들의 자료공유에 대한 인식의 변화와 함께 하루빨리 네트워크를 구축하고 디지털화가 필요하다.

마지막으로 해외에서 수집한 외국자료들이 북한의 현대사를 바로잡는데 커다란 기여를 하고 있는 것은 사실이지만 모든 자료들이 당시의 역사적 사실을 그대로 대변해 주는 것은 아니다. 해외의 모든 자료들은 자료에 담겨져 있는 내용과 작성의도를 분리하여 면밀하게 검토할 필요가 있다는 점이다. 즉 해외의 각국이 소장하고 있는 북한자료들도 역사적 사실에 관한 자료로서의 가치를 지니고 있는지에 관한 신뢰도에 문제점을 안고 있다는 점에서 반드시 다른 나라에 의해 생산된 자료들과 비교 교차 분석을 통해 검증해 볼 필요가 있다는 점을 숙고할 필요가 있다.

강성윤, 「북한학 연구의 현황과 과제」, 『분단 반세기 북한연구사』(서울 : 한울, 1999).

강인구, 「상—뻬째르부르그에 위치한 러시아국립문서보관소와 우리역사 자료들」. 『역사와 현실』, 22호, 1996.

강정인, 「북한연구방법에 대한 새로운 제언」, 『역사비평』, 1992년 여름호.

기광서, 「러시아연방 국방성중앙문서보관소 소재 해방 후 북한정치사 관련 자료개관」, 한국정신문화연구원 편, 『해방전후사 사료연구 Ⅱ』(서울 : 선인, 2002).

김기석, 「미국 내 한국자료 관련연구」, 『국사관논총』, 73, 1996.

______, 『한국학의 세계화를 위한 해외소재 한국학 관련 사료수집 및 정보화방안연구』, 교육부 정책연구과제, 1999.

김광운, 「해외소재 한국사자료수집 · 이전사업에 관하여」, 『사학연구』, 65, 2002.

______, 「현대사연구자의 북한역사학계 탐방」, 『역사비평』, 55, 2001.

김남식, 「해방전후 북한현대사의 재인식」, 『해방전후사의 인식5 : 북한편』(서울 : 한길사, 1990).

김 면, 「독일 국립문서보관소 소장자료를 통해 본 북한과 구동독간의 경제협력」, 『북한연구학회보』, 제7권 1호, 2003.

______, 「구동독의 대북한사회주의 건설지원」, 『한국동북아논총』, 10권 1호, 2005.

김명섭, 「냉전의 종식과 연구의 열전」, 한국전쟁연구회 편, 『탈냉전시대 한국전쟁의 재조명』(서울 : 백산서당, 2000).

______, 「한국전쟁 연구를 위한 다국사료교차분석법과 그 국내적 기반」,

『정신문화연구』, 제23권 2호(성남 : 한국정신문화연구원, 2000 여름).

김익한, 「일본 내 한국근대사 관련자료 이용법」, 『역사와 현실』, 21호, 1996.

김연철, 「북한연구에서 인식론 논쟁의 성과와 한계」, 『현대북한연구』, 창간호, 1998.

『미국소재 한국사 자료 조사보고 Ⅰ-NARA 소장 RG59 · RG84 외-』(과천 : 국사편찬위원회, 2002).

명 드미트리, 「한국전쟁(1950~1953)에 참전한 재소한인들」, 『민족연구』, 제14호, 2005. 3.

박명림, 『한국 1950 : 전쟁과 평화』(서울 : 나남, 2002).

반병률, 「러시아 극동지역 한국학 관련기관과 한인자료 현황」, 『역사문화연구』, 제20집, 2004.

______, 「러시아지역 한인신문 선봉과 1920~30년대 한인사회」, 『역사문화연구』, 제55호, 2005. 6.

방선주, 「미국 24군 G-2 군사실 자료해제」, 『아시아문화』, 3, 1987.

심지화, 「소련과 한국전쟁 : 러시아 비밀해제 당안속의 역사진상」, 『현대북한연구』, 3권 1호, 2000.

송두율, 「북한사회를 어떻게 볼 것인가」, 『사회와 사상』, 1988년 12호.

______, 『역사는 끝났는가』(서울 : 당대, 1997).

송승섭, 「북한자료의 수집과 관리」, 『국회도서관보』, 제39권 5호, 2002.

서동만, 『북조선사회주의체제 성립사 1945~61』(서울 : 선인, 2004).

안병영, 『현대공산주의연구』(서울 : 한길사, 1983).

이완범, 『한국전쟁 : 국제전적 조망』(서울 : 백산서당, 2000).

이종석, 「북한연구방법론 : 비판과 대안」, 『역사비평』, 1990년 가을호.

『일본소재 한국사 자료 조사보고 Ⅰ-국립공문서관국회도서관 헌정자료실 · 외교사료관 외-』(과천 : 국사편찬위원회, 2002).

와인 유리 와실리비치, 「러시아 대외정책문서보관소 소장 해방직후 한국관계 자료들」, 『역사비평』, 24호, 1994.

오경숙, 「국내의 해외북한자료 수집활동실태 분석」, 『한국동북아논총』,

제8권 4호, 2003.

윤택림, 『인류학자의 과거여행 : 한 빨갱이 마을의 역사를 찾아서』(서울 :
역사비평사, 2003).

염인호, 「해방직후 연변 조선인 사회의 변동과 6.25전쟁」, 『한국근현대사
연구』, 제20집, 2002 봄.

전현수, 「해방직후 북한사 연구의 몇 가지 문제에 대하여―'러시아대외정
책문서보관소 소장 북한관계자료의 검토―」, 『역사와 현실』, 제10
호, 1993.

정상진, 『아무르만에서 부르는 백조의 노래』(서울 : 지식산업사, 2005).

정용욱, 「해방전후 미국 대한정책사 관련자료의 종류와 성격」, 『해방전후
사 사료연구Ⅱ』(서울 : 선인, 2002).

정재정, 「일본의 한국관계자료연구」, 『국사관논총』, 73, 1997.

정창현, 『인물로 본 북한현대사』(서울 : 민연, 2002).

정현수, 「중국 조선족의 한국전쟁 참전연구」, 『국민윤리학회보』, 제57호,
2004.

『중국소재 한국사자료 조사보고 Ⅰ : 중국지역 한국사 관련자료 현황』(과
천 : 국사편찬위원회, 2004).

「중국조선족발자취총서 6」, 『창업』(북경 : 민족출판사, 1994).

최유식, 「미국 대통령도서관 소장 한국관련 소장현황」, 『역사와 현실』,
17, 1995.

최완규, 『북한은 어디로 : '북한적 정치현상의 재인식』(마산 : 경남대출판
부, 1996).

『한국전쟁기 중공군문서 : 1949~1953』, 1-4(춘천 : 한림대학교 아시아문화
연구소, 2000).

홍면기, 「중국의 한국전쟁에 대한 인식변화」, 『전사』. 4호, 2002. 6.

『국민일보』, 2003. 6. 6.

『동아일보』, 2004. 2. 24 ; 2005. 7. 14. ; 2005. 11. 8.

『문화일보』, 2000. 7. 11.

『매일경제신문』, 2005. 6. 20.
『세계일보』, 2004. 7. 13.
『조선일보』, 2004. 1. 28.
『한국일보』, 1995. 8. 21 ; 2004. 2. 21.

和田春樹, 『朝鮮戰爭』(東京 : 岩波書店, 1995).
Sokolov, A. P. 강인구 역, 『러시아문서보관소 소장 러시아-한국관계사
　　　자료들 : 19세기에서 20세기전반까지』(서울 : 한국학진흥원, 2003).
Cohen, Leonard J. Shapiro(ed.), Jane P. *Communist Systems in Comparative Perspective*. New York: Anchor Books, 1974.
Oksenberg, Michael. "Sources and Methodological Problems in the Study of Contemporary China." A. Doak Barnett(ed.). *Chinese Communist Politics in Action*. Seattle: University of Washington Press, 1969.

[부록]

사료의 수집 및 보존 등에 관한 법률 시행령

[일부개정 2005. 4. 27 대통령령 18808호]

제1조 (목적) 이 영은 「사료의 수집 및 보존 등에 관한 법률」(이하 "법"이라 한다)에서 위임된 사항과 그 시행에 관하여 필요한 사항을 정함을 목적으로 한다. 〈개정 2005. 4. 27〉

제2조 (국사편찬위원회 위원의 위촉 등) ① 국사편찬위원회(이하 "위원회"라 한다)의 위원(당연직위원을 두는 경우에 그 위원을 제외한다. 이하 같다)은 국사에 관한 연구경력이 있거나 국사에 관한 학식이 풍부하고 덕망이 높은 자 중에서 위원회의 위원장(이하 "위원장"이라 한다)의 추천에 의하여 교육인적자원부장관이 위촉한다. 〈개정 1991. 2. 1, 2001. 1. 29〉

② 위원의 임기는 3년으로 하되, 연임할 수 있다.

③ 보궐위원의 임기는 전임자의 잔임기간으로 한다.

제3조 (위원회의 회의 등) ① 위원회의 회의는 위원장이 소집하고 그 의장이 된다.

② 위원회의 회의는 재적위원 과반수의 출석으로 개의하고 출석위원 과반수의 찬성으로 의결한다.

제4조 (사료연구위원의 위촉 등) ① 법 제5조의 규정에 의한 사료연구위원은 다음 각호의 1에 해당하는 자 중에서 위원장이 위촉한다.

1. 국학분야를 전공한 자로서 해당분야의 연구경력이 10년 이상이거나 해당분야의 박사학위를 소지한 자

2. 고문서를 해독하여 고문사료를 정리할 능력이 있는 자로서 해당분야의 근무경력이 5년 이상인 자

3. 외국어로 된 자료를 해독하여 사료를 정리할 능력이 있는 자로서 해당분야의 석사 이상의 학위를 소지한 자

② 제1항의 규정에 의한 사료연구위원의 위촉기간은 3년 이내로 한다.

제5조 (사료조사위원의 위촉) ① 법 제6조의 규정에 의한 사료조사위원은 다음 각호에 정하는 바에 의하여 위원장이 위촉한다.

  1. 국내사료조사위원

  가. 지역별 사료조사위원 : 당해 특별시·직할시·시·군에 거주하는 자로서 국사에 관한 지식과 사료조사에 경험이 풍부한 자

  나. 기관별 사료조사위원 : 국가기관 또는 법인·단체의 직원

  2. 국외사료조사위원 : 국외에 거주하는 자(외국인을 포함한다)로서 국사에 관한 지식과 사료조사에 경험이 풍부한 자

  ② 위원장은 제1항의 규정에 의하여 국가·지방자치단체 기타 법인·단체 등에 소속된 자를 국내 사료조사위원으로 위촉하고자 할 때에는 그 소속기관의 장과, 국외사료조사위원을 위촉하고자 할 때에는 외무부장관과 각각 협의하여야 한다.

제6조 (사료의 정리·번역 및 등사업무 종사자에 대한 연수) 법 제7조의 규정에 의한 연수과정은 위원회에서 사료의 정리·번역 및 등사업무에 종사하거나 종사하고자 하는 자를 대상으로 실시하되, 그 운영 등에 관하여 필요한 사항은 위원장이 이를 정한다.

제7조 (수탁사료의 보존) ① 위원장은 사료소장자로부터 법 제9조의 규정에 의한 사료의 위탁보존 또는 보존에 관한 기술지도요청을 받아 위탁자의 사료에 대한 보존 등을 하고자 할 때에는 당해 사료의 분실·훼손 기타 재해 등의 방지를 위한 필요한 조치를 강구하여야 한다.

  ② 위원장은 제1항의 규정에 의한 보존사료를 따로 관리하여야 하며, 필요할 경우에는 사료소장자의 동의를 얻어 당해 사료의 복사본을 제작하여 보관할 수 있다.

제8조 (보조금등의 지급신청) ① 법 제10조제1항의 규정에 의한 보조금을 지급받고자 하는 자는 보조금지급신청서에 보조금을 필요로 하는 당해 사업의 계획서를 첨부하여 위원장에게 제출하여야 한다.

  ② 위원장은 제1항의 규정에 의한 보조금의 지급신청에 대하여 지급을 결정한 때에는 보조금의 금액·지급방법·조건 등을 신청인에게 통지하여야 한다.

제9조 삭제 〈1998. 12. 19〉

제10조 (사업추진실적 보고) 제8조의 규정에 의하여 보조금을 지급받은 자는 당해 보조금 사업의 실적에 대하여 사업기간의 중간에 중간보고서를, 사업이 완료된 때에는 완료된 날로부터 30일 이내에 사업결과보고서를 위원장에게 제출하여야 한다. 다만, 위원장이 부득이하다고 인정할 때에는 보고서의 징구를 생략하거나 유예할 수 있다.

제11조 (소장사료의 제공) 위원장은 법 제10조제2항의 규정에 의하여 사료의 간행 등을 하고자 하는 자에게 소장사료를 제공하고자 할 때에는 사본으로 제공하여야 하며 부득이 원본으로 제공할 때에는 당해 사료의 훼손 등의 방지에 필요한 조치를 강구하여야 한다.

제12조 (수탁문서의 보존) ① 위원장은 법 제13조의 규정에 의하여 정당·공공단체 기타 사회단체 등으로부터 문서류의 보존요청을 받은 때에는 이를 심사하여 필요하다고 인정할 때에는 당해 문서를 수탁·보존하여야 한다.

② 위원장은 제1항의 규정에 의하여 수탁·보존할 문서류를 간행 또는 전산수록 등의 방법으로 보존한 때에는 당해 문서류의 보존을 위탁한 단체 등의 장과 협의하여 그 문서를 폐기할 수 있다.

제13조 (사료의 열람·복사 등에 대한 대가지급) 법 제14조제2항의 규정에 의한 사료의 열람 또는 복사 등에 대한 대가는 예산의 범위안에서 위원장이 당해 사료의 소장자와 협의하여 정한다.

제14조 (납본간행물에 대한 보상) 위원장은 법 제15조제2항의 규정에 의하여 납본간행물에 대한 보상을 하고자 할 때에는 보상금액등에 관하여 당해 간행물을 납본한 자와 협의하여야 한다.

제15조 (사료수집보존협의회의 구성) ① 법 제18조제1항의 규정에 의한 사료수집보존협의회(이하 "협의회"라 한다)는 의장 1인을 포함한 위원 10인 이상 15인 이내로 구성한다.

② 법 제18조제2항제2호에서 "대통령령이 정하는 자"라 함은 다음 각호의 자를 말한다.

1. 국립중앙도서관장
2. 국가기록원장
3. 국방부군사편찬연구소장
4. 사료의 수집·보존 업무를 담당하는 서울대학교 부속시설의 장
[전문개정 2005. 4. 27]

제16조 (협의회의 회의) 협의회의 회의는 의장이 소집하며, 재적위원 과반수의 출석과 출석위원 과반수의 찬성으로 의결한다.

제17조 (간사 및 서기) ① 협의회의 사무를 처리하게 하기 위하여 협의회에 간사 및 서기 각 1인을 둔다.

② 간사 및 서기는 위원회소속 공무원 중에서 의장이 지명한 자가 된다.

부칙 〈제12688호, 1989. 4. 25〉

① (시행일) 이 영은 공포한 날로부터 시행한다.
② (국사편찬위원회 위원에 관한 경과조치) 이 영 시행당시의 국사편찬위원회
  위원은 이 영에 의하여 위촉된 것으로 보며, 그 임기는 위촉된 날로부터 기산
  한다.

부칙 (교육부와 그 소속기관 직제) 〈제13282호, 1991. 2. 1〉

제1조 (시행일) 이 영은 공포한 날부터 시행한다.
제2조 내지 제4조 생략
제5조 (다른 법령의 개정) ① 내지 〈48〉생략
〈49〉사료의 수집 및 보존 등에 관한 법률 시행령 중 다음과 같이 개정한다.
제2조제1항 중 "문교부장관"을 "교육부장관"으로 한다.
〈50〉내지 〈148〉생략

부칙 〈제15943호, 1998. 12. 19〉

이 영은 공포한 날부터 시행한다.

부칙(교육인적자원부와 그 소속 기관 직제)
〈제17115호, 2001. 1. 29〉

제1조 (시행일) 이 영은 공포한 날부터 시행한다.
제2조 내지 제4조 생략
제5조 (다른 법령의 개정) ① 내지 〈31〉생략
〈32〉사료의 수집 및 보존 등에 관한 법률 시행령 중 다음과 같이 개정한다.
제2조제1항중 "교육부장관"을 "교육인적자원부장관"으로 한다.
〈33〉내지 〈152〉생략

부칙 〈제18808호, 2005. 4. 27〉

이 영은 공포한 날부터 시행한다.

항일무장투쟁과 김일성의 초기 정치리더십 형성

차 례

항일무장투쟁과 김일성의
초기 정치리더십 형성

김 하 영

I. 서 론

한 국가나 사회를 이끌어가는 데 중요한 영향을 미치는 요인들은 여러 가지가 있다. 그 사회의 문화와 국민성, 전통, 과거 역사, 경제적 상황, 국제적 관계 등은 일반적으로 거론될 수 있는 주요한 요인들이다. 이런 요인들 외에도 정치지도자 개인의 특성이 정치체제의 형성과 발전에 중대한 영향을 미칠 수 있다. 특히 정치지도자에게 권력이 과도하게 집중되어 있거나 한 지도자가 오랫동안 통치를 하는 경우 그 지도자의 개인적 특성은 더 많은 영향을 미치게 된다.

북한의 김일성은 1945년 8월의 한반도 해방과 분단 이후 북부 지역에서 단독 정부가 성립한 이래 1994년 그가 사망할 때까지 통치해 왔다. 따라서 북한 체제의 형성과 발전에 그가 미친 영향력은 그 어느 지도자나 인물보다도 그 크기를 잴 수 없을 정도로 크다고 볼 수 있다. 이런 이유로 정치지도자로서의 김일성의 리더십의 특징을 이해하는 것은 북한체제 형성의 중요한 한 측면을 이해하는 관건이 된다.

한 정치지도자의 리더십 형성은 시간이 흐른다고 자연적으로 이루어지는 것은 아니다. 그 지도자의 개인적인 성격적 특성 뿐 아니라 가정적 배경, 성장의 과정에서의 교육과 경험, 최고지도자로 도달하기까지의 과정에서 겪는 갖가지 경험 등이 모두 그 지도자의 특징과 자질을 형성하는 기초가 된다. 특정한 역사적 상황에서 어려움을 이겨내고 지도자로 등장한 인물의 과거의 삶과 경험을 앎으로써 이후의 그의 정치 행동의 모든 면을 다 이해할 수 있거나 정책결정의 방향을 예측할 수 있는 것은 아닐 것이다. 하지만 그 인물이 최고 지도자로 오랫동안 있으면서 국가나 사회의 형성과 변화에 많은 영향을 끼쳤다면 그의 초기 경험을 분석하고 이해하는 것은 지도자로서의 그의 행동과 사상을 이해하는 데 중요한 기초가 된다.

본 연구는 이런 입장에서 김일성이 만주지역에서 활동한 것이 그가 해방 후의 북한에서 정치지도자로 등장하여 활동하는 데 어떻게 영향을 미쳤는가에 대해서 분석을 한다. 이 연구가 가지는 의의는, 남한에서의 북한에 대한 논의가 대부분 해방 후 분단이 시작되는 시점부터 시작함으로써 북한체제 초기의 정치적 사회적 변화들이 갑작스럽게 나타난 것으로 인식되는데, 기실은 그런 변화들이 해방 이전의 지도자의 경험들과 무관한 것이 아니라는 점을 안다면 우리가 해방 후 북한체제 형성의 기초를 더 잘 이해할 수 있다는 점을 지적하는 데 있다.

김일성의 만주에서의 항일활동에 대한 체계적인 초기 연구는 서대숙과 와다 하루끼의 연구가 대표적이다. 이 두 학자의 연구는 그 이전까지 잘 알려지지 않았던 김일성의 과거 활동뿐만 아니라 공산주의운동의 초기 활동상황을 밝히는 데 초점을 맞추고 있다.[1]

최근의 국내의 북한학자 및 역사학자들의 연구도 만주에서의 김일성의 활동에 대하여 알려지지 않았던 사실을 확인하거나 발굴하는 데 중점을 두어 왔다. 이런 연구의 결과 이전에 정확히 알려지지 않았던 사실들 또는 잘못 알려졌던 사실들이 제대로 알려지게 되었다. 역사적 사실의 확인은 그 자체로서도 중요할 뿐 아니라 잘못 알려진 과거 역사를 제대로 평가하는 데 있어서도 중요하다. 하지만 과거의 사실이 그 이후에 어떤 영향을 미쳤는가를 이해하는 것 또한 중요하다. 본 연구는 김일성과 관련된 과거의 역사를 발굴하는 데 주목적이 있는 것이 아니라 그의 만주에서의 투쟁경험이 이후 그가 북한 체제의 최고지도자로 등장하여 활동하는 시기에 어떻게 영향을 미쳤는가에 초점을 두고 있다. 김일성의 무장투쟁 활동에 대해 북한에서는 과장해서 이야기 해 왔지만 그가 만주에서 항일투쟁을 한 사실은 국내 및 해외의 연구자들이 인정하고 있다. 이러한 사실인정을 바탕으로 하여 본 논문은 그의 항일투쟁 경험이 이후 지도자로서의 리더십 및 북한 체제 형성에 미친 영향에 대해 분석하고자 한다.

본 논문을 위한 자료로서는 기존의 문헌자료 및 최근 중국 연변 지역에서 채취한 구술자료를 이용하고자 한다. 즉 북한기초연구사업의 추진과정에 수집한 자료들 중 2004년 봄 중국 연변 지역에서 과거 항일투쟁을 한 인사들 및 이에 대하여 자세히 알고 있는 인사들의 증언에서 얻은 내용들을 본 논문의 중요한 1차 자료로서 이용하고자 한다. 구술자료는 구술자의 개인적 경험과 기억에 의존하는 것이란 점에서 객관성 및 진실성 등의 측면에서 문제점이 있다고 지적되기도 한다. 하지만 구술자료는 문헌자료를 보충할 수 있을 뿐 아니라 그 자체로서도 가치를 가지는 자료로 인정되고 있다. 다만 구술자료를 이용하여 연구를 수행할 때에는 그 자료가 가지는 정확성 및 객관성 등에 대하여 한계가 있음을 인지하

---

1) 서대숙, 『한국 공산주의 운동사 연구』(서울 : 이론과 실천, 1990); 와다 하루끼 저, 이종석 역, 『김일성과 만주항일전쟁』(서울 : 창작과 비평사, 1992).

고 다른 증언이나 객관적 사료와 교차비교 하여 자료를 평가하는 것이 필요하다.2) 본 연구에서 주로 의존하는 구술자료는 2004년 2월말 및 3월 말~4월초 2회에 걸쳐 중국의 연변 지역 현지에서의 인터뷰를 통해서 수 집되었다. 구술은 해방 이전의 만주 지역에서의 조선인들의 항일투쟁 및 김일성의 행적을 중심으로 이루어졌다.3)

II. 김일성의 성장과 교육

김일성은 1912년 4월 15일 평양에서 김형직이라는 농부의 3형제 중 장 남으로 출생하였다. 그의 집안은 지주집안의 묘지기였다. 그가 성장한 시 기는 조선이 일본의 식민지로 전락한 시기였다. 그의 아버지가 1919년 만주로 이주함에 따라 만주로 건너갔다. 만주에서 팔도구 소학교에 다녔 다. 김일성은 학교에서 공부를 잘하는 축에 속했던 것 같다. 한 구술자는 김일성이 팔도구소학교를 다닐 때 공부를 잘한 학생이었다고 말한다.

> 내가 무엇을 보았는가 하면 김일성이 거기서 공부를 할 때 학습성적부 를 봤단 말입니다. 근데 공부는 확실히 잘 했습디다. 공부는 잘 했는데 그 때 3학년인지 4학년인지, 그 성적표에 있습니다. 중상등입디다. 중상등 성 적표인데 근데 지금 어디 있는가 하면 장백에 있습니다. 장백에 지금 보존 되고 있습니다. 우리 후에 가니까 아니 보여줍디다.4)

---

2) 구술자료의 가치와 한계에 대한 논의는 다음의 연구들 참조. 염미경, 『전쟁연구와 구술 사』, 표인주 외, 『전쟁과 사람들』(서울 : 한울, 2003); 윤택림, 『인류학자의 과거여행』(서 울 : 역사비평사, 2003); 윤택림, 「기억에서 역사로」, 『한국문화인류학』 25권, 1994, 273~ 294쪽.

3) 당시의 경험을 증언할 수 있는 인사들이 이미 많이 사망하였고 또한 연로하여 다수의 구술자를 확보하기가 어려워 일부 구술은 연변 지역에서 항일투쟁을 연구하는 연구자들 로부터 이루어졌음을 밝힌다. 그리고 구술자들이 자신들의 실명이 알려지는 것을 원치 않기 때문에 본 논문에서는 구술자의 이름을 모두 가명으로 처리한다.

4) 리종길(가명) 구술. 2004년 4월 1일 중국 연길시에서 인터뷰.

김일성은 만주에서 1923년 홀로 평양에 돌아와서 외가가 있는 용산면 하리에서 창덕학교에 다녔다. 그러다가 그가 13세 때인 1925년 부친인 김형직의 지병으로 인하여 14살 때 다시 만주로 건너갔다. 1927년에 길림의 육문(毓文)중학교로 전학하였고 육문중학에서는 상월(尙越) 등 중국인 교사들로부터 본격적으로 공산주의 사상을 교육받게 되었다.[5] 러시아 혁명이 성공한 이후 맑스-레닌주의는 중국의 지식인들에까지도 영향을 미쳤다. 만주 지역에도 이 사상이 전파되었고, 조선인 민족주의자들도 이 사상을 받아들였다. 김일성도 학창시절에 이 사상에 접하였고 감옥에 가게 되는 경험도 하였다. 1920년대 말의 연변 지역에서의 맑스레닌주의 전파에 대해서 한 구술자는 이렇게 구술한다.

> 맑스레닌주의 그거 아주 쎕니다. 어느 정도 쎈가하면 이동휘를 비롯해서 이상설 등 독립 운동가들이 러시아에 직접 가서 직접 접수를 해 가지고 여기 와서 학교를 꾸렸다 말입니다. 학교 꾸린 게 진보적인 학교 대단히 많습니다. 그때에 여기 용정에 동양학원 이게 제일 쎕니다. 대성중학교 안에 있습니다. 그 다음에 대성중학교, 동흥중학교 다 마레주의 쎈 곳입니다.
>
> 그리고 그때 신문간행물이 많이 발행됐습니다. 그 가운데 신문간행물이 발행된 게 몇 십 종입니다. 그 다음에는, 학교 학생들이 방학이면 농촌에 나가서 이거 선전하고…, 마레주의가 연변에 전파한 시기가 아주 큽니다.
>
> 책이 많죠. 볼셰비크, 그 다음에 소련 10월 혁명주의, 공농운동을 논함, 맑스 자본론…, 신문도 대단히 많이 뿌렸는데…,
>
> 연변에 이게 쎕니다. 맑스레닌주의를 전파한 이런 서적들이 그저 22년도부터 24년도까지 아마 제일 쎘을 겁니다. 이래서 많은 농민들이 이거 선전 많이 들었다 말입니다. '러시아가 이렇게 좋은 사회구나. 우리도 러시아를 따라 배워야겠다. 우리가 꼭 러시아처럼 해야 되겠다' 이게 그때 공산당들의 주장입니다…. 이런 책들을 그때 중학교 학생들이 거진 다 접촉했습니다.[6]

---

[5] 육문중학교는 중국 한족들을 교육시키기 위해 설립된 사립학교였다. 서대숙은, 김일성이 한국인 학교가 아닌 중국인 학교에서 배웠다는 사실을 중요한 사항으로서 언급하고 있다. 서대숙, 『한국 공산주의운동사 연구』, 243쪽.

육문중학 시절 김일성은 공산주의 청년운동에 가담하여 활동하다가 1929년 가을에 반일활동 혐의로 중국 군벌당국에 체포되어 수개월 동안 감옥살이를 하였다. 이 사건을 계기로 그는 육문중학에서 퇴학당하였다. 이 시기 김일성은 세 번 감옥에 들어갔다.

> 감옥에 세 번 들어갔습니다. 길림학생운동에서 한 번 체포되고, 그 다음에 장울화가 한 번 이통현에서 구해준 게 있고, 그 다음에 남만 원정에서 체포된 거 또 한번 구해줬습니다. 모두 세 번입니다. 장울화는 두 번 구해줬습니다. 그리고 하나는 자기 신분이 탄로 아니 되어서 나온 게 있고, 그래 세 번을 감옥생활을 했습니다. 근데 크게는 들어가 아니 있었습니다. 제일 오랜 건 길림 감옥에서 좀 했습니다.[7]

김일성은 학창시절이 끝난 이후 만주 지역에서 항일활동이 본격화되는 1931년 중국공산당에 가입하고 이후 중국공산당이 주도하는 항일투쟁에 참가하면서 그의 이름이 알려지게 되었다. 그가 지도자로서 가지는 자질을 형성하는 데 영향을 많이 미친 것은 학창시절 이후의 본격적인 항일활동 경험이었던 것으로 짐작된다.

연변 지역을 포함하는 동만 지역은 1909년의 간도협약에 의해서 중국령으로 확정되었다.[8] 이 지방의 주민들은 조선으로부터 이주해 온 조선인들이 압도적인 숫자를 차지하고 있었다. 1930년 12월의 조사에 의하면 연길현, 화룡현, 훈춘현, 왕청현의 네 지역에서 조선인들은 인구의 76.4%를 차지하고 있었다.[9]

---

6) 리종길(가명) 구술. 2004년 4월 1일 중국 연길시에서 인터뷰.

7) 리종길(가명) 구술. 2004년 4월 1일 중국 연길시에서 인터뷰.

8) 일제는 대한제국의 외교권을 박탈한 뒤 청나라와 간도 문제에 대한 협상을 하여 1909년 9월 일본이 남만주 철도 개발과 푸순(撫順)탄광을 개발하는 이권 등을 얻는 대가로 도문강(두만강) 이북 지역의 간도를 청국 영토로 인정하는 것을 주 내용으로 하는 협약을 체결하였다.

9) 와다 하루끼 저, 이종석 역, 『김일성과 만주항일전쟁』, 82쪽.

하지만 당시 만주 지역에 살던 조선인들은 중국인 한족 지주들의 가혹한 소작조건 밑에서 어렵게 살아가고 있었다. 토지는 주로 한족 지주들이 소유하고 있었고 조선인 농민들은 토지를 소유하지 못하고 소작인이나 고용농으로서 힘들고 빈곤한 상태에서 살고 있었다. 당시 이 지역의 조선인들은 3중의 압박 속에서 살고 있었다. 중국인 지주들의 가혹한 소작조건, 중국 군벌들의 통치, 일본 군대의 토벌이 그런 압박이었다. 조선인 농민들은 경제적으로 아주 어려운 조건에 있었으므로 이들에게 일차적으로 호소력을 가진 것은 이념이나 사상보다는 경제적인 문제의 것이었다. 특히 지주의 땅에 농사를 지어 먹고사는 가난한 농민의 입장에서 자신의 땅에서 농사짓는 것은 절실한 소망이었고 따라서 토지의 소유 또는 분배는 아주 중요한 문제였다.

본격적인 항일투쟁 이전에 추수투쟁, 춘황투쟁 등이 발생한 것은 봉건적인 농업경제구조 아래에서 극심한 가난에 처해 있던 농민들이 생존권을 확보하기 위해서였다. 농민들이 중국공산당을 지지하게 된 것도 공산당이 지주들의 토지를 빼앗아 농민들에게 나누어준다는 약속을 한 것이 중요한 요인이었고, 또한 나중에 유격근거지에서는 단기간이나마 소비에트 정권이 성립하여 토지를 농민들에게 나누어주기도 하였다. 농민들은 일차적으로 사상이나 이념보다는 절박한 생존의 문제 때문에 공산당을 지지하게 되었다. 가난한 조선인들의 이런 삶의 상황은 중국땅인 만주에 사는 식민지 조선 출신의 젊은이에게 영향을 주었을 것이다.

김일성은 자신의 자서전격인 『세기와 더불어』에서 할아버지와 아버지 김형직을 높이 찬양하고 있다. 아버지의 항일활동을 통해서 자신의 항일정신을 키웠고, 아버지로부터 많은 영향을 받았다고 스스로 말하고 있다.10)

---

10) 김일성, 『세기와 더불어』, 제1권(조선로동당출판사, 1992).

이는 어린 시절의 사회화 경험이 중요하다는 평범한 사실을 확인시켜 준다. 그의 아버지 김형직(1894년 생)은 민족주의적 정신이 강한 인물이었다. 김형직은 숭실중학을 졸업하고 교사로서 활동하다가 1917년 3월 비밀정치결사인 조선국민회 결성에 참여하였다. 1918년 2월 이 비밀결사는 당국에 발각되어 회장 이하 핵심인물들이 체포되었고, 김형직도 체포되어 형을 살았지만 그 해 안에 출옥하였다. 이후 그는 만주로 갔고 나중에 가족을 데리고 만주로 옮아가 살았다. 하지만 그는 1926년 32세의 나이로 일찍 사망하였다.

김일성은 그의 나이 20대 초기에 이미 유격대활동을 한 것으로 알려져 있다.11) 이렇게 그가 유격대 활동에 나서게 된 것은 이미 새로운 사회를 지향하는 새로운 사상을 받아들였고 또한 그 때문에 감옥을 갔다 오게 된 것과 무관하지 않을 것이다. 동시에 청년 시절의 김일성이 유격대 활동에 나서게 된 데는 그가 조선인으로서 자아정체성을 가졌기 때문일 것이다.

그가 조선인으로서의 정체성을 갖게 되는 데 영향을 미쳤을 것으로 생각되는 요인으로 들 수 있는 것은, 첫째, 그가 일본에게 나라를 잃은 식민지의 백성이라는 사실로 짐작된다. 김일성의 아버지 김형직은 민족의식이 있었고 김일성은 아버지의 활동에서 많은 자극을 받은 것으로 짐작된다. 아버지가 체포되어 형을 선고받고 감옥살이를 하였고, 또한 그 자신이 나중에 체포되어 감옥을 갔다 온 사실 등은 그에게 나라 없는 민족의 고통을 절실히 느끼게 하였을 것으로 추측된다. 그가 무장항일투쟁을 한 것 자체가 이 사실을 분명히 보여준다. 그는 중국공산당 지도하의 투쟁활동을 하였지만 그의 활동은 일본군에 대항해 싸우는 것이었기 때문에 식민지 상태에 있는 조선인으로서의 의식을 가지고 있었다. 김일성은,

---

11) 이 문제와 관련된 논의는 서대숙, 『북한의 지도자 김일성』(서울 : 청계연구소, 1989), 10~13쪽 참조.

그의 구술을 엮은 책으로 알려진 『세기와 더불어』 제1권의 앞부분에서 일제 식민지 통치에 대해서 이렇게 말하고 있다.

> 나는 지금까지 세계 여러 곳을 돌아다니며 지난날 식민지로 있었던 나라들을 적지 않게 보았지만 다른 민족의 말과 성까지 빼앗고 밥그릇까지 략탈해간 그렇게 지독한 제국주의는 보지 못하였다….
> 한마디로 말하여 나는 어수선한 동란의 시대에 태어나 불우하게 어린 시절을 보냈다. 이러한 시대상은 나의 성장에 영향을 미치지 않을 수 없었다. 나는 아버지한테 우리 나라의 망국사를 들은 다음부터 봉건통치배들을 몹시 원망하였으며 피눈물을 머금고 나라의 자주권을 찾는 일에 일생을 바치기로 결심하였다.12)

이렇게 그에게 일생의 목표를 일깨워 준 아버지 김형직이 비교적 젊은 나이에 사망하였다는 사실이 김일성으로 하여금 정신적으로 비교적 빨리 성숙하게 하였을 것이란 추측도 가능하지만 이에 대한 구체적인 자료는 없다.

둘째, 중국인이 장악하고 있는 만주지역에서 소수민족인 조선인 집단의 일원이었다는 사실이 그로 하여금 조선인이라는 의식을 가지게 하였을 것이다. 그는 분명히 중국공산당이 지시하고 통제하는 활동에 참가하고 있었다. 하지만 그는 일본군에 대항해서 싸웠다. 그가 중국인들이 지배하던 만주에서 조선인으로서 어떤 정체성을 가졌던가 하는 점에 대해서 분명한 증언은 없지만 그의 활동은 분명히 중국의 통일이나 혁명보다는 식민지 상태에 있던 조선의 해방에 목표를 두었다. 그렇다고 그가 중국 한족들로부터 배척을 당하거나 그들과 사이가 나빴다는 증언은 없다. 오히려 그는 몇 명의 중국인들과는 아주 절친한 관계를 가지고 있었다. 예를 들면 김일성은 육문중학에 다니던 시절 한족인 장울화(張蔚華)와

---

12) 김일성, 『세기와 더불어』, 제1권 중, 「우리가정」.

아주 가까운 친구 사이였다고 알려져 있다. 장울화는 무송에서의 중국인 부호 장만정의 아들이었는데 김일성의 아버지가 장울화의 아버지 장만정을 치료한 것을 계기로 가까워졌다. 김일성이 항일유격대활동을 할 때 장울화는 많은 도움을 주었다. 하지만 1937년 가을 그는 일본경찰에 체포되어 취조를 받고 나온 뒤 비밀을 지키기 위하여 스스로 자살하였다. 이때 장울화의 나이는 25세였다. 김일성은 훗날 장울화의 자녀들을 만나 다음과 같이 말했다고 한다.

> 너의 아버지의 최후에 대한 비보를 접한 나는 며칠 동안 잠도 못자고 밥도 먹지 못하였다. 내 몸 가까이에서 이 세상의 일각이 와르르 무너져 내리는 것 같은 허무감과 가슴을 세차게 떠박질리운 것 같은 타박감 때문에 나의 온 넋은 천야만야의 미궁으로 떨어져 내리는 것 같았다.[13]

위의 일화와 구술을 통해서 본다면 김일성은 성장의 시기에 중국인들과 비교적 좋은 관계를 형성하였던 것으로 보인다. 그리고 이는 그의 일반적인 대인관계가 나쁘지 않았음을 시사한다.

III. 만주에서의 항일투쟁의 경험

만주에서 무장항일투쟁이 본격적으로 전개되기 시작하는 것은 중국공산당의 정책이 변화하고 난 1931년 이후부터이다. 김일성의 무장투쟁 경험이 본격적으로 이루어진 것도 그 이후부터였다. 김일성은 항일투쟁과정에서 중국공산당의 지도부로부터 그의 능력을 인정받아 소부대를 지휘

---

13) 김일성과 장울화 사이의 깊은 우정에 대한 이야기는 다음의 자료에서 나타난다. 김지형, 『남북을 잇는 현대사산책』(서울 : 선인, 2003), 319~333쪽. 이 자료에는 김일성이 육문중학교 시절의 스승인 상월 선생을 "한생을 두고 회고할 수 있는 스승", "청춘시절에 지울 수 없는 자욱을 새긴" 선생으로 기억하고 있다는 이야기도 쓰고 있다.

하여 많은 전투를 치렀다. 그의 투쟁은 비록 중국의 만주 지역에서 중국 공산당의 지도를 받아 전개되었지만 항일활동은 조선의 해방을 목표로 하고 있었다. 구술자들의 증언 및 문헌자료를 통해서 보면 그의 경험을 몇 가지로 나누어 살필 수 있다.

1. 무장투쟁의 경험

중국공산당은 초기에는 항일투쟁에 역점을 두지 않았다. 하지만 일본 이 1931년 9월 만주사변(9·18 사변)을 일으키자 중국공산당은 국민당 정부를 타도하고 일본 및 모든 제국주의에 반대하는 혁명전쟁의 전개를 호소하였다. 만주 지역에서 군벌들이 항일전이 치열하게 전개되자 중국 공산당은 만주성위에 항일유격대 창설을 지시하였고 만주성위는 1931년 11월 중순 만주에서의 항일유격대 창설을 결정하였다.

각 지역에 형성된 유격부대들은 곧 항일연군으로 재편되었는데 항일연 군은 1932년에 남만주 반석현의 유격부대들이 재조직되면서 형성되었다. 1932년 1월 중국공산당 만주성위 본부가 심양에서 하얼빈으로 옮겨졌고 많은 유격부대들이 그 휘하에 조직되었다. 그 해 9월 동북인민혁명군 제 1사가 조직되었고 그 후 수차례에 걸쳐 추가적인 부대 편성이 이루어졌 다.14)

김일성은 1934년 5월 편성된 제2군의 제2독립사 제1단 제3지대 전사로 활동을 하였고 그의 능력을 발휘하여 나중에는 제1로군 제2군 제6사장의 자리에 올랐다. 동북항일연군 제2로군 총사령이었던 주보중(周保中)은 항 일연군에서의 교육과 규율 등에 대해서 다음과 같이 구술하고 있다.

---

14) 동북항일연군의 구성 및 활동에 대한 간단한 논의는 서대숙, 『북한의 지도자 김일성』, 14~27쪽 참조.

항일련군은 간부를 교육하고 훈련해내는데 큰 중시를 돌렸다. 그렇게 고정되지 않은 유격구에서와 간단없는 전투적 환경에서도 항일련군은 일찍부터 북만 탕왕하, 이춘하의 심산속에서 군사정치학교를 꾸리었다….

전사들에 대한 정치교육은 계급사상을 기초로 하여 민족의 적을 적대시하도록 계발하고 중국공산당의 정책과 주장을 옹호하는 것을 내용으로 하였다. 신전사가 입대하면 수선 주로 정치교육을 하였으며 시범하고 유도하는 방법으로 그들의 자각성과 자발성을 촉진하였다. 간부들에게는 맑스-레닌주의 및 중국혁명문제에 관한 기본리론교육을 진행하였다.

군사교육은 유격전술과 일반적인 군사전술 이를테면 사격, 투탄, 창격, 위장, 장애물제거, 말타기, 스키타기(하강부대에서 하였다) 등을 착중하여 배웠다.

교육참고자료는 일보(구국일보) 및 국외에서 얻어온 원저작을 번역, 편찬한 것과 적측의 군사자료를 수집, 연구한 후 선택한 것을 리용하였다….

군대내의 민주는 1931년부터 1934년까지의 시기에 당내의 민주와 군중의 민주를 발양하였다. 군대내의 생활관리, 교육경비의 지출정황 등은 모두 상급에서 하급에 향하여 정기적으로 사실정황에 따라 보고하여야 하였고 구중들의 토론을 거쳐 의견을 제기하였다….

항일련군의 군사규률과 군중규률은 엄격하였는데 주로 남을 욕하고 때리는 것을 반대하도록 군중들을 교육하고 계발하는데 의거하였고 당원과 단원들이 모범이 되고 상급이 하급의 모범이 되는데 의거하였으며 비판과 자기비판에 의거하였다….

항일련군의 식사와 의복은 상하급이 똑같았으며 경제장부는 공개하였다. 조건이 제일 좋은 3, 4, 5, 6군에서는 달마다 용돈을 1, 2원씩 내주었다…. 식사는 처음에 좋건나쁘건 따지지 않고 배불리 먹으면 되였는데 생활수준은 일반적으로 농민들보다 낮았다. 옷을 정결하게 입는데 중시를 돌렸고 위생(2군과 5군이 제일 좋았다)에 주의하였다. 부대에는 부녀들이 적잖게 있었는데 전투에 참가하는 한편 여러 가지 보조적사업을 하였다. 생활규률과 남녀관계는 엄격했다.15)

주보중의 위 설명에 의하면 항일연군은 군사교육 뿐 아니라 정치교육

---

15) 주보중, 「동북의 항일유격전쟁과 항일련군(초고)」, 권오근 책임편집, 『주보중문선』(연변인민출판사, 1987), 186~188쪽.

도 체계적으로 수행하였던 것을 알 수 있다. 따라서 항일연군에 소속되어 투쟁하던 조선인들도 군사 및 정치교육을 받았을 것이다.

대부분의 조선인들은 연군에 가담하여 1932년부터 1941년까지 일본군과 싸웠다. 각 부대의 최고 지휘부는 중국 공산주의자들이 장악하였고 조선인들은 여러 부대에 산재해 있었다. 하지만 조선인들은 동만주에서 활동하던 제2군에 크게 집중되어 있었는데 이 지역은 조선인들이 오래전에 이주하여 정착해 살았고 수적으로도 중국인들보다 훨씬 많았기 때문이었다.

김일성은 1934년 5월 편성된 제2군의 제2독립사 제1단 제3지대 전사였는데 계속 진급하여 나중에는 제6사장의 자리에 올랐다. 당시 항일투쟁을 하던 인물들은 대부분이 가난한 농민 출신들이었고 교육을 받지 못한 사람들이 많았다. 김일성은 육문중학교까지 다녀 중국말과 글을 이해하고 당시로서는 비교적 지식인층에 속했다고 볼 수 있다. 또 그는 중국공산당의 이념적 기초인 맑스레닌주의를 알았다. 그와 함께 항일투쟁을 하였던 인물들 가운데 나중에 북한에서 고위직까지 올라갔던 최현, 오진우 등 여러 인물들은 학력이 매우 낮았다. 그가 동북항일연군의 한 소부대 지도자로서 활동할 수 있었던 것도 그가 어느 정도 교육을 받았다는 사실이 영향을 미쳤을 것으로 보인다.

당시 가난한 조선인의 자녀들 중에는 학교에 다니지 못하고 글을 깨우치지 못한 젊은이들도 있었다. 예를 들면, 2004년 3월 연길시에서 인터뷰를 한 90대 노인은 어린시절 가난한 머슴이었는데 그의 아버지도 머슴이었다. 그는 연변지역에서의 춘황투쟁에도 가담했었고 나중에는 항일투쟁에도 참가해서 항일유격대 사이를 왕래하며 연락을 하는 통신원으로 활동하였는데 그는 교육을 받지 못하였기 때문에 글을 전혀 읽을 줄 몰랐다고 말하였다.16) 그가 글을 전혀 몰랐기 때문에 유격대 활동에서 험한 산길을 오가며 문서와 편지를 전달하는 통신원 역할을 맡을 수 있었는지도 모른다.

항일투쟁에서의 김일성의 경험 중 몇 가지 측면이 나중에 그의 정치 리더십의 특징 형성에 영향을 미쳤으리라고 짐작된다. 그가 본격적으로 무력항일투쟁에 나선 시기는 1930년대였다. 이 시기 만주지역에서는 중국내의 다른 지역과 달리 조선인 독립운동에 있어서 무장투쟁이 주된 투쟁 양상으로 전개되었다.17) 김일성은 만주에서 항일활동을 하면서 유격 대원들을 이끌고 수많은 전투에 참가하였다. 이런 많은 무장투쟁의 경험은 평화적 상황에서의 지도자가 겪을 수 없는 많은 일을 겪게 한다.

그는 항일유격대 그리고 나중에 동북항일연군의 소부대 지도자로 활동하면서 집단을 이끌고 지도하는 경험을 쌓게 되었다고 볼 수 있다. 소규모 무장부대를 통솔하는 것은 일국의 정치지도자로서의 활동과는 비교될 수 없는 것이지만 그 과정에서 리더십을 행사하는 기본적 경험들을 습득하였을 것이라고 추측할 수 있다. 이를 두 가지 측면으로 나누어 고찰할 수 있다.

첫째, 무력사용에 대한 익숙함이다. 무장투쟁은 무력으로 적과 싸우는 것이므로 무력사용 및 군사력이 가지는 이점이나 한계 등을 잘 파악했을 것이다. 사실상 김일성의 활동은 소규모 인원을 가지고 전투를 하는 것이었다. 일본군보다 열세의 인원과 무장을 가지고 싸우는 상황에서 가지고 있는 무력을 효과적으로 사용하여 적과 대항하는 전략과 전술을 써야 했다. 김일성의 상관이었던 주보중은 항일연군의 일반적인 전략에 대하여 다음과 같이 썼다.

항일련군의 전략전술은 일반적으로 강한 적을 피하고 약한 적을 치며 기회를 타서 적을 타격하여 자기를 발전시키며 대적을 피하고 자기를 보

---

16) 박주영(가명)의 구술에 근거, 2004년 3월 31일 중국 연길시에서 인터뷰.

17) 김영범, 「1930년대 독립운동의 특성」, 『한국독립운동사연구』 제8집, 1994 참조.

존하는 것이었다. 때문에 전략의 성격은 기본상 방어였다. 그러나 병력을 집중하여 적의 진공을 대항할수 없다보니 적의 매차의 〈대소탕〉을 회피해야 했다. 적들이 분산되고 피로해진 후에 재빨리 력량을 집중하여 적의 약한 고리를 친후 다시 재빨리 분산하였다. 이것은 전략적 문제에 있어서의 항일련군의 일반적인 지도사상이었다.[18]

어려운 상황에서 열세의 무력을 가지고 일본군대와 싸운 경험은 김일성으로 하여금 가장 효과적으로 적에게 타격을 가할 수 있는 전략전술을 이해하고 사용하도록 했을 것이고, 또한 김일성 자신이 무장투쟁과정에서 끝까지 살아남아 소련으로 갔다가 해방 뒤 북한에 들어올 수 있었던 것 등이 그가 무력의 사용에 있어서 남다른 능력을 가지고 있었다는 점을 보여준다. 동시에 오랜 기간동안 무장투쟁을 함으로써 무력의 사용에 아주 익숙해지게 되었을 것이다.

둘째, 리더십의 경험. 무력의 사용이 리더십 형성의 기본적 요건만은 아니다. 지도자는 힘보다는 권위나 능력을 통해서 추종자들의 자발적인 지지와 충성을 이끌어낼 수 있어야 한다. 그리고 집단의 규모가 커질수록 조직과 아랫사람들을 잘 관리하는 능력이 필요하다. 리더십에서는 이 요소가 아주 중요하다. 하지만 아랫사람들로부터 지지와 존경을 받는 것은 강제적으로 이루어지는 것이 아니다. 지도자 자신이 모범을 보이거나 추종자들의 자발적인 복종을 이끌어낼 수 있는 인품이나 능력이 필요하다. 만주 지역 사람들이 김일성에 대해서 가진 태도에 대해서 한 구술자는 다음과 같이 말하고 있다.

하여튼 김일성 주석과 같이 지내고, 싸우던 사람들은 많이 만나봤는데 재들한테 전체적으로 준 인상은 이렇습니다.
싸움판에서는 영웅이었다. 우리 동포들이 승인할 뿐만 아니라 다른 민

---

18) 주보중, 「동북의 항일유격전쟁과 항일련군(초고)」, 189쪽.

족들이 승인하고, 연변에서도 승인할 뿐만 아니라 저 안에 들어가면 더합니다. 연변의 우리동포들은 평양에서 뭐라고 하는 줄도 알고 서울에서도 뭐라는지 아니까, 김일성이 어떻고~ 뭐 이럽니다. 그러나 저 남만에 가면 이렇게 부르는 법이 없어요. 한족이나 만주족들도 다 김사장이라고 하거나 김장군이라고 하지 이름 탕탕 부르는 법이 없어요.

오히려 저희들이 조심하게 됩디다. 우리 여기서 습관이, 김일성이 어쩌구 하는데 거기 가니까 백성들이 그렇지 않더란 말입니다. 심지어 무송현 동강에 가니까 난데없이, 우리 저 산은 장군산이라고 합니다. 그래서 어째 장군산입니까 했더니, 김장군이 저기서 전투를 지휘했어요. 그것은 김장군이 한 것이 아닌데…, 그러니까 이 사람들은 우리동포들이 가서 싸우면은 다 김일성 부대라고 한단 말입니다.

저쪽 저 집은 한족들이 장군집이라 한단 말입니다. 그래서 왜 그 집이 장군집인가 물어보면 김사장님이 그 집에서 잔일이 있단 말이지…, 그 사람들이 심지어 그렇게 숭배를 한단 말입니다. 장백현에 가면 더합니다. 이게 한 가지 견해구요. 물론 싸움터에서 영웅과 건국이후의 수령, 이건 다른 문제라 생각합니다. 군사가로서의 김일성, 정치가로서의 김일성 이건 다른 문제라 생각합니다.

그 다음에 한 가지, 전쟁연대에 김일성은 인간적인 김일성이었다 이런 생각이 듭니다. 왜냐하면 장백현 13도구에 가니까 거기 산은 얼마나 높고 깊은지 정말 버스를 타고 지나가다 보면 까만데…, 13도구에 가니까 한 노인이 자기는 그때 조국광복회 회원이었는데 한번은 조국광복회에서 장백현 어느어느 산에 가서 육사사장한테 비밀쪽지를 전해 달라 해서 그 쪽지를 가슴에 품고 도착했다는 거죠.

보초선한테 암호를 얘기하니까 들어가라 하고 또 가다 보니까 보초선한테 암호를 얘기해라 해서 얘기하니까 들어가라. 들어가니까 아닌게 아니라 빨치산 부대가 있는데 육사사장을 찾는다 하니까 저기 저분이라고. 딱 보니까 그분이 쪼그라트리고 앉아있는데 눈에…, 웬 사람의 발이 여기다 하나 넣고 또 다른 발도 넣고 발을 녹이더란 말이지. 그래서 무슨 일인가 물어보니까 그 전사가 무슨 일로 어디 갔다 오다가 온밤 걸어오면서 두발이 땅땅 얼어 얼음이 딱 뱄는데 김일성씨가 울으매 두발을 자기 가슴에 넣고 녹이는 거더란 말이지.

우리가 그 얘기를 듣고 김일성씨가 인간이었구나, 눈 위에 꿇어앉을 줄 알고, 눈물도 있고, 전사의 얼음이 된 발을 겨드랑이에 넣을 줄도 알고, 참이 구술에서 이야기하고 있는 사례는 김일성이 부하들을 인간적으로 보살폈다는 것, 남만(남부 만주) 지역에서는 그에 대한 존경심이 상당하여 그것이 아직도 남아 있다는 것을 보여준다. 지도자의 능력이 탁월하고 비범하다고 인정하여 추종자들이 그를 따를 경우 그런 지도자는 카리스마적 지도자라고 할 수 있는데 아직까지 그에 대한 외경심을 가진 사람들이 남아 있다면 그들에게 김일성은 카리스마를 가진 지도자였다고 볼 수 있을 것이다.

특히 1937년 6월의 보천보전투는 김일성의 이름을 널리 알리는 전투였는데 김일성은 이를 포함한 여러 전투를 통해서 그의 이름을 떨쳤고 이 과정에서 그에 대한 이름이 널리 알려지게 되었다. 전투에서 잘 싸우는 것뿐만 아니라 부하들 및 주민들에 대한 그의 태도 등이 그에 대한 이미지 형성의 기초가 되었을 것인데, 위 구술은 그가 부하들을 통솔하는 데 있어서 신망을 얻고 있었다는 것을 간접적으로 보여준다.

2. 반민생단 사건의 경험

민생단은 애초에 조선인들의 자치를 내걸고 친일적인 인물 조병상과 박석윤이 내세운 조직이었다. 1932년 2월 15일 용정에서 500여명이 참가한 창립대회를 열었는데 이 민생단은 "한인(韓人) 자치를 실현하며", "현실에 적응하여 산업인으로서의 생존권리를 확보하며", "세계대세에 순응하여 독특한 문화를 이룩하며", "일치단결하여 자유천지를 개척한다"는 취지를 내세웠다.[20] 그렇지만 민생단은 5개월 뒤 1932년 7월 14일 스스

---

19) 권상진(가명) 구술, 2004년 2월 27일 중국 연길시에서 인터뷰.
20) 최성춘, 『연변인민항일투쟁사』(북경 : 민족출판사, 1999), 136쪽.

로 해산을 선포하였다. 이 해산 뒤 중국공산당 동만특위에서 약 3년 동안 연변지역의 각 당조직과 유격대 내에서 숙반운동의 형식으로 반민생단 투쟁이 전개되었다.

이 결과 중국공산당 동만당 내부에 민생단원들이 침투해 있다는 구실로 민생단원을 색출하고 처단하는 과정에서 약 5백 명의 조선인들이 정치적으로 숙청되고 살해되었다. 이는 1932년 10월부터 1936년 2월까지 약 3년 4개월 동안 지속되었는데 이 과정에서 동만 중국공산당 조직에서 조선인 간부급 인사들이 거의 모두 배척되거나 숙청되었다.[21] 이 사건에 대하여 구술자들은, 민생단이라고 의심받은 인물들은 강압과 폭력 때문에 억지로 민생단이었다고 인정하여 억울하게 희생된 사람들이었다고 증언한다. 중국에서의 나중에 이루어진 평가도 이 투쟁에 잘못이 있었음을 인정하고 있다.

> 1933년 봄부터 중공동만특위에서 반 〈민생단〉투쟁을 전개하기로 결정한 것은 〈좌〉경기회주의로선의 영향에서 온 것이다. 거기에다 적들의 리간책에 걸려들어 반 〈민생단〉투쟁을 당내, 단내, 혁명군대와 항일민중 내부에서까지 전개하였기에 혁명대오에 엄중한 후과를 가져다주었다.[22]

김일성 자신도 민생단의 일원이라고 의심을 받고 정치위원직에서 해임당하고 강등당하여 소년들의 집단을 지도하게 된 적도 있었다. 그가 정치적으로 숙청되지 않고 살아나게 된 것은 부분적으로는 그 자신이 보여준 무장투쟁 능력 때문이었다. 한 구술자는 다음과 같이 말한다.

> 김일성이 구국군과 같이 싸움했다. 이것을 공산당들이 보기에는 투항했

---

21) 반민생단 투쟁에 대한 자세한 연구는 김성호, 『1930년대 연변 ‘민생단사건’ 연구』(서울 : 백산자료원, 1999) 참조.

22) 최성춘, 『연변인민항일투쟁사』, 229~230쪽.

단 말이지. 구국군은 국민당 잡종이란 말인데. 그러니까 김일성도 민생단 혐의에 걸렸지. 걸려서 원래 탄의 정치위원이던게 아동동자단의 단장으로 갔다. 15살부터 17살 군대. 그것도 아동군대지. 이래서 그 다음에, 소왕청 유격근거지를 놈들이 쳐들어올 적에 김일성이 마반산에 있었습니다.

원래는 소왕청 마천에 있어야 될 사람이 강직당해 놓으니까 동자단을 데리고 마반산에서 지키는데 적들이 막 쳐들어오니까 이거 물리치는 방법이 유리하게 적을 둘로 돌려야 되겠다. 이래서 김일성이 동자단을 데리고 왕청현에 들어갔다 말입니다. 왕청 시내에 유가란 지주가 있는데, 유지주 집의 창고에다 불을 놓고 폭죽을 막 터지왔어. 그저 기관총 소리처럼 막 나게스리. 이렇게 하니까 마천으로 들어가던 토벌대들이 아 군대가 왔다….

이렇게 유격구의 군대하고 백성들이 살아난 경우 있습니다. 근데 김일성은 거기서 소를 또 세 마리 붙들어 가지고 잡아서 한솥 끓여먹고 그것을 다 등에 지고 유격구로 갔다 말입니다. 이 과정에서 당에서, 이 사람은 확실히 능력이 있는 사람이구나, 이래서 다시 또 정치위원으로 올라왔습니다. 소왕청 보위전에서 공헌이 있었기 때문에 민생단 혐의를 한번 벗었습니다.

그 다음에 요영구회의하고 다홍왜회의 당에서 연 회의 두 차례 있습니다. 이 회의에서 김일성이 견결히 민생단은 없다, 민생단 이거 그만 두자 이런 주장했다 말입니다, 이게 또다시 당에서 또 의심했다 말입니다. 이 사람이 어찌 또 민생단 지지를 나서는가. 이래서 또 항의를 받았습니다. 이게 두 번째 항의입니다.

이렇게 항의를 받아도 구국군들의 위신이 높다 말입니다. 그 한족사람들에게서. 한어를 잘 하지 한족사람들 돌봐서 같이 반일했지. 그러니까 구국군들이, '너 김일성이를 이렇게 하면 너래 없어질 줄 알아라' 막 반항해서 처리를 못했지. 이래서 35년도 미혼진 회의에서 김일성을 3사 사장으로 임명했습니다. 그러니까 36년 봄입니다. 김일성이 거기 참가를 안 했는데 김일성을 사장으로 임명했습니다.

그때 연변에 세 개 사가 있었습니다. 1사 2사 3사. 김일성이 그들을 데리고 만산에 갔습니다. 민생단에 걸려 있는 백여 명 사람들을 자기 대원으로 만들었다 말입니다. 이게 아주 영웅적 행동이지요. 대담하게 민생단 보따리를 다 벗어버리고 자기 대원으로 받아들였다 말입니다. 그 다음부터는 민생단 얘기 없습니다.23)

위의 구술증언에 따른다면 김일성이 민생단 혐의로부터 벗어날 수 있었던 것은 자신의 투쟁의 능력, 한족 동지들로부터 받았던 신뢰에 크게 기인한 것으로 보인다. 그가 한족 동지들로부터 신뢰를 받았다는 것은 중국인들 및 동만의 중국공산당 지도부과의 관계에서 그의 인간관계가 나쁘지 않았음을 시사한다. 민생단 혐의를 받았던 조선인 대원들을 자기 휘하로 받아들인 것 역시 그런 조건에서 가능했을 것이고 또 이로써 조선인 부하들로부터 그에 대한 신망이 크게 높아졌을 것이다.

반민생단 투쟁이 전개되면서 조선인들의 희생이 아주 컸는데 김일성 자신도 그의 자서전격인 『세기와 더불어』 제4권에서 반민생단 투쟁의 과정에서 민생단 혐의를 뒤집어쓴 많은 조선족 혁명가들이 무고하게 죽었다고 기술하고 있다.

> 〈민생단〉문제로 하여 파생된 간도지방의 혼란은 일종의 악몽과도 같은 것이었다. 좌경분자들은 무분별한 〈숙반〉운동으로써 조선공산주의자들이 간고한 투쟁을 통하여 힘들게 축성해놓은 혁명의 기초를 거의나 허물어버리였다. 그러면 그들이 죄다 〈민생단〉이었단 말인가. 아니다. 적들의 문건에는 〈민생단〉이 겨우 7~8명이였다는 기록이 있다. 그 7~8명을 색출해내려고 〈숙반〉운동은 2,000여명의 자기편 사람들을 〈민생단〉으로 몰아 학살한 것이다. 이것은 세계공산주의운동력사에서 그 전례를 찾아볼 수 없는 희세의 비극으로서 우매와 무지와 몰상식의 극치였다.
> 조선과 해외 각지에서 청운의 뜻을 품고 간도지방에 모여들었던 끌끌한 사람들이 2~3년 사이에 〈숙반〉의 총 끝에서 다 녹아났다. 그 불우한 수난자들 가운데는 별의별 인재들이 다 있었다. 무슨 재간둥이인들 없었겠는가. 〈숙반〉의 미친 바람은 우리의 항일혁명만이 만들어 낼 수 있었던 민족의 자랑스러운 총아들을 사정없이 쓸어갔다.24)

---

23) 리종길(가명), 2004년 4월 1일 중국 연길시에서 인터뷰.

24) 김일성, 「다홍왜에서의 론쟁」, 『세기와 더불어』 제4권(조선로동당출판사, 1993).

그렇지만 이 사건의 경험은 그에게 정치조직 내에서의 권력투쟁이나 권력갈등을 어떻게 처리하고 또 어떻게 처신해야 하는가에 대해서 교훈을 주었을 것으로 짐작된다. 김일성은 민생단 사건에서 자신이 얻은 교훈을 다음과 같이 이야기하고 있다.

> 나는 반 〈민생단〉 투쟁과정을 통하여 일상 생활에서나 혁명투쟁에서 모함과 모해가 얼마나 유해로운가 하는 것을 뼈에 사무치게 깨달았으며 종파를 하는 사람들과는 혁명을 같이 할 수 없다는 교훈을 심각하게 받아안았다.25)

이런 그의 인식은 나중에 그가 북한에서 권력을 장악하는 과정이거나 권력의 자리에 오른 후 당, 정부, 군대를 관리하고 경쟁적인 정치세력들을 견제하거나 파벌들을 숙청하고 자신의 권력을 공고히 하는 데 있어서 기본적인 태도를 형성하는 데 영향을 미쳤을 것으로 보인다.

이 사건은 민생단이라는 조직과 관련하여 발생하였지만 그 희생자들이 대부분 조선인들이었다는 점에서 중국공산당이 조선인들을 한족과는 다른 태도를 가지고 대했다고 판단된다. 하지만 김일성 자신은 반민생단 투쟁에 내재되어 있는 이 측면에 대해서는 언급을 하지 않고 있다.

3. 유격근거지의 경험

유격근거지는 1932년 가을부터 동만의 연길, 화룡, 왕청, 훈춘 등 지역에서 반일유격활동을 본격적으로 전개하기 위하여 창설되었다. 이 유격근거지들은 중국공산당 및 그 영향 아래에 있는 항일조직들이 통제하는 곳이었는데 일본군대의 통치구역에서 멀리 떨어진 산간지대에 주로 위치하였다. 유격근거지는 일본군의 세력이 미치지 못하였고 중국공산당 및

---

25) 위의 책.

항일조직들이 관장하던 지역이었는데 그 속에는 소비에트 정부가 조직되어 통치하였다.

김일성이 있던 곳은 소왕청 항일유격근거지였다. 이곳은 1932년 말부터 1934년 봄까지 존재하였다. 1933년 봄부터는 중국공산당 동만특위가 이곳에 위치하여 줄곧 동만의 항일유격투쟁을 지도하였다. 이곳에는 유격대주둔지, 왕청유격대 대대부, 근거지병원, 인쇄소, 병기공장이 설치되어 있었다.[26] 유격근거지에 대하여 한 구술자는 다음과 같이 말한다.

> 근거지는 임시 머무는 곳이 아니라 정권도 건립하고, 군대가 있었고 백성이 있었다. 이 세 가지가 구비되어야 근거지라고 말할 수 있다. 근거지는 32년 가을부터 형성되기 시작하였는데 어떤 것은 조금 나중에 형성된 것도 있었다. 근거지가 유지된 기간은 1내지 3년 정도였다. 그 기간은 길지 않았지만, 우리 민족의 역사에서는 의미가 있는 곳이었다. 근거지내의 주민들 숫자는 1~2천 명에서 5천 명까지 차이가 있었다. 여기에는 정권이 성립되어 있었고 학교, 병원, 병기공장, 옷 공장도 있었다.[27]

유격근거지는 일본군대의 영향을 벗어나 있는 곳이었고 독자적인 소비에트 통치기구가 성립되었다. 소비에트 정부 아래에서 모든 지주의 토지, 가옥은 몰수되었다. 이 유격근거지에서 특히 주목되는 사항은 지주의 토지의 몰수를 몰수하고 새로운 토지분배가 이루어졌다는 사실이다. 토지는 지주들의 토지를 몰수하여 노동력을 기준으로 분배하는 형태로 이루어졌다.[28]

---

26) 소왕청 항일유격근거지의 위치 및 시설에 대해서는 김철수, 『연변항일사적지연구』(연길 : 연변인민출판사, 2001), 748~754쪽 참조.

27) 최광수(가명) 구술, 2004년 3월 30일 중국 연길시에서 인터뷰.

28) 유격근거지에서 이루어진 민주개혁에 대해서는 다음을 참조. 이종석, 「북한 지도집단과 항일무장투쟁」, 김남식 외, 『해방전후사의 인식 5 : 북한편』(서울 : 한길사, 1989), 이종석은 여기서 해방 후 북한의 지도자가 된 김일성을 비롯하여 항일유격대원들 중 상당수가 유격근거지에서의 민주개혁과정에 참여하였다고 기술하고 있다. 논문 106~111쪽 참조.

일본군은 항일투쟁의 본거지가 되는 유격근거지들을 곧 토벌하기 시작하였는데 일본군의 토벌은 1933년 봄부터 전개되었다. 일본의 관동군은 만주에서 석탄광산, 목재산업 등을 개발하여 일본의 중국 본토에 대한 침략을 지원하기 위해서 만주에서 기지를 확보하는 데 적극 노력하였다. 일본군 토벌대에 의해서 공격을 받은 유격근거지의 인가들은 파괴되었고 그 땅 위에 다시 집이 수차례 지어지기도 하였다. 1938년과 39년 겨울 일본군은 20만 병력을 동원하여 유격대의 본거지와 주력부대를 대대적으로 토벌하기 시작하였다. 이 대토벌과정에서 항일연군의 여러 지도자들이 사망하였고 항일투쟁활동은 아주 어려워졌다. 결국 김일성도 일단의 남은 병력을 이끌고 토벌을 피해서 소련으로 넘어갔다. 한 구술자는 다음과 같이 말한다.

　　마지막에는 유격대가 백성들과 단절되었고 밀영으로 들어갔다. 김일성은 남만에서 장백근거지를 세웠다. 연변근거지에서는 통치구가 있었다. 하지만 남만근거지는 적지 속에 있었다. 부대는 밀영을 위주로 활동하였다. 장백에서의 근거지는 연변의 경우와 달랐다.
　　연변에는 11개 항일연군부대가 있었다. 조선족들이 주도적인 구성을 한 부대가 여럿이었다. 조선족들의 부대는 다른 부대와 달리 마지막까지 부대가 없어지지 않고 잔존했다. 이것은 민족의 자랑거리이다.
　　조선민족의 희생이 컸다. 몇 천 명이 죽었다. 당시 중국 전반에 살고 있던 인구 약 100만이었다. 동북 지역 인구 전체가 3천만 명 정도였다. 열사는 3만 명도 안 될 것이다. 따라서 인구비례로 보면 조선족들의 희생은 컸다. 또 조선족들이 일본군과의 싸움에서 앞장섰다. 이것도 조선족에게는 자랑거리이다.
　　마지막으로 소련으로 넘어간 숫자는 동북 전반에서는 1천 명이었다. 그 중 연변 지역에서 건너간 숫자는 많아야 3백 명 정도였던 것으로 추정된다.29)

---

29) 최광수(가명) 구술 내용을 요약한 것이다. 2004년 3월 30일 중국 연길시에서 인터뷰.

또 다른 구술자는 다음과 같이 말한다.

> 반일투쟁에서 조선인들의 역할이 매우 컸다. 이는 그 희생된 숫자로 나
> 타난다.
> 김일성의 부대는 첫째, 싸움을 잘 했다. 둘째, 마지막까지 해산하지 않
> 았다. 이는 당시의 상황에서 쉽지 않은 일이었다.[30]

유격근거지에서의 활동은 비록 단기간이었지만 소비에트 정부가 수립되어 작은 정부를 구성하여 통치가 이루어지고 새로운 개혁조치들도 시행되었다. 이곳에서 김일성이 가졌던 경험은 나중에 그가 정치권력을 장악하여 북한을 통치할 때 새로운 개혁조치들을 도입할 수 있게 한 중요한 경험적 기초를 제공하게 되었다고 볼 수 있다.

IV. 북한 체제형성기의 리더십

1. 정치권력의 장악

김일성은 1941년 일본군 토벌대를 피해서 소련에 들어가 소련군대에서 훈련을 받다가 1945년 한반도가 해방이 되었을 때 북한에 들어왔다. 그는 국내에서 활동하지 않았지만 소련군과 함께 들어와 국내의 다른 지도자 및 정치세력들을 제치고 북한에서 권력을 장악하였다. 이는 부분적으로는 소련 군정 당국의 지지를 받았기 때문이기도 하였지만 소련측으로부터 이미 지도자로서 자신의 능력을 인정받았기 때문이라고도 볼 수 있다.

항일투쟁에서 그 이외의 다른 조선인들이 있었지만 그는 일본군과의 전투를 통해서 알려진 능력 덕분에 그의 이름은 널리 알려졌다. 다만 그

---

30) 김성만(가명) 구술 내용을 요약한 것이다. 2004년 3월 30일 중국 연길시에서 인터뷰.

는 국내에서 활동하지 않았고 비교적 덜 알려졌기 때문에 해방 후 평양에서 그는 적극적으로 지도자로 내세워졌다.

그가 평양에서 군중들 앞에 처음 나선 것은 1945년 10월 14일 군중대회에서였다. 당시 평양에는 국내에서 널리 존경받고 있던 민족주의자 조만식이 있었다. 하지만 그는 곧 소련군정 당국에 비협조적인 인물로 인식되어 북한지역 정치의 전개과정에서 영향력을 상실하였다. 서울에서 활동하던 국내 지도자들은 평양에는 영향을 가지지 못하였다.

해방 후 북한 지역에서 나온 책들 가운데 김일성 개인을 칭송하는 것들이 꽤 있었다. 해방 당시 김일성의 나이가 33세라는 점을 감안한다면 그가 정치지도자로서 많은 주민들의 칭송을 받을 수 있었다는 데 의문이 든다. 하지만, 연변지역에서 만난 인사들의 구술에서는, 김일성의 이름은 이미 해방 전부터 연변 지역에 널리 알려져 있었고, 김일성은 싸움(항일투쟁)을 잘 하는 지도자로서 인식되어 있었다고 말한다. 해방 직후 북한에서 김일성에 대한 높은 숭배가 처음부터 있었느냐에 대하여 한 구술자는 다음과 같이 말하고 있다.

> 솔직히 말해서 저도 느끼거든요. 조선은 김일성이다. 항일전선에서 일본하고 직접 싸운 건 김일성 밖에 없습니다. 그래서 우리는 솔직히 말하면, 35년이면 제가 소학교 1학년입니다. 42년 졸업생인데요. 그 때부터 김일성을 알았지요. 그때는 김일성을 독립군이라고 했어요. '우리는 독립군이다.', '아 김일성이 잘 한다.'
> 그 중국 사람들이 와서, 소학교 4학년 적에, 우리는 농촌학교인데, 그때 학교에서도 일본놈들이 추도식한다 하더라고요. 하면서도, 기래서 아이들 가운데서도, '우리 자라서 독립군 가자' 어릴 때부터 그런 게 있었습니다.31)

---

31) 박일우(가명) 구술. 2004년 4월 2일 중국 연길시에서 인터뷰.

이 구술이 나타내는 바는 김일성의 이름은 연변 지역에서는 상당히 알려져 있었고 또 항일투쟁에서 존경받는 이름으로 알려져 있었다는 것이다. 이 구술증언이 만주 지역이 아닌 북한에서도 타당한지는 이 구술로써는 확인하기 어렵지만, 해방 후 만주의 조선인들이 국내로 많이 귀국해 들어온 점을 고려하면 북한에서도 그의 이름은 비교적 널리 알려졌을 것으로 짐작된다. 따라서 김일성을 조국독립의 영웅으로 추켜세우는 것에 대한 저항감은 적었을 것으로 보인다.

그렇다 하더라도, 김일성을 그렇게 추켜세우는 것은 항일유격활동의 분위기와는 다른 것이었다. 김일성은 항일유격대 활동에서 대원들과 함께 아주 친근하게 지낸 것으로 증언된다. 생사를 넘나드는 힘든 투쟁과 고난을 함께 하는 유격대원들은 서로에 대한 동지애를 많이 키웠을 것이다. 그런데 해방 후 북한에서 새로운 체제가 형성되어가던 시기에 김일성에 대한 숭배의 확대는 만주 지역에서의 항일활동에서는 볼 수 없었던 다른 점이라고 여겨진다.

이것을 소련군정 당국의 영향 또는 지도의 영향이었다고 볼 수 있을까? 김일성 자신이 이것을 원했는지, 아니면 당시의 소련 군정 당국이 그렇게 하도록 지도하였는지 분명한 증언은 아직 없다. 아무튼 그가 북한에서 정치지도자의 자리에 오르기 이전 북한 체체 형성의 초기부터 그에 대한 찬양이 상당히 광범위하게 전개되었다.

사실상 만주에서의 유격대활동은 아주 위험하고 힘들었지만 비교적 소수의 인원들로 이루어졌다. 따라서 대원들은 서로를 아주 잘 알았고 친밀한 관계를 유지할 수 있었을 것이다. 하지만 해방 후 북한에서 새로운 정부를 형성하던 과정은 다양한 정치세력들이 활동하는 가운데 당, 정부, 군대 등 중앙과 지방 모두에서 새로운 질서를 수립하는 과정이었으므로 지도자로서 친밀함보다는 자신의 권력기반을 확고히 하고 지도자로서의 권위를 더 강조해야 했을 것이다. 이 과정에서 김일성의 이름과 업적을 널리 알리는 일은 필요했을 것이다. 그것을 김일성 자신이 주도했는지 아니면 소련 군정 당국이 주도했는지는 다른 자료를 통해서 확인되어야 할 것이다.

2. 민주개혁

북한은 북한에서만의 단독정부가 성립되기 이전 이미 1946년 3월부터 각종의 민주개혁 조치들을 단행하였다. 김일성이 북조선로동당을 장악한 뒤 1946년 3월 5일의 토지개혁법령, 1946년 6월 24일의 로동법령, 7월 30일의 남녀평등권법령, 8월 10일의 산업국유화법령 등 여러 민주개혁 조치들이 뒤따랐다.

이런 민주개혁 조치들은 당시 소련의 영향을 받아서 이룬 것들이라고 이야기되지만, 그가 1932년 말 설치된 만주의 소왕청 유격근거지에서 정치위원을 지냈다는 점, 나중에 장백근거지를 세웠다는 점 등에서 본다면, 그에게는 전혀 새로운 조치들은 아니었을 것으로 판단된다. 이미 유격근거지에서 소비에트 정권이 지주들의 땅을 몰수하여 가난한 농민들에게 나누어주고, 선거를 실시하고, 집체적 농업을 시행하는 등 작은 지역에서나마 새로운 정책들을 시행하였기 때문에 김일성은 해방 후 북한에서 비교적 빨리 새로운 정부를 구성하고 각종의 '민주개혁'을 실시할 수 있었을 것이다. 즉 만주에서의 무장항일투쟁 시기 유격근거지 경험 덕분에 그가 북한의 변화를 빨리 시도할 수 있게 되었다고 볼 수 있다.

이 시도는 소련 군정 당국의 영향도 분명히 있었지만 김일성 자신이 이미 1930년대에 맑스레닌주의 이념을 받아들이고 소련을 새로운 사회의 모범으로 보는 정치교육을 받았다는 점에서 그에게는 전혀 낯선 것이 아니었다고 말할 수 있다.

해방 후 북한에서 소련 군정이 시행되던 당시 각 지역에 김일성과 함게 항일투쟁을 한 인사들이 요직에 배치되고 지방에도 배치되었다. 하지만 이들 빨치산 출신들은 교육수준이 상당히 낮았다. 한 구술자는 이에 대해서 이렇게 말한다.

> 항일유격대 출신 가운데 지식분자가 없어요. 몇 명 제외하고는. 오진우가 참모총장했는데 초등학교 졸업생입니다. 말도 잘 못해요. 보고하는 거 보면 형편없이 겨우겨우 글 읽을 정도인데. 이 사람들이 지식 없을 뿐만 아니라 과거에는 적대투쟁 밖에 못했던 사람들이 경제, 정치는 모른다. 그러니까 이 사람들 가운데 자기네를 반대하는 사람들은 적밖에 안되는 거예요⋯, 적대투쟁을 이 사람들은 일본놈들하고 밖에 한 거 없다. 자기하고 상반되는 건 적으로 본다.[32]

비록 빨치산 출신들이 교육수준은 낮았지만 이들은 해방된 북한 지역에서는 조국해방을 위해서 투쟁한 경력을 가지고 있었기 때문에 식민지 시대에 국내에 남아있던 누구보다도 뚜렷한 정치적 정당성을 내세울 수 있었다. 다만 그 정당성이 정치지도자 한 사람에 대한 절대적 충성이 아니라 새로운 국가건설과정에 얼마나 효과적으로 기여하였는가에 대한 평가는 별개의 문제로 논의되어야 할 것이다.

확실한 점은 해방 후 남북한이 각각 단독정부를 수립하여 가던 과정 중에 북한의 김일성은 비교적 빨리 권력을 장악하였고, 또 남한 지역보다 훨씬 빨리 각종의 새로운 조치들을 취함으로써 새로운 체제 형성의 기초를 빨리 마련하였다는 것이다. 이렇게 빠른 조치들을 취할 수 있었던 것은 이미 김일성이 만주에서 투쟁하는 시기에 유격근거지의 소비에트 정부에서 활동한 경험을 가지고 있었던 것도 중요한 요인으로 작용하였다고 볼 수 있다.

---

32) 박일우(가명) 구술. 2004년 4월 2일 중국 연길시에서 인터뷰.

V. 결 론

　분단된 상황에서 통일을 지향하는 우리는 북한에 대해서 다양한 측면에서 연구하고 이해할 필요가 있다. 분단 이후부터 북한 체제 형성을 주도하고 현대의 북한을 형성한 최고 지도자 김일성에 대한 연구는, 비록 그가 사망한 지 10년이 지났지만 그가 46년간 북한을 통치하면서 남긴 영향이 아주 크기 때문에 중요한 연구대상으로서의 의미를 가진다.

　사람들의 삶의 경험은 모두 다르고 제각각 특색을 지니고 있지만 정치 지도자로서의 김일성의 경험은 일반인들의 경험과는 다른 측면들이 많았다고 볼 수 있다. 일본의 식민지가 되어 국가를 잃은 조선인으로서 어린 시절부터 중국학교에서 교육받고 조국광복을 위해서 활동하던 아버지의 영향을 많이 받았고, 당시 확산되던 새로운 사상인 맑스레닌주의를 받아들이고 중국땅에서 중국공산당의 지시를 받으며 무장투쟁을 하였고, 나중에는 소련군에서 복무하다가 해방되고 분단된 조국에서 최고지도자로 올라간 것은 시대적 상황 때문이었다 하더라도 복잡한 인생여정이었다고 볼 수 있다.

　그가 당시의 다른 일반적인 항일활동가와 다른 점은 그가 중학교까지 교육을 받은 식자층이었다는 점이다. 그는 중국어를 알았고 맑스레닌주의 사상에 대한 지식을 가지고 있었다. 그의 집안은 가난하였고, 할아버지는 묘지기였으며 아버지 김형직은 비록 32세에 사망하였지만, 그 아들인 김일성 자신은 소작이나 머슴 생활을 하지는 않았다. 대다수의 조선인들은 교육을 제대로 받지 못하였던 시기에 그는 중국인을 교육하는 학교인 육문중학에서의 교육과정에서 새로운 사상을 받아들였고 그것이 그를 중국에서 정치적으로 성장하게 하는 중요한 계기가 되었다.

중국공산당 지도하의 무장투쟁에서 그는 힘든 일들을 여러 번 겪었고, 이 과정에서 나중에 그가 정치적으로 생존하고 지도자로서 성장하는 데 영향을 미친 경험들을 하게 되었다.

해방 후 북한 정권의 수립 이후의 그의 행동양식은 항일운동 때의 그것과는 외형상 다르다. 이는 시대적 정치적 상황이 달랐기 때문이었다. 하지만 그가 북한 정권을 수립하고 최고 지도자의 자리를 차지하면서 그가 행사한 리더십은 만주에서의 항일투쟁과정에서 겪은 경험들로부터 중요한 영향을 받은 것으로 보인다. 구술자들의 증언은 개개인이 듣거나 겪은 것을 말하지만 이들의 구술을 통해서 알 수 있는 바는, 항일무장투쟁 과정에서 김일성은 무력의 사용에 익숙해졌고 또한 조직과 사람을 관리하는 리더십의 기본적 경험을 익힐 수 있었다는 것이다. 이런 경험 덕분에 그는 해방된 북한에서 비교적 빨리 권력을 장악하고 행사할 수 있었다.

구술에서 직접적으로 언급되지는 않지만 항일무장투쟁의 경험이 북한 체제형성 초기의 김일성의 행태에 미친 영향을 세 가지 측면으로 나누어 살필 수 있다.

첫째, 무력사용의 중요성에 대한 인식 : 항일운동의 과정에서 그는 무장투쟁을 주로 하였다. 1940년말 일본관동군의 대토벌 때문에 밀려서 소련영토인 하바로프스크로 들어가 88여단에서 복무하고 훈련을 받았지만 이미 그는 상당한 무장투쟁의 경험을 가지고 있었다. 이런 경험은 그를 권력의 장악과 행사에 있어서 무력사용의 중요성을 깨닫게 해 주었을 것으로 판단된다. 험악한 자연조건을 이기고 무기의 열세를 가지고 있으면서 일본군대와 싸우는 과정에서 무력이 가지는 중요성을 충분히 체득하였다고 판단할 수 있다.

이런 경험은 이후 북한 체제의 지도자가 되어서도 그에게 중요한 영향을 남긴 것으로 추측된다. 그가 바라는 것을 달성하기 위해서 무력의 사용이 필요한 경우 이에 대한 전략이나 전술을 빨리 결정할 수 있었을 것이다.

그를 따르는 항일빨치산 인사들도 일본군과의 무장투쟁의 경험을 가지고 있었다. 하지만 그들은 일반적 기준으로 볼 때 초등교육이나 중등교육조차 받지 못한 교육수준이 낮은 인물들이었다. 무장투쟁의 경험이 그들이 가진 자산이었다. 다만 이들은 교육수준이 낮았으므로 개별적으로 가지고 있던 최고지도자와의 친밀감과 유대성을 통해서 자신들의 정치적 위상이 결정되었고 또 정치적으로도 성장할 수 있었던 것으로 판단된다.

둘째, 적과 동지의 구분 : 항일무장투쟁은 적과 동지가 분명한 활동이었다. 투쟁의 조건은 가혹하였고 생명을 걸고 하는 활동이었다. 반봉건 투쟁 역시 계급적인 구분이 뚜렷한 투쟁이었다.

따라서 정치활동에 있어서도 적과 동지를 분명하게 나누어 자신의 세력을 확보하고 적에 대해서는 단호한 처단을 하는 것이 필요하고 정당한 것으로 생각했을 것이다. 뿐만 아니라 중국공산당 내에서의 반민생단 투쟁을 포함한 당 내 투쟁과정에서 사람들이 정치적으로 처단되는 것을 수 없이 목격한 김일성으로서는 자신의 지지세력을 분명히 확보하고 적은 타도하는 것이 자신이 살아남고 권력을 보존할 수 있는 길이라는 점을 깨달았을 것이다. 이런 점에서 권력의 행사는 단호하고 철저하게 이루어져야 했을 것이고 그렇게 함으로써만 자신의 권력이 계속 유지될 수 있음을 깨달았을 것이다.

셋째, 자신을 보전하는 능력의 습득 : 당내에서의 이념투쟁이나 권력갈등의 과정에서 살기 위해서 자신의 처신을 어떻게 해야 하는지를 알게 되었을 것이다. 김일성은 20세가 되기도 전에 반일활동으로 투옥된 경험이 세 차례나 있었고 나중에 중국인들이 지도하는 항일투쟁에서 조선인인 그가 능력을 인정받아 소부대의 지휘관으로까지 올라갔다는 점에서 집단내에서 자신의 행동을 정당화하고 자신을 보전하는 방법을 잘 깨달았던 것으로 짐작할 수 있다. 우선적으로는 그가 전투를 잘 하였다는 점이 그에게는 큰 자산이었지만 그 외에도 윗사람이나 아랫사람들 그리고 동료들로부터 신망을 얻는 것이 중요하였으므로 이에 대한 나름대로의 깨달음이 있었을 것으로 짐작된다.

구술 증언에서는 위와 같은 사항이 직접적으로 드러나지 않지만 그가 겪은 경험들이 비교적 젊은 시기에 극한적인 상황속에서 이루어진 것이므로 그 경험들은 그에게 깊은 영향을 주었고 이후 그의 리더십 행사에도 상당히 오랫동안 영향을 미친 것으로 판단할 수 있다. 그리고 이런 리더십 특징은 김일성이 세계의 다른 지도자들과 달리 북한 체제를 오랫동안 유지하고 통치하는 데 기여했을 것으로 보인다. 물론 과거의 경험 덕분에 그가 해방 후 북한에서 최고지도자의 자리를 차지할 수 있었다고 말할 수는 없다.

김일성 개인의 삶의 경험 뿐 아니라 다른 국내적, 국제적 요인들도 그의 권력 장악과 통치방식에 영향을 주었고 또한 그가 권력의 자리에 오래 있으면서 통치과정에서 새로운 경험들을 하게 되었을 것이다. 하지만 청년 시절 그의 삶은 분명 보통의 사람들이 잘 경험하기 쉽지 않은 내용들을 가지고 있었고 이는 나중에 그가 최고지도자의 자리에 올라갔을 때 그에게 정치적으로 자산이 된 것이라 말할 수 있다. 다만 그 자산이 북한 인민들의 삶을 위해서 또 한민족의 발전에 얼마나 기여를 하였는가는 별도로 논의되어야 할 것이다.

마지막으로 본 논문의 한계를 지적한다면 구술자료로서 모든 사항을 다 확인하거나 과거를 재구성할 수는 없다는 점이다. 구술자료는 구술자 개인의 경험, 기억, 주관에 많이 의존하므로 구술자가 누구인가에 따라 자료로서의 가치가 영향을 받는다. 또 시간이 많이 지날수록 구술을 얻기가 어려워진다. 본 논문에서 이용한 구술증언은 특정한 시기나 사건에 한정되어 있고 또 김일성을 바로 지근거리에서 관찰한 구술증언자가 없으므로 그에 대한 평가에 한계가 있다고 판단된다. 하지만 과거에 대한 구술은 이런 한계에도 불구하고 그 자체로 자료로서의 가치를 가지고 있으므로 연구자의 입장에서는 그 한계와 가치를 인지하고 북한체제의 형성 및 중요한 특징을 이해하려는 한 시도로서 이 논문을 제시한다.

참고문헌

1. 문헌자료

권오근, 『주보중문선』(연길 : 연변인민출판사, 1987).

김광운, 「항일유격대집단의 형성과정 연구」, 『한국독립운동사연구』, 제15집, 2000. 12.

김광운, 『북한 정치사 연구 I』(서울 : 선인, 2003).

김성호, 『1930년대 연변 '민생단사건' 연구』(서울 : 백산자료원, 1999).

김영범, 「1930년대 독립운동의 특성」, 『한국독립운동사연구』 제8집, 1994.

김일성, 『세기와 더불어』 제1권(조선로동당출판사, 1992).

김일성, 『세기와 더불어』 제4권(조선로동당출판사, 1993).

김지형, 『남북을 잇는 현대사산책』(서울 : 선인, 2003).

김철수, 『연변항일사적지연구』(연길 : 연변인민출판사, 2001).

서대숙 저, 서주석 역, 『북한의 지도자 김일성』(서울 : 청계연구소, 1989).

서대숙, 『한국 공산주의운동사 연구』(서울 : 이론과실천, 1990).

신주백, 「김일성의 만주항일유격운동에 대한 연구」, 『역사와 현실 I』, 제12호, 1994.

신주백, 『만주지역 한인의 민족운동사(1920~1945)』(서울 : 아세아문화사, 1999).

와다 하루끼 저, 이종석 역, 『김일성과 만주항일전쟁』(서울 : 창작과 비평사, 1992).

염미경, 「전쟁연구와 구술사」, 표인주 외, 『전쟁과 사람들』(서울 : 한울, 2003).

윤택림, 『인류학자의 과거여행』(서울 : 역사비평사, 2003).

윤택림, 「기억에서 역사로」, 『한국문화인류학』 25권, 1994.
이종석, 「김일성의 소위 ‘항일유격투쟁’의 허와 실」, 『한국사 시민강좌』 제21집, 1997.
이종석, 「북한 지도집단과 항일무장투쟁」, 김남식 외, 『해방전후사의 인식 5 : 북한편』(서울 : 한길사, 1989).
최성춘, 『연변인민항일투쟁사』(북경 : 민족출판사, 1999).

2. 구술자료

권상진(가명) 구술, 2004년 2월 27일 중국 연길시에서 채록.
김성만(가명) 구술, 2004년 3월 30일 중국 연길시에서 채록.
리종길(가명) 구술, 2004년 4월 1일 중국 연길시에서 채록.
박일우(가명) 구술, 2004년 4월 2일 중국 연길시에서 채록.
최광수(가명) 구술, 2004년 3월 30일 중국 연길시에서 채록.

북한의 사회주의체제 형성기의 당국가체제 연구
-'노획문서'를 중심으로 -

차 례

북한의 사회주의체제 형성기의 당국가체제 연구
-'노획문서'를 중심으로-

정 현 수

I. 서 론

최근 들어 한반도의 지나간 역사를 둘러싸고 국내외적으로 논쟁이 격화되고 있다. 중국과의 동북공정을 둘러싼 논란, 일본과의 독도문제를 포함한 과거사를 둘러싼 갈등을 비롯하여 지나간 역사를 둘러싸고 역사갈등이 재연되고 있다. 지나간 역사를 둘러싼 갈등은 국내적 차원에서도 분출되고 있다.

북한현대사에 대한 실증적 연구는 대단히 중요한 역사적 과제이다. 점차적으로 남북관계가 개선되고 통합기반을 마련해 나가는 과정에서 북한의 현대사를 둘러싼 논쟁도 점차 격화될 것으로 전망되고 있다. 북한의 최고지도자에 대한 평가는 남북관계를 좌우할 만큼 파괴적인 영향력을 행사하고 있다. 최근에도 김일성의 항일무장투쟁을 둘러싸고 보수와 진

보 간에 논쟁이 제기되고 있다.[1]

본 연구는 이와 같이 한반도의 역사를 둘러싼 사실관계에 대한 논란이 확산되고 있는 가운데 한국전쟁 기간 동안 미국에 의해 노획된 소위 '노획문서'에 의거하여 북한정권의 태동과정에서 동반된 당국가체제의 성격을 규명하는데 연구목적을 두고 있다.

본 연구가 관심을 갖고 있는 북한의 당국가체제는 북한과 같은 사회주의체제의 제반 현상을 규명하는데 대단히 중요한 연구대상이다. 일반적으로 사회주의국가의 독특한 특징 중의 하나는 마르크스-레닌주의를 추종하는 정당을 중심으로 조직화된 당국가체제가 국가사회를 지배하고 주도해 나가는 당적 지배의 원칙을 채택하고 있다는 점에 있다. 따라서 개별국가에서의 당국가체제의 구조와 존립기반 및 작동방식 등은 사회주의체제의 성격을 분석하는 중요한 요인으로 간주되고 있다. 본 연구에서는 북한의 당국가체제를 구성하고 있는 제반 행위자들의 역학관계를 분석해 보기로 한다. 해방이후 북한에서 당국가체제가 형성되는 과정에는 매우 다양한 행위자들이 영향을 미쳐 왔다. 여기에서는 당국가체제를 사회주의체제의 정치적 지배양식의 제도적 총체로 보고 제반 행위자들의 상호관계를 정치적 지배관계라는 측면에서 검토해 보기로 한다.

북한연구 중에서 당·정·군 간의 3자관계를 비롯하여 당·정이나 정·군관계와 같은 양자관계, 특히 당·군관계에 대한 연구는 특히 부진한 연구분야의 하나로 지목받아 왔다.[2] 그러나 최근에 들어와서는 김정일에 의한 선군정치가 실시되면서 당·정·군 간의 상호관계에 대한 실태분석에 관심을 갖는 연구성과물들이 대거 증대되는 현상을 보여주고 있다.

그러나 아직도 해방직후 북한에서 당국가체제가 형성되는 과정에 대해서는 많은 문제들이 논란의 대상으로 남아 있다. 해방이후 북한지역에서

---

1) 『국민일보』, 2005. 4. 12.

2) 서동만, 「북한 당군관계의 역사적 형성」, 『외교안보연구』, 2(1997), 267쪽.

당·정·군이 형성되고 상호관계가 형성되는 것은 북한사회주의체제의 형성을 이해하고 평가하는데 대단히 중요한 문제라고 할 수 있다. 그것은 북한의 권력구조에 관한 문제를 담고 있기 때문이다. 아직까지도 북한체제가 형성되는 과정에서 김일성이나 소련의 위상과 역할 등에 대한 논란은 계속되고 있다는 점에서, 이에 관련된 자료의 발굴과 실증적 분석의 중요성도 계속되고 있다.

북한현대사를 둘러싼 논쟁은 결국 연구자료의 문제로 귀결된다. 아직까지도 북한연구자들은 한결같이 북한연구의 가장 커다란 어려움을 연구자료의 빈곤에 따른 실증적 접근의 어려움을 호소하고 있다. 오늘날 북한연구의 자료들은 대부분 미국이나 북한에 의해 생산된 자료들에 의존하여 접근되고 있다. 특히 탈냉전이후 내재적 접근방법에 의거한 북한연구방법이 강조되기 시작하면서 북한에서 생산된 자료의 중요성이 더욱 중시되어 왔다. 그러나 북한연구에 동원되고 있는 상당부분의 북한자료들은 북한당국에 의해 가공된 선전성 자료의 성격을 띠고 있다는 위험성이 지적되고 있다. 따라서 북한현대사 연구자가 김일성의 연설 등을 1차자료로 간주하면서 왜곡되기 전의 원본을 구하지 못한다면 북한의 의도에 의해 조작된 사료에 몰입하여 객관적 연구를 하지 못할 위험성이 있다.3)

북한연구는 가능한 다양한 성격의 자료에 기초한 교차비교를 통하여 오류를 최소화시켜 나가는 신중한 자세가 요구되고 있다. 예컨대 한국전쟁에 관한 각국 자료의 상이성은 북한연구의 객관성과 북한연구자료의 신뢰도에 많은 문제가 내포되어 있음을 보여주고 있다.4)

본 연구도 기존의 선행연구에서 제대로 활용하지 못한 해외자료를 동

---

3) 서대숙·이완범, 『김일성연구자료집』(서울 : 경남대학교극동문제연구소, 2001), 59쪽.

4) 김명섭, 「한국전쟁 연구를 위한 다국사료교차분석법과 그 국내적 기반」, 『정신문화연구』, 제23권2호(성남 : 한국정신문화연구원, 2000 여름), 3~17쪽 ; 이완범, 『한국전쟁 : 국제전적 조망』(서울 : 백산서당, 2000), 11~16쪽.

원하여 북한현대사를 재규명해 봄으로써 연구자료의 중요성에 대한 인식과 함께 새로운 역사적 사실의 발견가능성을 검토해 보고자 한다.

본 연구는 사회주의체제에 관한 일반화된 논의를 지양하고 노획문서를 중심으로 하는 실증적 접근을 통해 북한체제의 형성과정에 접근해 보고자 한다. 한국전쟁기간 동안 미국에 의해 수집된 노획문서들은 해방이후부터 한국전쟁이전까지의 북한정세를 다방면에 걸쳐 상세하게 보여줄 수 있는 내용을 함축하고 있다. 특히 북한측 행위자들의 정세인식을 엿볼 수 있다는 점에서 당시의 시대상을 이해할 수 있는 근거를 제공해 주고 있다. 따라서 본 연구에서는 노획문서를 중심으로 북한정권의 초기형성과정을 분석하는데 역점을 두면서 부차적으로 다른 자료들을 동원하여 노획문서의 내용에 대해서도 비교·검토해 보고자 한다.

II. '노획문서'의 검토 및 연구동향

한국전쟁 이전까지 북한의 제반 행위자들에 의해 생산된 자료들로 구성된 노획문서들은 한국전쟁 이전까지의 북한사회의 제반 현실을 파악하는 실증적 자료로서의 중요성을 지니고 있다.

노획문서는 북한에서 사회주의체제를 형성하고 사회주의국가를 창출하여 한국전쟁에 이르는 기간에 생산된 자료들로 구성되어 있다는 점에서 북한정권의 형성과정, 김일성의 지위와 역할, 그리고 한국전쟁 등과 같은 북한현대사의 중요한 역사적 사건이나 관심사들을 재검토해 볼 수 있는 근거를 제공해 주고 있다.

1. 노획문서의 개요

북한은 일반적인 상식이나 지식의 힘으로는 이해하기 힘든 매우 독특한 사회주의국가이다. 이에 따라 북한전문가들 사이에서는 북한의 특수성을 가르켜 '북한적 현상'이라는 용어로 설명하고 있다.

그러나 '북한적 현상'을 둘러싼 혼돈이나 혼란은 오늘날까지도 계속되면서 '대북관'의 혼선을 초래하면서 정치사회적 갈등을 야기하는 요인으로 작용되고 있는 실정이다. 북한적 현상을 올바로 이해하는 일은 북한과 관련된 모든 문제들을 효과적으로 처리해 나갈 수 있는 가장 중요한 선차적 과제이다.

오늘날의 북한적 현상을 이해하는데 해방직후부터 북한정권이 수립되는 3년간의 기간 동안의 북한 내부정세는 대단히 중요한 위치를 점유하고 있다. 이 기간 동안 북한에서는 사회주의정권과 국가출범의 기반이 형성되고, 김일성이 북한최고의 지도자로 등장할 수 있는 계기와 기반이 축적되었기 때문이다. 따라서 이 부분에 대한 올바른 이해는 단순히 지나간 역사적 사실을 규명한다는 차원뿐만 아니라 앞으로 예상되는 남북한간의 접근과정에서 반드시 거론되고 정리되어야 할 문제들을 다수 포함하고 있기 때문이다.

한국전쟁 기간동안 미국에 의해 수집된 '노획문서'는 해방직후의 북한정세를 검토하는데 귀중한 자료(집)이라고 할 수 있다. 노획문서는 한국전쟁 기간동안 미군이 점령지역에서 노획한 문서일체를 가르키는 개념이다. 이 문서는 수집 후 미국당국에 의해 비밀문서를 취급되어 한동안 비공개되어 있다가 1977년 2월 비밀 해제되면서 세상에 공개되기 시작하였다.

비밀 해제된 노획문서는 공식명칭을 "Records Seized by US Military Forces in Korea"로 규정하고 있으며 "Records Group 242, National Archives Collection of Foreign Records Seized, 1941-"이라는 제목 하에 1,214개의 자료상자와 29개의 대형 포장꾸러미로 묶여져 보관되고 있다. 이 문서의 전체적인 규모는 총 160만 8,899쪽에 달하는 것으로 집계되고

있다.

노획문서는 해방이후 북한체제의 초기 형성과정에 관련된 다양한 내부 정세를 자세하게 보여주고 있다. 이 문서에는 주로 한국어로 작성된 북한당국에서 생산된 문건들이 주류를 차지하고 있다. 일부는 일어·러시아·중국어 및 영어로 된 문서들로 포함되어 있다. 그리고 노획문서의 형태는 책·신문·잡지 등과 같은 사물보고서, 일기·공책·강연집·정부문서·사진·이력서·교육용 슬라이드 등 비교적 다양하다.

한편 노획문서의 실질적인 생산주체는 다양한 행위자들로 구성되어 있다는 점에서 당시의 시대상을 다양한 관점에서 접근하는 데에도 많은 도움을 줄 수 있다. 노획문서에 포함되어 있는 김일성의 연설문은 북한정권의 형성과정에서 김일성의 위상과 사고방식 및 행적을 파악하는데 많은 도움이 된다. 1949년에 출판된 김일성의『조국통일과 독립 및 민주화』, 조선로동당 1차대회의 기록, 최고인민회의 창립총회의 회의록, 1948년의 남북정치지도자 연석회의에서의 김구·김규식·김일성·김두봉 등의 발언록 등과 같은 희귀자료들도 다수 포함되어 있다. 특히 이 가운데에서 김일성의 연설문 등은 추후에 북한당국에 의해 발간된 김일성선집에 수록된 내용과 적지 않은 차이점이 발견되고 있다는 점이 주목되고 있다.5)

한편 노획문서에는 북한최고의 권력기관으로서의 위상을 차지하고 있는 조선로동당의 창당대회 기록물을 비롯하여 지방 당조직들의 관련문건들도 다수 포함되어 있다. 특히 강원도 인제군의 당문서는 거의 모두 수집되어 있다. 이들 문건들은 당시 공산당의 위상이나 작동방식, 활동내역을 파악하는데 매우 유용한 자료들이라고 할 수 있다.

노획문서에는 상당수의 정부문서도 포함되어 있다. 북조선임시인민위

---

5) 김학준,『한국정치론사전』(서울 : 한길사, 1990), 339쪽.

원회와 최고인민회의에 관련된 회의록을 비롯하여 내각공보와 각종 법령집들도 포함되었다. 이밖에도 북한의 다양한 출신의 인사들과 주민들의 개인적인 기록물이나 이력서 등도 주목되는 자료에 해당한다.

이밖에도 공산당을 비롯하여 정부 및 일반 사회단체들의 공개적인 입장을 표명하고 있는 각종 신문매체를 비롯하여『근로자』,『노동자』,『농민』,『국제평론』,『태풍』,『내각통신』,『인민』,『내각관보』,『조쏘문화』등과 같은 정기간행물 들이 다수 포함되어 있다. 그중에서도『정로』나『근로자』등은 당시의 북한정세를 이해하는데 매우 중요한 내용을 담고 있어 많은 학자들에 의해 주목을 받아 왔던 자료들에 해당한다.

2. 노획문서에 기초한 연구동향

이상과 같이 미국에 의해 노획된 북한자료들은 매우 다양한 분야의 내용을 포함하고 있기 때문에 당시의 북한시대상을 종합적으로 파악하는데 매우 커다란 도움을 줄 수 있는 자료로서의 가치를 지니고 있다. 특히 이상의 자료들은 북한체제의 초기형성과정에서 핵심적인 역할을 수행한 행위자들의 행태 및 상호관계를 분석하는데 필요한 내용을 포함하고 있다.

노획문서는 1945년부터 1950년 사이의 기간동안 북한의 정치적·경제적·군사적 활동들에 관한 자료들로서 북한의 외부세계에 존재하는 것으로는 아마도 가장 가치있는 기록들의 수집일 것이라는 평가를 받고 있다. 이 자료들은 1945년부터 1950년의 기간동안 북한의 정치·경제·군사문제에 관해 북한 밖에서 이용할 수 있는 가장 귀중한 자료이다.6)

이 자료가 국내에 처음으로 소개되기 시작한 것은 1980년 4월 21일자 서울대학교의 대학신문을 통해 간략하게 언급되었고, 한길사에서 편집한

---

6) 국사편찬위원회,『미국소재 한국사자료 조사보고 I』(과천 : 국사편찬위원회, 2002), 17쪽.

1950년대의 인식의 말미에 수록된 「해방3년사와 한국전쟁 연구동향」에서 다루어지기도 하였다.7)

1983년 집문당에서 발간한 『한국민족주의의 통일논리』에서도 해방전후 시기에 미국의 연구경향과 자료라는 글을 통하여 소개되기도 하였다. 이 밖에도 1984년 김학준이 『국제정치논총』을 통해 「정권형성기와 정권초창기의 북한연구 Ⅰ : 한국전쟁기에 미군이 노획한 북한문서에 관한 소개를 중심으로」라는 글을 발표하면서 노획문서의 실체를 밝혀 주었다.

이 문서에 대한 한국인들의 체계적인 접근은 방선주, 서대숙, 강호석 등에 의해 시도되었다. 특히 미국에 거주하고 있는 방선주 박사는 지난 25년동안 미국에 소장되어 있는 한국관련 자료를 180상자 정도 발굴하여 한국학계의 발전에 지대한 공헌을 세운 바 있는데,8) 노획문서에 대해서도 지난 1986년 한림대학교의 아시아문화연구소가 발행하는 『아시아문화』 제1호를 통해 「노획 북한 필사문서 해제」라는 제하의 글을 통하여 전체적인 개요를 소개해 주었다.9) 최근에는 국사편찬위원회에서 「해외소재 한국사 사료수집·이전사업」의 일환으로 추진되고 있는 미국 내 한국자료에 관한 실태를 조사하는 보고서를 통해 노획문서의 전체적인 개요와 함께 일부목록을 소개해 주고 있다.10)

---

7) 이완범. 「해방전후사 연구 10년의 현황과 자료」, 『해방전후사의 인식 4』(서울 : 한길사, 1993), 554~556쪽.

8) 『문화일보』, 2004. 7. 6.

9) 방선주, 「노획 북한필사문서해제(I)」, 『아시아문화』, 제1호(1986), 41~86쪽, 그리고 노획 문서에 관한 기존의 참고문헌 및 해제에 관련된 연구 성과물을 검토해 보면 다음과 같다. Suh Dae-Sook, "Records by U,S. Military Forces in Korea, 1921-1951", *Korea Studies*, Vol.2, The Center for Korean Studies, University of Hawaii, 1978; Thomas Hosock Kang, *North Korean Captured Records at the Washington National Records Center*, Committee on East Asian Libraries Bulletin, No.56(Feb, 1979); 방선주, 「노획 북한필사문서 해제(I)」, 『아시아문화』, 창간호(1986) ; 국사편찬위원회, 『북한관계사료집』, 1-31집(1982~1986); 국토통일원, 『6.25당시 노획한 북한자료 마이크로필름 목록』(1987); 정병준, 「미국 내 한국현대사 관련 자료의 현황과 이용법」, 『역사와 현실』, 14호(1994).

10) 국사편찬위원회, 『미국소재 한국사자료 조사보고 Ⅲ-NARA 소장 RG242 〈선별노획문

이 자료들은 상당부분 국내에 반입되어 마이크로 필름이나 단행본의 형태로 재구성되어 일반인들에게 공개되고 있다. 국사편찬위원회에서는 1982년부터 노획문서 자료들을 유형별로 묶어 『북한관계사료집』이라는 단행본을 시리즈로 발간하여 북한연구자들에게 제공하고 있다. 한림대학교 아시아문화연구소에서는 『조선공산당문건자료집(1945~1946)』(1993)을 통해 해방직후 조선공산당의 내부문건만을 선별하여 해방직후 초기 공산당의 활동을 이해할 수 있는 자료를 제공해 주었다.

한편 현통일부의 전신인 국토통일원에서도 노획문서의 상당부분을 100롤의 마이크로필름의 형태로 영인하여 소장하고 있으며 목록집을 만들어 국내연구자 및 연구기관 등에 배포한바 있다.

그러나 노획문서가 담고 있는 진정한 가치는 연구를 통한 학문적 기여도에 달려 있다. 노획문서는 다른 해외자료에 비해 상대적으로 자료공유가 잘 되어 있는 관계로 국내외 북한연구자들에게 매력있는 연구자료로서 주목을 받으면서 활용도를 높여 나가고 있는 추세이다. 노획문서에 기초한 북한연구는 비교적 연구여건이 자유로운 외국에서 서대숙, 이정식, 부르스 커밍스와 같은 학자들에 의해 발굴되고 해석되면서 주도되어 왔다. 국내적으로는 노획문서는 해방전후의 한반도 정세를 비롯하여 박명림을 비롯한 한국전쟁에 대한 연구자들에게 가장 활발하게 이용되고 있는 것으로 보여 지고 있다. 그리고 해방직후 북한사회상을 분석하고 있는 연구논문이나 학위논문의 자료로서도 활용되고 있음을 볼 수 있다.[11]

최근에는 서동만과 김광운의 방대한 규모의 저서들이 눈에 띠고 있다. 김광운은 노획문서를 기반으로 하는 매우 방대한 자료에 기초하여 『북한정치사연구 Ⅰ: 건당·건국·건군의 역사』(2003) 라는 연구서를 통하여

서〉 외-』(과천 : 국사편찬위원회, 2002).

11) 김남식 외, 『해방전후사의 인식 5』(서울 : 한길사, 1990) ; 김성보, 「북한의 토지개혁과 농업집단화」(서울 : 고려대학교박사학위논문, 1997).

김일성을 중심으로 하는 북한체제 형성초기 과정의 역사적 궤적을 매우 상세하게 정리해 놓고 있다. 서동만의 경우에도 상당부분 노획문서의 자료에 기반을 두고 자신의 박사학위 논문을 토대로 하여『북조선사회주의 체제성립사 : 1945~1961』(2005)를 출판하였다.

그러나 앞에서도 지적한바와 같이 노획문서만 가지고 해방직후의 북한 정세를 전체적이고 균형적으로 조망하는 객관적이고 실증적인 자료로 보기에는 무리가 있을 것으로 보여진다. 해방직후의 북한정세에는 다양한 행위자들이 연관되어 있다. 특히 당시 북한정세에 깊숙이 개입한 구소련이나 인접하고 있는 중국측의 자료들은 매우 중요하다. 과연 이들 나라들의 자료에 나타난 북한정세와 노획문서에 담겨져 있는 내용을 비교 검토하는 것도 중요한 연구과제의 하나라고 볼 수 있다. 따라서 노획문서에 담겨져 있는 내용에 대해서는 다른 행위자들에 의해 생산된 자료들과 비교 검토를 통해 사실여부를 평가해 나가는 후속작업이 필요하다고 본다.

III. '북한식' 당국가체제 형성의 전략적 토대

일반적으로 당국가체제는 사회주의 정치체제 혹은 지배구조를 지칭하는 개념으로 거론되고 있다.12) 해방이후 북한에서는 공산당 지도부 사이에서 당과 국가건설을 둘러싼 치열한 논쟁과정을 거치면서 당국가체제가 형성되어 왔다.13) 한반도정세의 복잡성 때문이었다. 북한의 공산주의자들이 해방직후의 한반도정세를 배경으로 사회주의국가를 건설하는 과정

---

12) 여기에서는 공산당에 의한 국가와 사회가 전면적으로 지배되는 정치체제라는 의미로 규정하고자 한다.

13) 백학순, 「북한에서의 '단일적 지도력'의 확립과 당·국가건설」, 『현대북한연구』, 제2권1호 (1999), 9~62쪽.

은 당과 국가건설을 둘러싼 치열한 논쟁과정을 거치면서 정립된 민주기지노선과 통일전선이라는 이론적 투쟁의 산물이었다고 볼 수 있다.

1. 민주기지노선

해방이후 북한지역의 공산주의자들이 공산당을 결성하고 강화시켜 나가면서 북한정국의 주도권을 장악하고 궁극적으로는 건국의 주역으로 등장하기 까지 일관되게 견지한 전략적 토대는 민주기지론이었다.

북한에서 민주기지노선의 기본적인 내용은 1945년 10월 10일 서북5도 당대회에서 「옳은 노선을 위하여」라는 문건을 통해 처음으로 제기되었다고 한다.14) 민주기지노선은 해방후 북한에서 공산당의 건설과 정권수립 및 군대의 창설 등을 포함한 제반 문제를 포괄하는 김일성과 항일무장세력의 핵심노선이었다. 김일성이 주창한 민주기지노선은 항일유격대 시절의 '유격근거지'라는 개념에서 원용된 것으로 보여진다.15) 따라서 민주기지노선은 북한공산주의자들의 전체의 의사가 아니라 김일성을 비롯한 항일무장그룹의 공산화노선으로 출발하였다. 그러나 민주기지노선의 실행과정은 소련과 김일성의 긴밀한 상호협력을 구축하면서 추진된 합작품이라고 볼 수 있다.

북한의 민주기지론은 북한지역에서의 혁명역량의 강화라는 측면과 남북한 통일추구라는 측면의 두 수준에서 이해해야 한다. 민주기지노선이란 한 나라에서 동시에 추구할 목표를 유리한 지역에서 먼저 근거지를 설정하여 확보된 지역에서의 사회개혁을 통해 주민의 지지기반을 창출하

---

14) 김남식, 「해방전후 북한현대사의 재인식」, 『해방전후사의 인식 5』, 14쪽. 그러나 북한에서 민주기지론이 처음으로 제기된 시점에 대해서는 학자들마다 다양한 주장들이 제기되고 있다.

15) 김광운, 「전쟁이전 북한 인민군의 창설과정」, 『한국전쟁사의 새로운 연구』(서울 : 국방부 군사편찬연구소, 2001), 12쪽.

고, 이를 모델로 하여 다른 지역으로 사회개혁을 확대시켜 나간다는 개
념이다. 북한의 공산주의자들에게 민주기지노선과 통일전선은 한반도의
분단상황과 취약한 운동기반위에서 사회주의국가를 건설하기 위한 가장
현실적인 전략적 선택이었다.

이로써 북한지역은 민주기지로서의 지위와 역할을 부여 받게 되고, 민
주기지로서의 역량을 강화할 수 있는 명분을 확보할 수 있게 되었다. 북
한에서 민주기지론의 실제적 내용은 독자적인 공산당의 창당, 민주개혁
을 통한 혁명역량의 강화, 통일역량의 강화, 군사적 역량의 강화 등으로
전개되었다. 북한의 공산주의자들은 민주기지론을 구현하는 과정에서 제
일 먼저 착수한 작업은 사회주의체제를 주도적으로 형성에 나갈 수 있는
추진체로서 당국가체제를 건설하는 문제로 보았다. 북한에서 건당·건
국·건군은 민주기지론을 관철하기 위한 첫 번째 과제였다. 그러나 그것
은 다른 무엇보다도 서울에서 먼저 창당된 조선공산당과 박헌영의 존재
를 약화시킬 수 있다는 논란이 제기되면서 공산주의자들 사이에서 격렬
한 논쟁을 유발하면서 정착될 수 있었다.

김일성은 북한지역에서의 공산당의 창당과 관련하여 "우리나라에서 맑
스-레닌주의 당을 창건하는데서 해방된 조국이 남북으로 갈라져 있으며
두 지역이 서로 다른 정세에 놓여 있다는 사실을 반드시 고려해야16)한
다"고 주장하였다. 그러나 북한에서의 전국적 차원의 중앙당조직의 창설
은 남한에서 출범한 조선공산당과의 협의과정을 거치면서 진행되었다.
조선공산당 중앙집행위원회 총비서로 추대된 박헌영은 1945년 11월 "조
선공산당 중앙집행위원회는 북부조선의 이 중요성에 의거하야 중앙의 지
도와 연락의 중계기관으로 또는 보다 더 정치행동을 효과적으로 하기 위
하야 북부조선 각도책임자와 열성자는 중앙지도하에서 조선공산당 북부

---

16) 김일성, 「우리나라에서의 맑스-레닌주의 당건설과 당의 당면과업에 대하여」, (1945. 10.
10), 『김일성저작집 1』(평양 : 조선로동당출판사, 1979), 308쪽.

조선분국을 조직하야 지도하도록 결정한다. 북부조선 각도당부에서는 북부조선분국의 지도와 지령을 준수하야 긴급한 연락과 공고한 조직으로서 볼쉐비키적 규율 밑에서 당의 대중화를 힘쓰며 조선 완전해방의 역사적 사명을 실현케 할 것이다"라는 지시를 하였다.17)

그러나 결국 남북한 정세가 차별화의 방향으로 전개되면서 민주기지노선은 정치세력뿐만 아니라 사회경제적 변혁의 정당성의 기반으로 작용하면서 북한지역에서의 '혁명역량'을 강화하는 초석이 되었다. 남과 북이 서로 다른 정세에서, 조건이 유리한 북한지역에서 민주개혁을 통해 혁명역량을 강화해 전국적으로 확대해간다는 것이 민주기지노선의 핵심이었고, 민주개혁은 그것을 실현하는 첫 걸음이었다.18) 민주기지노선에 따라 민주개혁이 진행되면서 북한사회는 '민주주의의 근거지'로 변모되었다. 북한에서 '혁명'으로 불리워지는 개혁조치들은 매우 빠르고 철저하게 진행되면서 공산화의 기반이 축적될 수 있었다.

2. 민족통일전선

북한의 공산주의자들에 의해 민주기지노선을 관철하기 위한 구체적인 실천전략으로서 통일전선이 강조되기 시작하였다. 민주기지가 해방이후 북한공산주의자들에게 전략적 목표를 제시하는 개념이라고 한다면, 통일전선은 그것을 구현하기 위한 가장 핵심적인 수단으로 강조되고 있었다.

해방이후 민주기지로서의 이행을 위한 다소간의 논쟁과정을 거치면서19) 통일전선은 북한공산주의자들에게 북한지역뿐만 아니라 남조선을

---

17) 「정로」(1945.11.7) 『북한관계사료집 31』(과천 : 국사편찬위원회, 1999), 22~23쪽.

18) 임영태, 『북한50년사』(서울 : 들녘, 1999), 97~98쪽.

19) 가장 대표적인 논쟁은 김일성의 '민족통일전선' 대 국내파 공산주의자였던 오기섭의 '인민전선'간의 논쟁이었다. 이에 대해서는 백학순, 「북한에서의 '단일적 지도력'의 확립과 당·국가건설」, 9~62쪽.

해방시키기 위한 민주기지로서의 역할을 다하기 위한 가장 효과적인 방법론으로 정착되기 시작하였다. 통일전선은 소련군정의 기본입장이기도 하였다. 소련당국은 한국의 일부 공산주의자들이 비현실적인 극좌노선을 추종하고 있는 것에 우려를 하고 있었다.[20]

통일전선은 다양한 수준의 행위자들을 수평적으로 결합시키는 방식이 아니라 혁명의 지도부인 당에 의해서 조직 지도되는 합법적이며 대중적인 지도체를 뜻한다. 북한에서 단기간에 당국가체제를 건설할 수 있었던 핵심적인 기반은 통일전선의 논리를 바탕으로 위와 아래에서 광범위한 세력들을 지지기반으로 확장시켜 나갈 수 있었기 때문이었다. 이것은 해방이후 북한에서 당국가체제를 형성하는 과정에서 당·정·군의 존재이유와 활동방향 등을 포괄적으로 규정해주는 근본원리로 작용하였다.

북한의 공산화전략으로 채택된 민주기지노선과 통일전선이 추구하는 이념은 사회주의보다 민족주의나 민주주의가 더욱 강조되었다. 반일, 반미를 중심으로 세력을 규합하고, 여기에 초점을 두고 각종 개혁적 프로그램을 마련하고 실행하였다. 한국전쟁이전 북한의 공산주의자들은 변혁구도를 좌익 대 우익이 아니라 '민주주의'의 실천으로 설정하였다.[21] 극좌와 극우 모두를 통일전선을 저해하는 경계의 대상으로 간주하였다.

민주주의와 민족주의적 정서를 최대한 활용하면서 사회주의를 지향해 나가는 방법을 구사하였다. 정권수립 초기에 북한은 이념적으로 마르크스-레닌주의를 지향하고 궁극적으로 사회주의 세계혁명을 기대하면서도 내용적으로는 일제식민지 유산의 척결과 한반도 통일을 최우선적 과제로 삼으면서 민족국가라는 정치적 형식의 완성을 추구했던 것이다. 해방이후 북한사회에서 마르크스-레닌주의는 공식적으로 담론화되지 못하였고, 북한체제의 이념적 지형은 민족주의, 즉 '반제반봉건민주주의'로 시작

---

20) 한국정신문화원 편, 『해방전후사 사료연구 II』(서울 : 선인, 2002), 120쪽.
21) 김광운, 「해방직후 북한에서의 통일전선」, 『한국사학보』, 제11호(2001), 324쪽.

되었다.[22] '건국사상총동원'의 구호를 제시하고 '애국적 인민'들의 참여를 동원하고자 하였다.

1946년 8월 29일 북조선로동당의 창립대회에서 김일성은 「근로대중의 통일적 당의 창건을 위하여」라는 연설을 통하여 "민주과업을 실천하는데 민주주의민족통일전선은 그의 기본이다"라면서 북한공산주의가 민주기지와 통일전선에 기초하고 있음을 다시 한번 확인시켜 주었다.[23] 조선로동당이 당·군 분리의 원칙을 선택한 것도 무엇보다도 통일전선을 추구하고 있었기 때문이었다. 따라서 해방직후 북한정국의 주역으로 등장한 공산당은 민족주의적 정서에 기초한 통일전선을 바탕으로 하는 당국가체제를 형성하려 했음을 보여주고 있다.

IV. 해방 후 당국가체제의 형성과정

해방이후 북한에서 당국가체제를 건설하는 과정은 한마디로 공산화과정의 일환으로 추진되어 왔다고 요약해 볼 수 있다. 해방 후 북한에서 사회주의체제를 형성하는 과정에 대해서는 다양한 주장들이 제기되어 왔다. 본 연구에서는 해방 후 3년간 북한에서 진행되어 왔던 당국가체제의 형성과정은 크게 두 단계를 거치면서 변화된 것으로 보고 있다.

1. 당국가체제 형성의 준비단계

북한의 당국가건설에서 가장 중요한 기간은 해방직후부터 1946년 2월

---

22) 해방이후 김일성의 담화에서 언급된 이념에 대하여 민주주의는 47년 31회, 48년 22회, 49년 13회였던데 반해, 마르크스-레닌주의에 대해서는 각각 5·7·7회로 나타났다. 전미영, 「북한 지배담론의 형성과 전개에 관한 연구 : 사회주의·민족주의를 중심으로」, 『한국정치학회보』, 제35집1호(2001 봄), 236쪽.

23) 김일성, 「근로대중의 통일적 당의 창건을 위하여(1946.8.29)」, 서대숙 편, 『북한문헌연구 : 문헌과 해제, 제1권 : 조선로동당』(서울 : 경남대학교 극동문제연구소, 2004), 25쪽.

까지의 첫 6개월간이었다.24) 해방이후 북한에서 사회주의를 지향하는 당국가체제를 건설하는 과정은 분단과 소련군의 점령, 그리고 후진적인 식민지반봉건적 농업사회라는 복잡한 환경을 배경으로 추진되었다.

해방이후 북한에서 사회주의를 지향하는 당국가체제의 형성이 가능할 수 있었던 것은 북한공산주의 세력이 북한정국의 주도권을 장악·행사할 수 있었기 때문이다. 북한의 공산주의 세력이 해방정국의 주역으로 등장할 수 있었던 것은 다른 무엇보다도 해방정국의 '주권자'였던 소련과의 긴밀한 관계를 형성할 수 있었기 때문이었다.

해방과 함께 해방군이자 점령군으로 진주하기 시작한 소련군정 당국이 자유로운 정치활동을 보장하면서 해방정국의 운영과정에서 배후로 물러나고, 국내세력에게 해방정국의 운영을 대체시키면서 북한정국의 주도권은 공산주의세력들에게 기울어지기 시작하였다.

북한의 공산주의자들은 북한정국의 운영과정에 참여하면서 민주기지론과 통일전선에 기반을 두고 조직적이고 체계적으로 정국주도세력으로 부상할 수 있는 기반을 조성하는데 주력하기 시작하였다. 북한의 민주기지론은 한반도의 분단상황을 고려하면서 전 한반도에서 사회주의국가를 창출하기 위한 구체적인 전략적 차원의 방법론이었다.

북한의 공산주의자들이 사회주의국가의 창출을 목표로 하는 공산주의운동을 전개하는 과정에서 가장 먼저 착수한 조치는 공산당을 창당하는 것으로부터 시작되었다. 공산당을 창당하여 위로부터의 혁명을 추진해 나가면서 지배기반을 확장해 나가는 방식을 통하여 당국가체제의 형성을 추진하였다.

우선적으로 북한의 공산주의세력을 규합하여 전국적 차원의 공산당 조직체를 창설하여 정국주도세력으로의 부상을 시도하였다. 해방직후 김일

---

24) 백학순, 「북한에서의 '단일적 지도력'의 확립과 당·국가건설」, 10쪽.

성은 다음과 같이 공산당 창당의 시급성을 주장하였다.

> 우리는 무엇보다도 먼저 조선혁명을 승리에로 확고히 령도할 수 있는 맑스-레닌주의당을 창건해야 합니다. 이와 동시에 인민정권을 세움으로써 혁명에서 기본문제인 주권문제를 해결해야 하며 나라와 인민을 보위하고 혁명의 전취물을 수호할 인민무력을 건설해야 합니다. 당면한 이 3대과업은 해방된 조국에서 조선혁명을 급속히 발전시켜 나가기 위하여 하루도 지체할 수 없는 긴급한 혁명임무로 나서고 있습니다.[25]

소련군의 보고서에 의하면 해방직후 1945년 8월 17일에서 25일까지 황해도를 제외한 북한지역의 5개도에 각각 공산당 도당위원회가 조직되어 분산적으로 활동하고 있었다. 각도의 현황을 보면, 함경북도 350여명, 함경남도 424명, 평안북도 300여명, 평안남도 500여명, 강원도 300여명, 황해도 200여명 정도로 파악되었다.[26]

북한 전역에서 분산적으로 존재하고 있었던 공산당 조직들은 김일성을 중심으로 하는 항일유격대 집단이 귀국하면서 지역적 차원의 중앙조직을 창설하려는 움직임으로 발전하기 시작하였다. 김일성은 북한의 각 지방에 조직되어 있는 공산당단체들에게 새로운 당중앙지도기관 조직에 동참해 줄 것을 설득하였다.[27] 김일성은 창당의 필요성과 방법에 대해 "우리나라에서 맑스-레닌주의 당을 창건하는데서 해방된 조국이 남북으로 갈라져 있으며 두 지역이 서로 다른 정세에 놓여 있다는 사실을 반드시 고려해야[28] 한다"고 주장하였다.

---

25) 김일성, 「해방된 조국에서의 당, 국가 및 무력건설에 대하여」, 『김일성저작집 1』(1945. 8. 20) 250쪽.

26) 김광운, 『북한정치사연구 Ⅰ: 건당·건국·건군의 역사』(서울: 선인, 2003), 100쪽에서 재인용.

27) 중앙일보 특별취재반, 『비록 조선민주주의인민공화국』(서울: 중앙일보사, 1993), 80~84쪽.

28) 김일성, 「우리나라에서의 맑스-레닌주의 당건설과 당의 당면과업에 대하여」(1945. 10. 10), 『김일성저작집 1』, 308쪽.

북한지역에서 공산당을 창당하려는 구체적인 시도는 1945년 10월에 들어와 '조선공산당 이북5도 책임자 및 열성자대회'라는 이름으로 개최되었고, 이 회의를 통하여 북한전역을 대표하는 최초의 공산주의 조직체로서 '조선공산당 북조선분국'의 설치를 결정하였다. 조선공산당분조선분국은 사회주의국가의 건설을 지향하는 마르크스-레닌주의 정당임을 선언하였다. 공산당의 창당과 존재이유는 민주기지의 구현을 위한 혁명역량의 일환으로 "조선공산당의 당면의 기본과업은 자주적인 통일적인 전국적 인민정권을 수립하는 것과 토지문제-농민문제를 해결하는데 있다"29)고 설정하였다. 북조선분국은 민주기지론에 입각하여 세워졌다는 점에서, 비록 명칭은 분국이라는 이름을 달고 있었지만 북한에서 만들어진 공산당은 내용적으로 당중앙의 조직적 위상을 띠고 있었다.30)

뿐만 아니라 조선공산당북조선분국은 북한 내에서도 최고의 노동계급의 엘리트집단으로서 우월적인 지위에서 노동계급의 모든 단체들을 지도하는 정치적 조직체로서의 역할을 수행한다고 인식하고 있었다. 따라서 해방직후부터 공산당은 북한정국을 주도하는 최고의 엘리트집단으로서 다른 모든 조직체들을 선도해 나가는 주도자로서의 역할을 수행할 수 능력을 확보하려는 강력한 의지를 갖고 있었다. 조선공산당북조선분국이 민주기지로서의 역량을 확보하는데 우선적으로 역점을 두기 시작한 것은 공산당의 의지와 정책을 관철시켜 나갈 수 있는 조직화된 세력 혹은 단체였다. 조선공산당북조선분국에서는 가장 효과적인 수단으로서 대중적인 조직을 결성하는 한편 자발적으로 형성된 인민위원회의 조직을 활용하는 것이었다.

공산당이 주도하는 당국가체제를 형성하는데 중요한 구성요소의 하나인 정부적 기능을 담당하는 조직체는 해방 후 전국 각지에서 자생적으로

---

29) 「정로」, 『북한관계사료집 31』(1945. 11. 1) 1쪽.
30) 한국정치연구회, 『북한정치론』(서울 : 백산서당, 1990), 147쪽.

조직된 인민위원회가 모태가 되었다. 인민위원회 조직은 공산당에 의해 창설된 것이 아니라 공산당이 창당되기 이전부터 일제의 패망으로 야기된 힘의 공백을 메우기 위한 북한구성원들의 자발적인 공적 조직체로 출범하였다.

1945년 8월말 이미 70여개의 시·군에서 활동하고 있었고, 9월말에는 대부분의 지역에서 인민위원회를 비롯한 자치조직의 결성이 완료되었다. 1945년 11월말 이전에 북한전역에서는 이미 도·시·군·면 단위까지 인민위원회 조직이 결성되었다. 따라서 해방직후 한동안 인민위원회는 공산당의 지배와 통제를 받지 않고 독자적으로 행정적 업무를 수행하는 공적 기관으로서 기능을 수행하였다.

북한에서 공산당과 행정적 기능을 수행하는 정권기관간의 연계가 이루어지기 시작한 것은 북조선임시인민위원회가 성립을 전후로 한 시기로 보여진다. 북한에서는 1946년 2월초에 북한지역을 대표하는 전국적 행정기관을 출범시키기 위한 논의와 준비작업이 공산당을 비롯한 제반 사회단체들이 광범위하게 포함되어 추진하였다. 이렇게 하여 북한에서는 최초로 북조선임시인민위원회라는 과도적 성격의 행정적 기능을 수행하는 권력기관이 탄생할 수 있었다.

북조선임시인민위원회에 대하여 1946년 2월 19일에 개최된 공산당분국 제4차 확대집행위원회에서 김일성은 "우리 당은 북조선인민위원회의 성립으로써 북조선 민족통일전선을 완성하였고, 이것을 기초로써 이것을 모범으로써 전국 민족통일전선의 결성을 촉성할 것이며," "우리 당이 영도하는 정권이요, 이것은 오늘 우리당의 엄중한 사업의 하나이다. 당은 이에 대한 영도를 가강(加强)히 하며, 그 사업완수를 위하여 어떠한 노력이라도 아끼지 않아야 할 것"이라는 결의를 하였다.31)

---

31) 『당의 정치노선 및 당사업 총결과 결정 — 당문헌집(1)』(평양 : 정로출판사, 1946), 23쪽.

그러나 북조선임시인민위원회의 제반 정책은 소련군 사령부의 통제하에서 추진되었다는 점에서 여전히 소련군정의 하부단위에서 벗어나지 못하는 실정이었다. 북조선임시인민위원회의 이름으로 추진된 토지개혁도 사실은 소련에 의해 주도되었다. 그럼에도 불구하고 임시인민위원회의 출범으로 북한과 소련과의 관계도 새롭게 변화된 것으로 나타났다. 임시인민위원회의 출범이후 북한지역에서의 정치일정과 정책노선은 국내세력이 주도하고 소련은 배후에서 개입·관여하는 변화된 모습을 보여 주고 있었다.

그러나 김일성을 비롯한 북한공산주의의 지도부들은 당의 지배역량을 확보하기 위한 방편으로 다양한 분야에 걸쳐 조직화된 세력의 배양을 시도하였다. 사회경제 각 분야에 단체를 조직하고, 군사적 기능을 담당하는 조직체의 건설도 추진하였다.

조선공산당 북부조선분국 제3차 확대집행위원회에서 김일성이 당일군들과 대중과의 연계성의 중요성을 강조한 이후 북한에서는 당의 외곽단체로 북조선민주주의청년동맹, 북조선직업총동맹, 북조선농업동맹, 조선민주여성총동맹 등 각급 사회단체를 결성하였다.[32] 이들은 1946년 1월 2일 북한의 제정당, 사회단체 대표들은 모스크바 3상회의 결정을 지지한다는 공동성명을 발표할 정도로 상호간의 긴밀한 연계성을 구축하고 있었다.

마지막으로는 식민지반봉건사회의 성격을 띠고 있는 북한사회를 반제반봉건 인민민주주의혁명을 통하여 민주개혁을 추진하여 사회경제적인 지배기반을 확보할 수 있었다. 민주개혁은 민주기지노선의 실천적 조치였다.

---

32) 이에 대한 자세한 설명은 김광운, 『북한 권력구조의 형성과 간부 충원(1945. 8~1947. 3)』(서울 : 한양대학교 박사학위논문, 1999), 100~114쪽; 이주철, 『북조선로동당의 당원과 그 하부조직에 관한 연구』(서울 : 고려대학교 박사학위논문, 1998), 234~275쪽을 참조할 것.

　해방이후 북한에 공산당을 중심으로 추진된 제반 민주개혁은 당의 지배력을 높이는데 크게 기여한 것으로 나타났다. 토지개혁 과정에서 농민 약 1만명이 입당하였다. 토지개혁으로 식민지반종건사회의 계급관계에 혁명적 변화가 야기되면서 1945년 12월 4,530명이었던 당원수는 토지개혁을 전후한 1946년 4월 26,000명으로 증가하였고, 1946년 8월에는 무려 366,000명으로 급격한 팽창세를 보여 주었다.[33] 이는 북한 전체인구의 4%에 해당하는 규모였다. 빈농·고용농에 대한 새로운 지위제공은 당의 강화로 이어지면서 당이 국가기관을 지도하는 당－국가시스템으로 이행할 수 있는 단초를 마련하였으며, 다른 한편으로 임시인위 권력의 대중적 토대도 강화시켜 주었다.[34] 북조선공산당은 몇몇 열성자를 자임한 활동가들의 '전위집단'으로부터 출발하였으나, 토지개혁의 결과 '대중정당'으로 급속히 성장할 가능성을 갖게 되었다.[35]

　김일성은 인민위원회 조직을 통하여 사회경제적 혁명을 추진할 수 있었고, 나아가 자신의 권력기반은 공산당의 지배기반도 강화시키는 효과를 거둘 수 있었다. 토지개혁을 필두로 한 민주개혁의 성공적 추진은 공산당의 헤게모니, 북한의 당국가체제의 건설을 촉진시켜 주는 기반을 제공해 줄 수 있었다. 민주개혁을 토대로 공산당과 인민위원회는 자원을 동원하고 분배하는 국가적 기능뿐만 아니라 강제력을 부과하는 국가적 기능을 수행하는 포괄적인 행위자로서의 권위를 확보할 수 있게 되었다.

　한편 북한의 공산주의자들에게 민주기지노선을 관철하는데 필요한 물리적 조직체로서의 군은 민주개혁이 마무리되는 시점에 들어와서야 공식적인 논의절차를 거쳐 창설될 수 있었다.

---

33) 김일성, 「토지개혁의 종결과 금후과업(북조선공산당중앙조직위원회 제6차확대집행위원회 한 보고 1946년 4월 10일)」, 『김일성저작집 2』(평양 : 조선로동당출찬사, 1979), 145~166쪽 ; 김광운, 『북한정치사연구 I : 건당·건국·건군의 역사』, 301쪽.

34) 김광운, 『북한정치사연구 I : 건당·건국·건군의 역사』, 302쪽.

35) 위의 책, 303쪽.

대한민국의 전사에서는 1946년 8월 15일에 조직된 「보안간부훈련대대부」를 인민군의 모체로 규정하고 있다.36) 전인민군 작전국장을 역임한바 있는 유성철도 북한군의 출범을 보안대대본부라고 증언하고 있다.37)

북한에서 군의 창건은 돌출적인 사건이 아니라 연속적인 발전과정의 산물이었다. 북한군의 창설과 변화는 내적인 요구뿐만 아니라 북한주변의 불안정한 외부정세도 커다란 영향을 미쳐 왔다. 북한에서 공식적인 군대의 창설은 소련군이 진주하고 있는 조건하에서 추진되었다는 점에서 다른 분야에 비해 더디게 진행될 수밖에 없었다. 북한에서 군의 창설은 소련군의 점령하에 추진되어 왔다는 점에서, 북한지역의 통치차원에서는, 소군정하의 '군권'을 접수하는 과정으로 특징지을 수 있다.38)

1945년 10월 12일 북한점령 소련군은 소련25군 사령관의 명령서를 통해 모든 북한지역의 무장단체를 해산하고 새로운 보안대의 조직을 추진하였다.39) 이에 따라 1945년 10월 21일 진남포에서 노동자·농민출신 2천 명을 선발하여 보안대가 창설되고, 각도에서도 조직되었다. 보안대는 국내 치안용 무장력으로서 김일성의 정권장악과 북한의 정규 무장력의 기반을 구축하는 역할을 하였는데, 항일유격대집단이 처음부터 보안대를 관장하였던 것으로 보인다.40) 소련 군정당국이나 북한의 공산주의자들은 정치적으로는 좌우연립정책을 채택하였지만, 보안(경찰)분야에서는 이를 허용하지 않았다.41)

해방직후부터 북한의 공산주의자들에게도 군은 민주기지를 이행하고

---

36) 전쟁기념사업회, 『한국전쟁사』 1(서울, 1990), 680~682쪽 ; 장준익, 『북한인민군대사』(서울 : 한국발전연구원, 1991), 58쪽.

37) 한국일보 편, 『증언 : 김일성을 말한다』, 64~66쪽 ; 『비록 조선민주주의인민공화국(하)』, 68~73쪽.

38) 서동만, 「북한 당군관계의 역사적 형성」, 270쪽.

39) 치스챠코프, 「제25군의 전투행로」, 『조선의 해방』(서울 : 국토통일원, 1987), 58쪽.

40) 김광운, 『전쟁이전 북한 인민군의 창설과정』, 9쪽.

41) 임영태, 『북한 50년사』, 108쪽.

당국가체제를 형성하는데 중요한 일부로 인식하고 있었다.[42] 북한에서 민주기지론을 제창하면서부터 당과 정부뿐만 아니라 군사적 역량을 강화 하는 문제에 대해서도 논의되기 시작하였다. 해방이후 북한에서의 군사 적 동향도 민주기지노선의 심화, 발전과정의 일환이었다. 『인민』에 의하 면 "우리조선도 위대한 쏘련군대의 힘에 의하여 일제의 통치기반으로부 터 해방된 후, 인민정권을 수립하고, 제반 민주개혁을 실시하며, 인민경 제를 부흥, 발전시킴으로써 자주독립 국가건설의 튼튼한 물질적 토대를 구축하는 한편, 이것을 보위할 인민군대의 창설이 제기되었다."[43]

북한에서 정규무장력 창설을 위한 최초의 시도는 북조선공산당 중앙 제5차 확대집행위원회에서 결정된 보안부대의 창설논의에서 비롯된 것으 로 보여지고 있다. 이 결정에 의거하여 북조선임시인민위원회가 국경과 38도선 및 철도경비를 목적으로 하는 보안대의 창설을 추진하였다.

그러나 보안대의 위상은 당의 군대로 출범한 것이 아니라 '인민의 군 대'로서의 성격을 부여받았다.[44] 즉 초기과정에서는 당·군을 분리하여 공산당의 군대만이 아닌 전 인민의 군대로서의 성격을 부여하고 있었다. 그러나 북한의 군이 당의 군대로 공식화되지는 않았지만 실질적으로는 '김일성의 군대'나 다름없었다. 공산당은 주로 행정기구를 통하여 무력기 관에 영향을 미치는 방식으로 군사문제에 개입하고 주도한 것으로 나타 나고 있다.

이와 같이 북한에서는 1946년 말까지 당국가체제를 구성하는 당·정· 군이 각각 독자적으로 창설되면서 당국가체제를 형성할 수 있는 제도적

---

42) 김일성은 1945년 8월 20일 "해방된 조국에서의 당, 국가 및 무력건설에 대하여" 라는 연 설을 통하여 건군의 필요성을 역설한 것으로 나타나고 있다. 김일성, "해방된 조국에서 의 당, 국가 및 무력건설에 대하여," 『김일성저작집 1』, 250~268쪽.

43) 「인민」(1950년 2월호), 『북한관계사료집 39』(2003), 715쪽.

44) 「군대내 당조직에 대하여(북조선로동당 중앙상무위원회 제9차 회의결정서 1946년 10월 21 일)」, 『북한관계사료집 30』(과천 : 국사편찬위원회, 1998), 37쪽.

기반이 마련되었다. 이 단계에서는 당·정·군이 각각 소련군과의 관계를 중심으로 독자적인 기능적 조직체로서 출범하여 조직적 역량을 형성하고 강화하는데 주력하는 모습을 띠고 있었지만 이들간의 상호관계는 당적 지배가 확고하게 보장되는 당국가체제로 발전되지는 못하고 있었다. 이 기간동안 소련은 소련점령군 당국을 통하여 북한의 당·국가건설의 전과정을 감독하였고, 김일성 그룹의 후견자로서의 역할을 수행하였다.[45]

2. 분단형 당국가체제의 제도화

민주기지론을 바탕으로 전 한반도를 대상으로 하는 국가의 창출을 목표로 전개되어 왔던 공산주의운동은 1946년도 초반부터 미소간의 균열과 대결조짐이 나타나기 시작하면서 북한의 국내정세도 새로운 양상을 전개되기 시작하였다. 한반도 문제를 둘러싸고 남북한의 주권을 대행하고 있는 미소간의 불일치는 남북한의 차별화와 이념적 대결구도의 양상으로 분화되는 모습을 보여주기 시작하였다.

남북한간의 차별화와 분화현상은 북한의 당국가체제를 형성하는 과정에도 반영되면서 한반도 전체를 염두에 두고 있으면서도 북한지역적 차원에서 공산화를 추진하려는 경향성이 나타나기 시작하였다. 즉 건국에 대비하는 당국가체제를 구축하려는 방향으로 전개되기 시작하였다는 것이다.

북한에서는 당국가체제를 형성할 수 있는 당·정·군이 조직화되면서 제도적 기반을 마련한 이후 민주개혁을 추진하면서 식민지반봉건사회를 청산할 수 있었다. 북한에서는 민주개혁이 마무리되고 개혁성과가 나타

나는 과정에서 새로운 정치적 변화의 조짐이 나타나기 시작하였다.

북한내외에서의 새로운 정세의 변화는 해방이후 건설되기 시작한 당국가체제의 구조에도 영향을 미치기 시작하였다. 김일성이 이끄는 조선공산당북조선분국은 1946년 7월 김두봉이 이끄는 조선신민당과의 합당을 통하여 북조선로동당이라는 공산당으로 새롭게 출발하였다. 당국가체제를 형성하는 과정에서 북로당의 출범은 대단히 중요한 정치적 의미를 지니고 있었다. 북로당이 출범하게 됨으로써 단일 공산당 지배체제를 형성할 수 있는 기반이 마련되었기 때문이다.

이종석은 북한에서 북로당의 창당이 갖는 의미는 강력한 단일좌파정당의 출현, 즉 배타적 유일정당의 탄생이고, 한반도 전체의 차원에서 공산주의운동의 단일지도체계의 구축을 향한 중요한 계기를 마련한 것으로 파악하였다.46) 북한공산주의자들은 북로당의 창당을 통해 공산당의 대중적 기반을 크게 확장할 수 있었다. 양당의 합당으로 1947년에는 약 75만 명 정도의 당원을 갖는 대중정당으로 변모되었다.

공산당의 지배력을 강화하기 위한 방편으로 출범한 북로당은 "당의 기본임무는 하루바삐 통일된 민주주의완전독립국가"를 세우는데 있다고 선언하였다.47) 따라서 북로당은 한반도에서 자주성과 통일국가의 건설을 지향하는 전위당으로서의 역할을 수행해야 한다는 점을 강조하고 있었다.

북로당의 출발이후 북한에서는 국가건설을 목표로 하는 당국가체제의 강화에 기여할 수 있는 다양한 조치들이 도입되고 추진되기 시작하였다. 그 방향은 크게 사상적 기반과 조직적 기반을 강화하려는 양 방면에 걸쳐 병행적으로 추진되는 모습을 보여 주었다.

북로당이 출범한 이후 가장 먼저 시도한 새로운 변화는 전국적 차원의

---

46) 이종석, 『조선로동당연구』(서울 : 역사비평사, 1995), 188~191쪽.

47) 김일성, 「근로대중의 통일적당의 창건을 위하여」(북조선로동당 창립대회에서 한 보고, 1946년 8월 29일), 『김일성저작집 2』, 379쪽.

통일전선 조직체의 창설을 추진하였다는 점이다. 1946년 7월 22일 북한에서는 민주기지를 구현한다는 명분을 배경으로 북한 내의 모든 조직적 단위들이 「북조선민주주의 민족통일전선 중앙위원회」를 결성하고, 이의 하부단위로 편입되고 기능하는 통일전선 조직체로서의 성격을 부여받았다. 민주주의민족통일전선은 군단위까지 지방지부를 설치하는 전국적인 조직체계를 갖추고 있었다. 북한의 사회단체는 광범위한 대중을 조직하여 정권기관과의 북조선공산당, 북로당의 주위에 결속하는 역할을 수행했으며, 그들은 당의 노선과 정책의 수행자로서, 대중에 대한 교육과 선전의 공간을 제공하였다.[48] 이로써 북로당은 북한지역의 모든 조직체들과 연계성을 높여 나가면서 지배기반으로 활용할 수 있는 발판을 구축할 수 있게 되었다.

그리고 1946년 11월부터 「건국사상총동원운동」을 전개하는 동시에 임시인민위원회 조직을 합법적인 정권조직의 형태로 출범시키려는 시도를 추진하기 시작하였다. 건국사상총동원운동은 북한주민들의 사상개조를 추진하고 북로당이 추진하는 각종 사업에 북한주민들을 동원하기 위한 차원에서 시도되었다. 북로당에서는 새로운 정세변화에 대응하여 임시인민위원회 조직을 발전적으로 강화시킨다는 명분을 바탕으로 아래로부터의 선거과정을 거쳐 민의에 기초한 합법적 형태의 인민위원회로 대체시키는 사업을 주도하였다. 북로당의 주도로 출범한 인민회의와 인민위원회는 각각 입법기능과 행정적 집행기능을 담당하는 정상적인 국가기관에 준하는 조직체계를 구비하고 북로당 출신의 인사들에 의해 지배되었다. 당에 의한 인민위원회의 지배를 관철할 수 있게 되었다.

북한에서는 인민위원회의 출범을 대단히 중요한 역사적 전환의 시기로 평가하고 있다. 즉 북조선인민위원회를 '우리나라 최초의 프롤레타리아정

---

48) 김광운, 「해방직후 북한에서의 통일전선」, 319~348쪽.

권'이라는 의미를 부여하였다. 북조선인민위원회의 출범은 북한 내외의 역학관계에 적지않은 영향을 미쳤다.

우선 북조선인민위원회의 수립을 계기로 북한과 소련과의 관계가 변화되었다. 소련은 한국민의 의사에 기초한 합법적인 정권이 수립됨으로써 인민위원회를 통한 간접통치방식으로 북한에 대한 지배권을 행사하였다. 그러나 소련은 분단과 국가형성 문제를 둘러싸고 미국과의 협상권을 행사하고 있었다는 점에서 '상대적 자율성'의 차원에서 이해하는 것이 바람직하다. 따라서 1947년 북조선 인민위원회의 성립은 대내외적으로 당국가체제의 상대적 자율성을 크게 신장시켜주는 계기가 되었다. 북조선인민위원회의 성립을 계기로 소령군 사령부에 의한 인민정권에 대한 지도와 감독은 사라졌고 행정권은 북한사람들의 손으로 넘어갔다.[49]

뿐만 아니라 김일성의 리더십이 한층 강화되면서 김일성세력의 정치적 영향력도 더욱 증대되었다. 북조선인민위원회가 창설되고 김일성이 위원장에 취임함으로써 북한의 권력구조는 김일성 지도체계로 굳혀지게 되어, 김일성을 중심으로 하는 당국가 지배체제로 이행될 수 있는 기반을 확보할 수 있게 되었다.

1947년 1월 북로당에서는 당국가체제의 영역이 크게 확장되는 과정에서 행정관리 문제에 대한 당기관의 역할을 논의하면서, 행정관리기관내의 당원들은 당기관의 제의를 정확하게 해결토록 하고 만일 행정관리 책임자가 당기관의 정당한 협조요구에 무관하거나 거부할 경우, 조직적으로 상급당 조직에 그 대책에 관한 보고를 요구하는 내용을 검토하였다.[50] 북로당을 중심으로 하는 당적 지배기반의 확장은 당적 지배를 안정적으로 효율적으로 관철시켜 나갈 수 있는 제도의 도입을 제기하였다.

---

49) 김주환, 「해방 후 북한의 인민민주주의혁명과 사회주의혁명」, 『해방전후사의 인식 5』, 311쪽.

50) 「1947년 1월 21일 북로당 중앙상무위원회 결정서」, 국사편찬위원회, 『북한관계사료집 XVII』(1994), 85~86쪽.

이후 북로당에서는 1947년 2월 7일 각급 인민위원회와 사회단체를 비롯한 제반 단체에서 북로당원이 3명이상 이면 당조를 조직하라는 결정을 내린바 있다.51) 당조는 북로당이외의 조직체에 설치되어 있는 최하 말단 당조직이라고 할 수 있다. 서동만은 정부기관과 사회단체에 당조를 설치한 것이 당국가체제의 형성에서 가장 중요한 조치였다고 주장한다.52)당조의 목적은 각 방면으로 그 조직과 기관내의 노동당의 정책을 실행하는데 있었다.53)

이것은 북한에서 당국가체제로 이행할 수 있는 새로운 제도적 장치가 마련/확보되었다는 것을 의미한다.54) 북조선로동당 당원도 인제군 민청조직 결성 회의록에 의하면 "당조회의를 통하여 민청사업을 더욱 취진시키며, 우리 당의 정책을 민청조직내에서 영향주도록 노력한다"는 내용이 논의되었다.55)

1947년 당중앙위원회 제6차회의에서는 "각급 당단체들은 인민위원회내의 당조사업을 강력히 장악하여 지도할 것이며, 인민위원회내에서 일하는 당원들의 사업을 일상적으로 검열 독촉할 것이며, 그 사상적 정치적 수준을 향상시키며 그 맡은바 임무를 최대한도로 완성하도록 보장할 것이다"라는 결정서를 채택하였다.56) 이에 따라 1947년도에 들어서면 각급 당단체들이 각급 인민위원회를 지도하는 관계를 유지하면서 사회주의적 개조작업과 생산활동을 추진해 나가는 상황이 연출되었다.

---

51) 「당조조직에 대하여」(북조선로동당 중앙상무위원회 제22차회의결정서, 1947년 2월 7일) 『북한관계사료집 30』, 119쪽.

52) 서동만, 『북조선 사회주의 체제 성립사』, 243쪽.

53) 「당조조직에 대하여」, 119쪽.

54) 국사편찬위원회, 『북한관계사료집 XVII』, 294~295쪽.

55) 「북조선로동당 강원도인제군 민청조직 당조결성 회의록」, 국사편찬위원회, 『북한관계사료집 IV』(1986), 7쪽.

56) 「인민위원회 선거의 총결과 인민정권 강화에 있어서 로동당의 임무에 대하여」, 『북한관계사료집 29』, 27쪽.

각급 당단체는 농업생산계획을 완수하기 위하여 각급 인민위원회를 힘차게 방조하며 농촌세포들이 농업생산계획을 구체적으로 토론하며 농업동맹을 발동시키여 이 계획을 완전히 실행하도록 지도할 것이다.57)

해방이후부터 북한에서 추진되어 왔던 다양한 개혁조치들은 소련과 북한, 북한 내부의 중앙과 지방, 당과 정부, 계급간의 상호관계 등 다양한 방면에서의 구조변화를 동반하였다. 전체적으로는 사회주의체제의 특징이라 할 수 있는 당과 국가에 의한 사회지배의 기반을 축적시켜 주었다.

그러나 여전히 북한의 권력구조는 북조선인민위원회를 수위로 하고, 북조선인민회의는 명목상 최고주권기관에 불과하였으며, 북로당은 정권기관을 이끌어 나가는 '혁명의 참모부'가 아닌 북조선인민위원회의 사업집행을 보장해 주는 수준에 머무르고 있었다고 볼 수 있다.

특히 당국가체제를 제도화하는 과정에서도 군은 예외적으로 분리되어 독자적인 군사조직으로서 역할을 수행할 수 있도록 자율성을 부여하였다. 북로당의 출범이후에도 공산당과 군은 상호간에 지배와 피지배관계를 제도적으로 보장해 줄 수 있는 제도적 장치들을 설치하지 않고 있었다. 1946년 10월 북조선로동당 중앙상무위원회에서는 "북조선에 건립되어 있는 보안훈련소 철도경비대는 북조선 인민의 민주개혁을 보장하는 전 인민의 군대인바 이 군대의 당·군화를 방지하고 군대의 통일적 통솔권을 보장하기 위하여 대오 내에 각 정당조직을 두지 않기로 결정"하였다.58) 이것은 여러 가지 정황을 미루어 볼 때 다양한 파벌의 연합체로서의 공산당과 김일성 그룹으로 형성되어 있는 군의 불일치에 따른 문제로 보여진다.

그러나 군의 성장은 해방이후 새로운 국가자원의 주체로 부상한 공산

---

57) 「춘경파종에 있어서 당단체들의 과업에 대하여」(북조선로동당 중앙상무위원회 제25차 회의결정서, 1947년 2월 27일), 『북한관계사료집 30』, 131쪽.
58) 「춘경파종에 있어서 당단체들의 과업에 대하여」, 131쪽.

당과 인민위원회에 의존하여 이루어져 왔다는 점에서 당과 인민위원회로부터 분리된 자율적인 무력기관으로서의 위상을 갖고 있었다고는 보기 어려울 것이다. 김일성은 1947년 4월 15일 북조선인민위원회 위원장의 자격으로 소련에게 북한군의 전력증강을 위한 군사지원을 요청하는 전문을 보냈다.59) 북한군의 성장은 김일성이 공산당과 인민위원회의 최고지도자로 등장한 이후부터 본격적으로 추진되어 왔다는 점에서 당과 인민위원회의 군대였다기 보다는 김일성에 의해 통제되는 항일유격대집단의 군대의 성격이 더욱 농후하였다고 보여진다.

이상과 같이 북한의 정치세력들은 당, 통일전선, 정권의 각 수준에서 북한지역을 혁명적 민주기지로 강화시키기 위한 준비작업을 사실상 완료하였다고 볼 수 있다. 그러나 여전히 이 시점에서도 북한의 당국가체제는 1국1당주의 원칙에 따른 전위당으로서의 지위를 확보하지 못한 미완성의 상태에 놓여 있었으며, 당초 의도한 민주기지로서의 통일국가를 건설하는 과제도 미해결의 과제를 남겨 놓고 있었다.

V. 당국가체제 형성과정의 특징

1. 당국가체제의 북한화

해방후 북한에서 진행되어 왔던 당국가체제의 형성과 변화는 한마디로 사회주의의 이념과 제도를 수용하여 북한의 특수한 실정에 맞게 '북한화'의 모델을 창출하려는 실험적인 과정으로 점철되어 왔다고 할 수 있다. 사회주의의 북한화를 시도하려는 김일성을 중심으로 하는 공산당의 지도부는 치열한 당내 노선투쟁을 전개하면서 이념과 제도 및 정책 등 모든 면에 걸쳐 민주기지노선과 통일전선을 북한화의 실천전략으로 선택하

---

59) 김광운, 「전쟁이전 북한인민군의 창설과정」, 42쪽에서 재인용.

였다.

민주기지노선과 통일전선을 전제로 하는 공산화의 실천전략은 당국가체제의 형태, 체제형성의 속도와 방법, 그리고 절차와 과정 등에 지대한 영향을 미쳤다. 당·정·군의 상호관계도 규정하였다. 공산당은 마르크스레닌주의를 창당과정에서부터 일관되게 강조하면서 정부기능을 대행하는 행정기관과 군의 창설과 발전과정을 주도해 왔음에도 불구하고 행정기관과 군에 대해서는 공산당의 독점적 지배구조보다는 통일전선의 논리를 적용시켜 왔다.60) 따라서 건국이전까지 북한의 당국가체제는 행정기관과 군에 대한 당의 우월적 지배를 보장하는 범주내에서 매우 느슨한 형태의 지배와 피지배의 관계가 작동되는 시스템으로 구축되었다.

이념적으로도 공산당은 당국가체제를 형성하는 과정에서 항상 건국을 염두에 두고 엄격한 프롤레타리아 계급노선을 적용하기 보다는 민주주의와 민족주의를 강조하면서 건국역량을 최대화하려는 전략을 구사하고 있었다.

제도적으로도 당·정·군 사이의 상호관계를 명백하게 규정하는 규칙들을 제정하지 않은 채 공산당의 정책노선을 당조제도나 인사제도 등을 통한 인적 지배의 방식으로 통제해 나가는 낮은 제도화의 수준에 머무르고 있었다.

그러나 정책적으로나 문화적으로는 해방직후의 짧은 기간 동안이었지만 공산당이 제반 개혁정책을 성공적으로 추진해 나감으로써 당국가체제의 대중적 기반을 안정적으로 확보하면서 가부장제에 기초한 당국가체제를 확립할 수 있었다. 가부장제는 근원적으로 국유화라는 소유제 자체가

---

60) 해방이후의 사회주의체제의 형성과정의 연장선에 위치하고 있는 1948년 9월 9일 수립된 조선민주주의인민공화국은 결코 소련에서 레닌에 의해 창출된 프롤레타리아독재의 유형이 아니라 모택동의 『신민주주의론』(1940.1)과 『연합정부론』(1945.4)에서 제기된 이념에 입각하여 창출한 통일전선의 정부(혹은 연합정부)에 보다 유사한 형태였다. 김일평, 『북한정치경제입문』(서울 : 한울, 1987), 29쪽.

야기한 결과물로서, 당이 사회의 전체생산물들을 거두어 모든 사회구성원들이 필요로 하는 식료품, 직장, 의료, 주택, 교육기회 등을 배분해 준다는 개념에 기초하고 있다.61) 북한주민들이 필요로 하는 과제들을 김일성과 당과 인민위원회의 이름으로 추진함으로써 김일성을 정점으로 하는 당국가체제에 의존하는 지배와 피지배관계를 안정적으로 확보하는데 성공하였다.

그러나 북한에서 건설된 당국가체제는 여전히 일국일당주의라는 조건을 만족시키지 못하고 있었기 때문에 엄밀한 의미에서의 북로당이 민족과 국가를 지배하는 최고의 권위있는 정치적 조직체는 아니었다. 즉 당과 국가 사이에는 일정한 간격이 존재하고 있었다. 공산당은 당적 지배의 원칙을 행사하고 있었지만 인민위원회와 군을 완전하게 지배하거나 통제한 것은 아니었다. 따라서 건국이전의 당국가체제는 미완성, 혹은 미성숙한 당적 지배체제의 수준에 머물러 있었다고 평가해 볼 수 있다.

2. 김일성 리더십의 강화

북한의 당국가건설과정은 한마디로 김일성 그룹이 경쟁그룹 내지 경쟁파벌을 제거하거나 중립화시켜 '단일적 지도력'을 확립해 나가는 과정이었다고 할 수 있다.62) 해방직후 남한의 정치무대를 주도해 나간 인물이 여운형 이라면, 북한에서 그 같은 역할을 해낸 사람은 조만식 이었다.63) 소련군이 진주할 당시 북한의 자치기관에는 민족주의자들이 다수를 점유하고 있었다. 김일성 그룹이 속해 있었던 소련군 88독립보병여단 내의

---

61) Katherine Verdery, "What Was Socialism, and Why Did It Fail," in Daniel Orlovsky(ed.), *Beyond Soviet Studies*(Washington : The Woodrow Wilson Center Press, 1995), pp.33~36.

62) 백학순, 「북한에서의 '단일적 지도력'의 확립과 당·국가건설」, 9쪽.

63) 이정식, 『한국공산주의운동사 2』, 400쪽.

조선인은 항일연군출신 88명과 소련계 한인 등 모두 103명에 불과하였
다.64)

그러나 김일성은 경쟁세력에 비해 상대적 열세에도 불구하고 북한체제
가 형성되는 과정에서 북한최고의 지도자로 등장하고 있었다. 김일성이
경쟁세력을 물리치고 북한의 최고지도자로 등장하는 과정에 대해 당시
소련군정에 참여하였던 소련측 인사들은 소련(군)의 역할을 결정적인 요
인이라고 증언하고 있다.

북한을 점령한 소련군 제25군 군사위원이었던 레베데프 소장은 "북조
선 인민의 '위대한 수령'은 북조선 인민의 의사에 의해 추대된 것이 아니
다. '위대한 지도자'는 소련공산당 정치국과 스탈린의 직접적 구상에 따
라 평양주둔 붉은 군대가 교육시켜 창조"한 것으로 증언하였다.65) 1945
년 10월 14일 평양경기장에서 개최된 소련해방군 환영군중대회에서 소련
25군 사령관인 치스챠코프 대장은 김일성을 '민족의 영웅'으로 소개하였다.

그러나 러시아의 한국학자인 란코프 박사는 김일성의 집권은 처음부터
소련당국에 의해 치밀하게 이루어진 것이 아니라 우연한 결과였다고 주
장하고 있다.66) 김일성을 중심으로 하는 항일 유격대집단은 다른 세력에
비해 상대적 열세를 면치 못하고 있었지만 응집력이 대단히 뛰어난 것으
로 나타났다. 반민생단투쟁과 고난의 행군을 통해 국내 공산주의자들과
도 구별되는 독특한 정체성과 자신감을 갖고 있었다.

김일성은 조선공산당 북조선분국 제2차 확대집행위원회와 제3차 확대
집행위원회에서의 정치노선 재정립과 조직체계의 정비를 통해 헤게모니
를 창출할 수 있었다.67)

---

64) 기광서, 「1940년대 전반 소련군 88독립보병여단 내 김일성그룹의 동향」, 『역사와 현실』,
     제28호(1998), 280~285쪽.
65) 박길용·김국후, 『김일성 외교비사』(서울 : 중앙일보사, 1994), 17쪽.
66) 『한국일보』, 1995. 8. 21.
67) 김광운, 『북한정치사연구 I : 건당·건국·건군의 역사』, 193쪽.

1945년 12월 17일에 개최된 제3차 확대집행위원회에서 김일성이 조선공산당 북조선분국의 책임비서로 선출되면서 북부조선당은 '유일당'으로 그 위상이 매겨졌으며, 특별히 김일성의 당적 영도를 반대하는 세력에 대해서는 '반종파투쟁'을 통해 고립 개별화시켜 나갔다.68) 1946년 4월에 이르러 북조선공산당 중앙은 전국적 의미에서 공산당 중앙으로 선포되었다. 이때 김일성 지도체계가 창출되기 시작하였다.

3차 확대집행위원회에서 분국의 책임비서로 선출되었다는 점에서 1945년 연말에 들어와 그의 당내 위상은 확고해 졌으며, 그가 주장해 왔던 4대 당면과업은 공산당의 강령적 노선으로 정착되는 성과를 거두었다. 김일성은 임시인위 위원장에 선출됨으로써 입북 5개월만에 북한의 최고지도자로 공인되었다. 이것은 김일성의 정치적 친화력이 대단히 뛰어난 것으로 보여지는 대목이다. 토지개혁 직후부터 김일성은 한국공산주의운동의 리더일뿐만 아니라 전조선인의 지도자로 추대하려는 작업이 본격화되었다.

1946년 초반 공산당 내에는 김일성의 노선과 정책을 유일한 지도적 지침으로 하여 모든 조직과 그 구성원들이 그의 의도와 명령, 지시를 관철하는 김일성 지도체계가 작동하고 있었다.69) 1946년 "북조선공산당 중앙위원회 제2차 각도 선전부장회의 결정서"에 수록된 내용을 살펴보면, "우리 당과 당 선전 공작자들은 우리의 지도자 김일성 장군이 영도하는 당 주위에 굳게 뭉치여서 조선 근로대중과 인민의 앞에 서서 조선의 민주주의 건설을 위하야 용감히 투쟁하여야 할 것이다"라는 내용이 담겨져 있다.

김일성을 "절세의 애국자", "위대한 태양"의 이미지를 갖는 지도자로 우상화하려는 시도는 1946년 7월에 창작된 『김일성장군의 노래』로부터

---

68) 김광운, 『북한정치사연구 I : 건당·건국·건군의 역사』, 252쪽.
69) 위의 책.

시작되었다. 뿐만 아니라 이때부터 북한에서는 김일성을 '수령'으로 호칭하려는 현상이 나타나기 시작하였다.[70]

이에 따라 김일성은 1948년 4월에 개최된 최고인민회의 특별회의 회의록에는 대의원에 의해 "해방 후 북조선인민들은 전 세계 약소민족의 해방자이며 민주진영의 선두에선 쏘련의 성의있는 방조와 아울러 우리 조선민족의 영웅이며 조선인민의 영명한 영도자 김일성 위원장의 정확하고 올바른 지도하에 인민의 주권기관인 인민위원회를 통하여 제반 민주개혁을 실시하였습니다"[71]라면서 김일성의 지위를 설명해 주고 있다.

3. 자율성의 증대

해방이후 소련군의 군사적 점령을 배경으로 추진된 당국가체제의 형성과 변화과정은 해방이후 북한정국의 주도권을 장악한 소련군으로부터의 주권을 양도받는 과정으로 이해할 수 있다.

해방직후 북한지역의 주권은 전적으로 소련(당국)에게 귀속되었다. 소련은 대외적으로 북한의 주권을 대표하고 국내적으로는 북한지역에 관한 모든 문제를 주관하는 '준국가기구'로서의 역할을 수행하였다. 즉 내부적으로 내정을 관할하고, 대외적으로는 미국과의 한반도문제에 관한 협상권을 행사하고 있었다. 해방이후 북한지역내의 모든 정치·경제·사회·문화·군사적 행위들은 소련군 사령부의 승인과 입장에 따라 좌우되는 형국이었다.

북한에서 당국가체제를 건설하는 문제는 소련에 의해 행사되고 있는 주권을 회복하는 정치적 의미를 내포하고 있었다. 이에 따라 당국가체제의 형성과 강화는 소련과의 관계가 가장 중요한 측면이었다.

---

70) 『로동신문』, 1946. 9. 19.
71) 『북한관계사료집 8』, 267쪽.

해방이후 공산당이 당국가체제의 건설을 통해 북한사회에 대한 혁명적 변화를 추진하고 사회주의국가를 건설하는 문제는 일차적으로 소련이 행사하고 있는 '국가권력'의 이동을 의미하였다. 북한에서 당국가체제를 형성하고 강화시켜 나는 일체의 과정은 소련에 의한 '소비에트화' 과정이 아니라 소련으로부터 상대적 자율성을 증대시켜 나가는 과정이었다.

소련이 해방정국의 주역으로서 북한내정에 대한 개입행위는 소련군 사령부내에 민정부를 설치하고 자생적인 공적 조직으로 출범한 인민위원회에 대한 지도/감독을 통해 시작되었다. 소련군 민정부에서는 각도에 조직되어 있는 인민위원회 대표자회의를 개최하고 '북조선행정국'을 창설하여 전국적 차원의 통일적인 행정조직체계를 구축하는데 기여하였다.

그러나 점차적으로 북한정국의 주도권은 공산주의자들을 비롯한 국내의 정치세력들이 조직화되기 시작하면서 한국측 행위자들에게 양도되기 시작하였다. 북한에서 처음으로 모든 사회구성원들이 참여하여 북조선임시인민위원회가 성립됨으로써 소련군정 사령부의 위상과 역할도 달라졌다. 북한과 소련과의 관계에 변화가 초래되었다.72) 소련은 북한문제에 관한 후원자로서의 지위로 변경되었다. 소련군 사령부의 모든 직원도 고문관의 지위로 변경되었다. 공산당이 주도하는 북조선임시인민위원회를 바탕으로 민주개혁이 추진되고 사회주의적 기반을 성공적으로 창출해 내는 성과를 기반으로 북한최초의 선거를 통해 합법적인 인민정권인 북조선인민위원회를 출범시킴으로써 소련의 영향력은 더욱 축소되었다.

따라서 북한에서 공산당이 주도하는 당국가체제를 형성하고 변화시켜 나가는 일체의 과정은 대외적으로는 소련과의 긴밀한 우호관계를 구축하면서 집권과 국가형성의 기반을 확보하면서 국내적으로는 소련으로부터의 자율성 확장을 통하여 독자성을 증대시켜 나가는 양면전략으로 진행

---

72) 김광운, 『북한정치사연구 Ⅰ : 건당·건국·건군의 역사』, 269쪽.

되어 왔다고 볼 수 있다.

VI. 결 론

본 연구는 북한에서 사회주의체제가 형성되는 과정에서 동반된 '당국가체제'의 성격을 당·정·군 관계를 중심으로 분석하였다. 북한과 같은 사회주의국가에서 당국가체제는 사회주의체제를 형성하거나 작동하는 과정에서 핵심적인 지위와 역할을 수행하는 권력구조와 지배체제를 의미하고 있기 때문이다.

본 연구에서는 이러한 연구목적을 미국이 한국전쟁의 참전을 통해 노획하여 국립문서보관소에서 보관하고 있었던 노획문서에 의존하여 접근해 보았다. 과연 한국전쟁이전까지의 기간동안 북한에서 생산된 각종 자료들에서는 당국가체제에 대해 어떠한 내용을 함축하고 있는지를 검토하는 것이 본 논문의 주된 관심사였다.

해방후 소련군의 북한점령은 남한에서 시작된 한국공산주의 운동의 흐름을 바꾸는 결정적인 계기로 작용하였다. 소련군의 점령이후 북한지역은 한국공산주의 운동의 거점지역으로 변모되기 시작하였고, 북한의 공산주의 세력들은 민주기지론에 입각하여 건당·건국·건군을 통해 당국가체제를 형성하려는 운동을 본격화하기 시작하였다.

노획문서에 의하면 북한의 공산주의세력들이 북한정국을 주도해 나가는 초기과정에서부터 김일성의 지위와 역할이 매우 확고하였음을 보여주고 있다. 북한의 초기상황을 보여주는 각종 문건들에서는 김일성이 북한정국을 주도하는 소련군정이나 지배집단 및 인민대중들에게 가장 폭넓은 지지기반을 확보하고 있었던 것으로 나타나고 있다.

김일성과 항일유격대집단은 북한에서 최초로 결성된 전국적 차원의 공산당조직을 결성하는 과정에서부터 주도적인 역할을 맡기 시작하여 사회주의적 당국가체제를 구성하는 당정군의 형성과 역할, 그리고 상호관계를 정립하는데 결정적인 역할을 수행하면서 유일적 지도자로서 등장할 수 있는 기반을 축적하여 왔다. 따라서 김일성은 해방이후 소련군정 당국에 의해 급조된 '꼭두각시'로 등장한 것이 아니라 상당한 정치력의 소유자였음을 보여주고 있다. 그러나 이러한 과정에서 김일성이 소련으로부터 자율성을 견지하면서 독자적인 정치적 행보를 추진한 것으로는 보이지는 않고 있다.73)

북한에서 형성되기 시작한 당국가체제는 1947년 2월 북조선인민위원회의 출범으로 계기로 본격적으로 가동되기 시작한 것으로 보여진다. 북조선인민위원회가 창설된 이후부터 북한에서는 김일성을 중심으로 하는 당국가체제가 가동되기 시작하였다. 북한에서 당국가체제의 형성과 역량의 증대는 반대로 소련군정 당국으로부터의 권한을 양도받는 과정을 동반하였다. 즉 북한에서 당국가체제의 형성은 소련으로부터의 자율성을 획득해 나가는 과정이었다.

그러나 북한에서 형성되고 가동되기 시작한 당국가체제는 이념적으로나 제도적인 측면, 그리고 사회경제적, 그리고 대외적인 측면에서 볼 때 상당히 미흡한 초보적인 형태의 미성숙한 수준에 머물러 있었다고 볼 수 있다. 그것은 공산당이 정부와 군을 독자적으로 통제할 만한 위치에 있지도 않았고, 당적 지배를 관철해 나갈 수 있는 기반도 취약한 상태에 놓여 있었기 때문이었다.

그것은 북한에서 추진되기 시작한 당국가체제가 초기과정에서부터 일관되게 분단상황을 고려하면서 민주기지노선과 통일전선에 기초하여 사회주의국가의 창출을 목표로 하는 시스템으로 기획되고 움직여 왔기 때문인 것으로 나타났다.

---

73) 백학순, 『북한의 국가형성에 있어서 김일성의 자율성 문제』, 385~400쪽 참조.

참고문헌

기광서, 「1940년대 전반 소련군 88독립보병여단내 김일성그룹의 동향」, 『역사와 현실』, 제28호, 1998.

김광운, 『북한정치사연구Ⅰ: 건당·건국·건군의 역사』(서울: 선인, 2003).

______, 『북한 권력구조의 형성과 간부 충원(1945.8~1947.3)』, 한양대학교 박사학위논문, 1999.

김명섭, 「한국전쟁 연구를 위한 다국사료교차분석법과 그 국내적 기반」 『정신문화연구』 제23권 2호(성남: 한국정신문화연구원, 2000 여름).

김택영, 「조선민주주의 인민공화국 최고주권기관과 국가중앙집행기관」, 『북한관계사료집』, 7권.

김학준, 『한국정치론사전』(서울: 한길사, 1990).

국사편찬위원회, 『북한관계사료집』 1-31집, 1982~1986.

______, 『미국소재 한국사자료 조사보고Ⅰ』(과천: 국사편찬위원회, 2002).

______, 『미국소재 한국사자료 조사보고Ⅲ-NARA 소장 RG242 〈선별노획문서〉 외』(과천: 국사편찬위원회, 2002).

국토통일원, 『6·25당시 노획한 북한자료 마이크로필름 목록』, 1987.

박길용·김국후, 『김일성 외교비사』(서울: 중앙일보사, 1994).

방선주, 「노획 북한필사문서 해제 (I)」, 『아시아문화』, 창간호, 1986.

부루스 커밍스, 김자동 옮김, 『한국전쟁의 기원』(서울: 일월서각, 1986).

백학순, 「북한의 국가형성에 있어서 김일성의 자율성 문제」, 『한국정치학회보』, 28집 2호(서울: 한국정치학회, 1994).

서대숙·이완범, 『김일성연구자료집』(서울: 경남대학교극동문제연구소, 2001).

이완범, 『한국전쟁: 국제전적 조망』(서울: 백산서당, 2000).

이정식 · 스칼라피노, 『한국공산주의운동사2』(서울 : 돌베개, 1986).

______________, 『조선노동당연구』(서울 : 역사비평사, 1995).

______________, 『북한－중국관계』(서울 : 중심, 2000).

이주철, 「북조선로동당의 당원과 그 하부조직에 관한 연구」, 고려대학교 박사학위논문, 1998.

임영태, 『북한50년사 1』(서울 : 들녘, 1999).

정세진, 『'계획'에서 시장으로 : 북한체제변동의 정치경제』(서울 : 한울, 2000).

정용욱, 「북로당의 노선과 활동」, 『한국현대사(1)』(서울 : 풀빛, 1991).

존 밀러, 도성달, 이명남 공역, 「소련 공산당 : 동향과 문제점」, 『비교공산주의 정치론 : 그 변화와 전망』(부천 : 인간사랑, 1990).

중앙일보 특별취재반, 『비록 조선민주주의인민공화국』(서울 : 중앙일보사, 1993).

치스쨔꼬프, 『제25군의 전투행로』(국토통일원 조사연구실, 1987).

한국정치연구회, 『북한정치론』(서울 : 백산서당, 1990).

김일성, 「조선로동당 건설의 력사적 경험」, 『원자료로 본 북한 : 1945~ 1988』(서울 : 동아일보사, 1989).

______, 「북부조선당 공작의 착오와 결점에 대하여(1945. 10. 11)」, 『북한 관계사료집 I』.

______, 「토지개혁사업의 총결과 금후사업에 대한 보고」, 『북한관계사료집』, 31.

______, 「북조선공산당 각급 당단체들의 사업에 대하여(1945. 12. 17)」, 『김일성 저작선집』 1권(평양 : 조선로동당출판사, 1967).

______, 「창립 1주년을 맞이하는 북조선로동당(1947. 8. 28)」, 『김일성 저작선집』 1권.

김 일, 「조선인민군은 신형태의 군대이다」, 『인민』, 2호, 1950.

김창만, 「북조선공산당 중앙위원회 제2차 각도선전부장회의 총결보고요지」, 『당의 정치노선 급 당사업총결과 결정, 당문헌집(1)』(평양 : 정로출판사, 1946).

박현영, 「당원들의 사상정치 교양사업 강화와 당단체들의 과업」, 『북한관계사료집』, 7권.

오기섭, 『북조선토지개혁법령의 정당성』(북조선노동연맹, 1946).

조선중앙통신사 『조선중앙년감』, 1950.

徐東晩, 『北朝鮮における社會主義體制の成立 1945~1961』, 東京大學校 博士學位論文, 1995.

Kang, Thomas Hosock. "North Korean Captured Records at the Washington National Records Center." *Committee on East Asian Libraries Bulletin.* No. 56, Feb, 1979.

Meyer, Alfred. "Authority in Communist Systems." in Lewis J. Edinger (ed.). *Political Leadership in Industrialized Societies.* New York: Wiley, 1967.

Paige, Glenn D. *The Korean People's Democratic Republic.* Stanford : Hoover Institution Press, 1966.

Suh, Dae-Sook. "Records by U.S. Military Forces in Korea, 1921~1951." *Korean Studies.* Vol.2. The Center for Korean Studies, University of Hawaii, 1978

Verdery, Katherine. "What Was Socialism, and Why Did It Fail." in Daniel Orlovsky(ed.), *Beyond Soviet Studies.* Washington: The Woodrow Wilson Center Press, 1995.

Walder(ed.), Andrew G. *The Waning of the Communist State : Economic Origins of Political Decline in China and Hungary.* Berkeley: University of California Press, 1995.

White, Stephen. Gardner, John. Schopflin, George and Saich, Tony. *Communist and Postcommunist Political Systems : An Introduction.* 3rd ed., London: Macmillan, 1990.

북한 체제의 초기 집단정체성 형성에 관한 연구

차 례

북한 체제의 초기
집단정체성 형성에 관한 연구

김 하 영

I. 서 론

대부분의 집단은 그 집단만이 가지는 고유한 특성을 가지고 있다. 이런 특성이 비교적 지속적이거나 다른 집단의 특성과 다른 경우 이것은 그 집단이 가지는 집단정체성(collective identity)이라고 이해된다. 이 집단정체성은 그 집단을 다른 집단과 구분하는 기준이 되거나 집단 전체 및 그 구성원들의 생각이나 활동을 이해하는 데 중요한 지침을 제공한다. 또한 이 집단정체성은 그 속에 살고 있는 구성원들에게 중요한 삶의 목표와 방식, 상호작용의 틀을 제시해 주기도 한다. 현실적으로 존재하는 많은 국가나 정치공동체가 가지는 특성들은 이런 집단정체성을 중심으로 이해할 수 있다.

근대의 국가는 대부분 민족국가의 형태를 띤다. 민족국가 형태는 19세기 유럽에서 나타나기 시작하여 전세계로 확산되었는데 이 근대 민족국가가 가지는 정체성은 많은 경우 민족을 중심으로 하여 형성되어 있다. 다른 말로 하면, 집단정체성을 나타내는 대표적인 개념 중 하나는 민족이며, 근대 세계에서 민족은 국가나 정치공동체의 특성을 구성하는 데 있어서 중심적인 위치를 차지하고 있다. 민족은 역사적, 문화적, 또는 혈연적 공동체로서 그 구성원들은 비교적 동질적인 속성을 지니고 있으며, 특히 하나의 정치질서 속에서 함께 살아갈 때 민족공동체로서 강력한 결속력을 나타내기도 한다. 이런 경우 집단정체성은 이미 형성되어 있는 민족이라는 기초위에서 형성된다.

그렇지만 한 국가의 집단적 정체성은 민족뿐만 아니라 다른 속성에도 근거를 둘 수 있다. 그 구성원들 사이에 이미 존재하고 있는 속성이 아니라 새로운 이념이나 가치 또는 목표를 설정하여 집단의 내부와 외부 사이의 관계, 내부 구성원들 사이에 새로운 관계를 형성함으로써 새로운 집단정체성이 형성될 수도 있다. 집단정체성은 단기적으로는 지속성을 지니고 쉽게 변하지 않지만 영구불변의 것이 아니라 특정 집단의 주요 이념 또는 추구하는 가치에 따라 새로운 내용을 가질 수 있다.

이렇게 새로운 집단정체성이 형성되거나 나타나는 뚜렷한 경우는 새로운 국가 또는 새로운 정치질서가 형성될 때이다. 이런 경우는 사회혁명, 전쟁, 내란, 또는 급격한 정치적 변화를 겪은 뒤 흔히 나타난다. 또한 근대의 역사 시기에서 이런 경우에 해당되는 한 경우로서 탈식민지 사회에서의 새로운 정치질서 형성이 있다. 근대적 세계질서에 편입되는 과정에서 독립된 민족국가가 채 성립되기 전에, 아니면 강대국에 의해 정복됨으로써 제국주의 세력의 식민지를 겪은 민족집단은 식민지 상태를 겪으면서, 또 민족해방운동이나 독립운동 과정을 통해서 민족의식이 고취되고, 해방된 이후에는 새로운 정치사회질서를 형성한다. 이 과정에서 과거의 전통과 역사 또는 집단정체성이 강조되거나 과거와는 다른 새로운 집단정체성이 제시되며 새로운 정치·사회질서를 형성하기도 한다.

해방 이후 강대국의 군사적인 편의에 의한 남북의 분할점령이 남북분단이라는 형태로 고착화되던 시기에 남한과 북한에서 각각 이루어진 체제 형성과정은 탈식민지 사회에서의 공동체 형성과정의 한 형태로 볼 수 있다. 역사적으로 하나의 민족집단으로 오랫동안 살아온 한민족(조선민족)이, 일본의 식민통치에서 해방된 뒤 스스로 선택하지도 원하지도 않았던 강대국에 의한 남북 분할점령의 상황에서 두 개의 서로 다른 정치·사회질서를 형성하게 되었다. 특히 북한의 경우 과거의 정치·사회질서를 부정하고 독자적인 집단정체성을 강조하며 새 체제를 형성하였다. 이때 제시된 집단정체성은 남한에서 형성된 것과는 아주 다른 성격을 지니고 있었는데, 이후 분단 상태에서 북한과 남한 사이에 대립이 계속되면서 이 집단정체성은 반세기 이상 유지되어 오고 있다.

본 논문은 1945년 8월 해방 직후부터 공식적인 북한 체제의 성립 시기까지 약 3년간의 기간에 북한 지역에서 정치공동체 형성과정에서 집단정체성이 어떻게 제시되고, 어떤 방식으로 제도화되었는가를 연구한다. 이 과정에서 어떤 정치적 사회적 변화들이 나타났는가, 어떤 요인들이 영향을 미쳤는가, 북한체제 및 집단정체성 형성과정은 어떤 세력이 주도하였는가, 집단정체성의 주요 구성은 어떤 내용을 가지는가, 변화에 대한 저항은 어떠하였는가 등의 문제를 중심으로 하여 북한 체제 형성 시기 집단정체성 형성 과정의 특징적 내용을 분석한다.

해방 후 시기 남한 및 북한에서의 체제형성과 관련하여서는 '민족정체성'(national identity)이라는 개념으로 접근할 수 있다. 하지만 본 논문은 '민족정체성'보다는 '집단정체성'의 개념을 사용한다. 그 이유는 '민족정체성'은 '민족'(nation)이라는 개념과 밀접하게 관련되어 있어서 새로 형성되는 정치공동체가 민족뿐만 아니라 민족 이외의 어떤 기준에 근거하여 정체성을 형성하는 경우 그것을 적절하게 포착하여 설명하는 데 한계를 가지기 때문이다. 남한과 북한에서 각각 성립된 체제가 서로 다른 정치적 이념을 지지하고 있으므로 민족정체성의 개념으로서는 그 상이함을 적절하게 포착하기 어렵다. 그래서 해방 후 북한의 초기 체제 형성과정에서 나타난 정체성을 살피는 데 있어서 민족정체성이라는 개념보다는 집단정체성의 개념을 사용하는 것이 본 연구에서는 더 적절하다고 생각한다.[1] 그렇다고 민족정체성 개념이 분석에서 유용성이 없는 것은 아니다. 민족정체성의 개념 및 민족에 관련된 논의는 근대국가형성, 체제형성, 또는 정치공동체의 집단정체성 형성을 이해하는 데 중요한 시각들을 제공하고 있다. 또한 민족과 민족주의 개념은 북한 지도부의 통치이념에서 중요한 부분을 차지하며, 이런 개념을 중심으로 남북의 차이를 비교할 수도 있다.[2] 따라서 본 논문은 민족 및 민족정체성에 관한 기존의 선도적 연구에서 제시된 이론들을 참조하면서 북한에서의 집단정체성 형성을 살핀다.[3]

본 연구는 문헌자료분석의 방법을 취하는데, 연구에서 이용하는 주요 문헌자료는 해방 직후 시기 김일성이 여러 경우에서 행한 연설이나 보

---

[1] '정체성' 개념은 사회심리학 분야에서 핵심적 개념 중 하나이며, '집단정체성'(collective identity) 개념은 사회심리학 분야 뿐 아니라 사회운동 연구에서 널리 쓰이고 있다. 이 경우 '집단'은 민족이 될 수도 있고, 사회 내의 한 특정한 인종집단, 종족집단, 계급집단, 연령집단, 종교집단, 이념집단, 또는 특정한 이해관계 세력이나 사회운동 세력이 될 수도 있다. 본 연구에서 집단정체성의 개념을 선호하는 것은 '민족정체성' 개념이 강하게 내포하는 '민족' 개념에서 벗어나서 북한의 체제 형성에서 나타나는 특징적 측면을 살피고자 하기 때문이다.

[2] 예를 들면, 국가안전기획부, 『북한의「민족주의」선전자료집』(1995. 12); 김창근, 「북한 지도부의 민족·민족주의 담론: 특징과 의미」, 『북한연구학회보』, 제7권 제2호, (2003), 33~57쪽; 김진향, 「한반도 통일과 남북한의 민족개념 문제」, 『아세아연구』, 제43권 제2호, (2000), 111~141쪽.

[3] 주요 연구들로서 다음과 같은 것들이 있다. Benedict Anderson, *Imagined Communities*, 2nd. ed. (New York : Verso, 1991); Craig Calhoun, "Nationalism and Identity," *Annual Review of Sociology*, vol. 19, 1993, pp.211~39; Ernst Gellner, *Nations and Nationalism*(Ithaca, N.Y. : Cornell University Press, 1983); Liah Greenfeld, *Nationalism : Five Roads to Modernity*(Cambridge : Harvard University Press, 1992); Anthony D. Smith, *The Ethnic Origins of Nations*(Oxford : Basil Blackwell, 1986); Anthony D. Smith, *National Identity*(Reno : University of Nevada Press, 1991).

고, 그리고 북한의 공적 기관에서 작성한 보고서 등의 공식문건들이다.[4]

II. 집단정체성 형성의 이론적 배경

정치적, 사회적 생활에서의 정체성은 다양한 부류의 행위자들이 가지는 정치적 및 사회적 태도와 행동의 특징적 특면을 나타내고, 또한 자기 자신에 대해 생각하고 평가하는 것, 서로서로에 대해 설정되는 관계의 특징적 측면을 보여준다. 이 정체성은 개인적 차원에서는 개인의 태도 및 행동의 주요 기반이 되고 집단적 차원에서는 집단 전체가 다른 집단과 구별되고 또한 그 집단이 나타내는 정치적, 사회적 행위와 관계의 특징적 측면을 보여준다.

집단적 정체성은 여러 가지 근거에서 형성될 수 있다. 일반적으로는 민족, 계급, 종교, 언어, 종족 등이 정체성 형성에 중요한 기반으로 작용한다. 그렇지만 어느 요소가 중요하게 작용하는가, 또는 이 요소들 간에 어떤 중요성의 우선순위가 있는가에 대해서는 객관적으로 일반화시키기가 어렵다. 각 집단마다 또한 역사적 경우마다 중요하게 작용하는 요소가 다르게 나타난다고 볼 수 있다. 그러기 때문에 집단정체성 형성을 고찰함에 있어서 일반적으로 적용되는 기준에 따르기보다는 각 경우에 특수한 사정을 살피는 것이 필요해진다. 즉 집단정체성이 형성되는 과정에서 어떤 요소가 중요하게 작용하는지는 특정한 역사적 맥락과 환경으로부터 많은 영향을 받는다고 볼 수 있다.

---

4) 연구에 참조하거나 인용한 자료 중 김일성의 글은 다음과 같은 자료집 속에 포함되어 있다. 김일성, 『민주주의 인민공화국 수립을 위하여 : 김일성 장군 중요논문집』(평양 : 북조선노동당출판사, 1948); 김일성, 『조국의 통일독립과 민주화를 위하여. 제1권』(평양 : 국립인민출판사, 1949); 서대숙 · 이완범 공편, 『김일성 연구자료집 : 1945~1948년 문건』(서울 : 경남대학교 극동문제연구소, 2001). 그 외 자료출처가 명기되지 않은 원문 인용 자료는 미국국립문서보관소가 소장하고 있는 노획문서 자료로서 이것은 미군이 한국전 당시 북한에서 노획한 것이다.

일반적으로 집단정체성 형성에 대해서는 크게 두 가지 관점이 제시된다.[5] 첫째, 본원적 관점(primordialism)으로서, 일단의 사람들이 외부인들도 인정하는 공통의 특성을 공유하고 있다는 점이 강조된다. 본원적 속성 가운데 일반적으로 많이 적용되는 것은 집단구성원들의 혈연적 및 문화적 공통성이다. 민족, 인종, 종교, 언어 등이 이런 공통성의 중요한 토대가 된다. 이런 본원적 속성은 쉽게 변하지 않으며 집단구성원들 사이에서 상호 이해 및 교류의 가능성을 증가시킴으로써 집단정체성 형성에 중요한 영향을 미치는 것으로 이해된다.

본원적 관점에서 살피면, 해방 후 북한에서는 집단정체성은 한민족이 가지고 있는 혈연적·문화적·언어의 동질성 등에 바탕을 두었다. 이런 동질성은 북한에만 한정된 것이 아니라 남한지역과 북한지역 모두 가지고 있는 속성이었다. 한민족은 오랫동안 일본이나 중국과는 다른 민족으로서 인식되었다. 이런 차이에 대한 인식은 한민족이 가졌던 것일 뿐 아니라 중국이나 일본 사람들도 한민족에 대해서 가지고 있었다. 식민지 시대에 조선 사람들은 일본인들로부터 박해를 받았고, 중국인들로부터도 차별을 받았다. 조선이 식민지가 된 이후부터 해방 이전까지 조선 사람들은 조선의 독립을 위해 싸웠고, 해방이 되자 독립국가 수립을 위해 노력하였다.

그렇지만 집단의 본원적 속성들이 집단정체성 형성에서 불변의 속성으로서 작용한다고 볼 수는 없다. 만약 그것이 불변이라면 시대가 달라져도 각 역사적 세대는 상이한 역사적 환경 속에서 다양한 정체성을 발전시킬 수 없게 되는데 이것은 여러 민족의 민족정체성 형성과 관련하여 역사적 사실에 부합하지 않는다. 정치공동체의 집단정체성은 어떤 고정

---

5) Adeed Dawisha, "Nation and Nationalism : Historical Antecedents to Contemporary Debates," *International Studies Review*, vol. 4, Issue 1, 2002, pp.3~6; Karen A. Cerulo, "Identity Construction : New Issues, New Directions," *Annual Review of Sociology*, vol. 23, 1997, pp.387~391 참조.

된 실체가 아니라 여러 방향으로 작용하면서 다양한 방식으로 발전되고 균형을 찾을 수 있는, 일련의 상호연관된 개방적인 경향성과 힘이라고 볼 수 있다. 비록 동질적인 문화와 속성들을 공유하고 있는 집단이라 하더라도 그 속에서 상이한 정치공동체가 발전할 수가 있다.

집단정체성의 속성에 대한 두 번째 관점은 구성주의적 관점(constructivism)이다. 이 관점에서는, 민족과 같은 공동체는 서로 상호작용을 하는 사람들이 자신을 동일한 민족이라고 인식하면 존재하는 것이 되고 또한 민족의 정체성도 존재하게 된다고 본다. 즉 객관적 조건이 아니라 주관적 요인이 정체성 형성에 중요하게 작용한다고 본다. 그리고 집단적 정체성은 과거의 것이 재생되는 것이 아니라 과거와 현재가 서로 작용하면서 집단적 정체성이 형성된다고 본다. 집단의 과거는 정체성 형성의 과정에서 불변의 고정된 제약적 요소로 작용하지는 않는다. 즉 과거는 각 세대가 자신의 정체성을 형성하는 데 필요한 것을 끄집어내 쓸 수 있도록 보관하는 창고같은 것이 아니다. 새로운 세대는, 비록 그들의 과거가 고통스럽고 굴욕적이라 하더라도, 역사를 비판적으로 재해석하고 과거와 미래를 조화시킴으로써 새로운 시대적 환경 속에서 새로운 정체성을 찾아낼 수 있다는 것이다.[6]

이 구성주의적 관점은 본 논문에서 다루고자 하는 해방 후의 상황에서의 북한의 새로운 집단정체성 형성 과정을 이해하는 데 보다 나은 관점을 제공한다. 해방 후 건국과정에서는 일본이나 중국과는 다른 민족적 정체성이 강조되었지만 또한 이전에는 뚜렷이 강조되지 않았던 이념에 근거를 둔 계급성이 북한에서 새로운 정체성의 중요한 기준으로 제시되었다. 해방 후의 정치사회적 상황 속에서 북한에서는 새로운 체제 형성을 주도하는 세력이 과거의 민족문화와 사회질서, 정체성의 단순한 재생

---

6) Bhikhu Parekh, "Discourses on National Identity", *Political Studies*, vol. 92, no. 3 (1994), pp.492~504 참조.

과 복사가 아니라 새로운 시대적 환경 속에서 미래의 목표를 내세우며 새로운 민족정체성 형성을 시도하였다. 본 연구에서는 해방 후 북한에서의 집단정체성이 당시 정치권력을 장악한 세력, 과거와는 다른 이념과 배경을 가진 세력에 의하여 위로부터 형성되었다는 입장을 가지고 분석한다.

집단적 정체성의 형성과정에는 여러 요인들이 영향을 미칠 수 있지만 특히 경제적(물질적)인 요소와 이념적인 요소가 두 가지 중요한 기초로서 영향을 미치는 것으로 볼 수 있다. 이 두 가지는 정체성 형성 뿐 아니라 일반적으로 정치적 지지 세력의 형성과정에서도 중요하게 작용한다. 새로운 집단정체성 형성은 새로운 정치사회적 질서를 수립하는 것과 같은 과정이므로 이것은 또한 사회내 집단과 여러 세력 사이에 가치를 배분 또는 재배분하는 과정이라 볼 수 있다. 이 과정에서 작용하는 물질적 요소는, 사회 내 집단들에게 가치를 배분하는 측면에 관련된다. 누구에게는 많이, 누구에게는 적게 배분하는가, 모두에게 동등하게 배분하는가, 아니면 누구의 것을 누구에게 재배분하는가 등은 사회 내 가치배분에 있어서 가장 중요한 내용을 이룬다.

이념은, 집단 또는 공동체가 지향하는 가치, 달성하려는 목표와 관련된다. 즉 어떤 궁극적 가치 또는 목표를 지향하는가와 관련된다. 특히 새로운 정치공동체가 과거의 정체성을 재생시키는 것이 아니라 새로운 정체성을 구성하는 경우 그 방향은 체계화된 가치와 목표에 의해 결정된다. 새로이 만들려는 정치공동체는 어떤 목적, 어떤 특성을 가지는가, 그 공동체 구성원들의 자격은 무엇인가, 누구를 포함시키고 누구를 배제하는가, 공동체의 경계는 어떻게 설정되는가 등의 문제들이 가치 및 목표와 관련되어서 결정된다. 즉 공동체 전체가 추구하는 가치와 목표가 물질적인 가치배분 뿐 아니라 공동체의 내적 구성에 영향을 미치고 새로운 집단정체성의 중요한 내용을 구성하게 된다. 이러한 사항들을 유의하면서 이하에서는 해방 직후 북한의 내부 정세와 새로운 정치세력의 등장, 집단정체성의 주요 구성 내용, 대내적 개혁 추구 노력 및 이에 대한 저항에 대해서 차례로 논의한다.

III. 해방 후 새로운 정치적 주도세력 형성

1. 소련의 북한 점령

해방과 더불어 일본통치에서 해방된 한민족은 오랫동안 기대하였던 독립된 민족국가 수립을 이루지 못하였다. 일본의 항복에 따라 한반도에서 미국과 소련은 38선을 경계로 남과 북을 분할하여 각각 점령하였다. 이 분할점령은 한반도에 사는 조선민족의 의사에 따라 이루어진 것이 아니라 두 강대국의 군사적 편의에 따라 이루어졌다.

북한체제의 형성에 가장 많은 영향을 미친 외부세력은 소련이었다. 소련의 대한반도정책은 한반도에서의 사회주의 세력의 확장 및 반소정권의 대두를 저지하는 데 기본목표를 두어 왔다. 소련군은 제2차 대전 종전 직전인 1945년 8월 9일 일본에 선전포고를 한 이후 만주지역에서 파상적인 공격을 하였고, 일본의 항복 이후에는 미국과의 합의에 따라 한반도의 북쪽 지역을 점령하였다. 해방 직후 소련군이 북한에 들어 올 당시 북한에는 정국을 주도할 수 있는 힘을 가진 특정한 세력은 형성되어 있지 않았다.

소련 제25군은 8월 26일 평양에 진주하였는데 북한 지역을 점령한 소련군은 군정이라는 직접통치의 방식을 택하지 않고, 조선 사람들이 북한을 스스로 움직여 나가도록 지도하고 조언하는 형식을 택하였다. 이것은 북한의 소련군정이 미군정과 근본적으로 그 성격을 달리하고 있는 것으로 이야기되기도 한다. 하지만 소련군정은 명칭만 민정이었지 실질적인

내용은 군정의 요소를 많이 가지고 있었다.7)

한반도의 남과 북이 미국과 소련에 의해서 분할 점령된 상태에서 소련의 정치적 목표는 상황변화와 더불어 변해왔다. 해방 후 3년간의 소련군정은 북한의 통치와 관련하여 그 정책적 입장이 변해 왔는데 이것은 크게 세 단계로 나누어 볼 수 있다. 첫째는 소련군과 조선혁명가들의 순수한 협력시기이다(1945년 8월~1946년 1월). 둘째는 소련군이 공산주의 혁명가들에 우위를 두는 사이비 연립시기이다(1946년 2월~1948년 1월). 셋째는 본격적인 공산주의 정권 수립기이다(1948년 2월~1948년 12월). 이러한 시기 구분은 북한에 들어온 소련군정의 목표가 정치적 상황변화에 따라 변화하고 그에 따라 소련군의 행동이 달라진 것을 반영하고 있다.8)

해방 후의 북한점령통치의 초기 단계에서 소련군은 사회주의혁명이 아니라 인민민주주의의 길을 선택하였다. 따라서 이 단계에서는 공산주의자보다는 북한의 민족주의자들과 협력을 모색하였다. 따라서 민족주의적 성향을 가진 조만식을 조선의 새 지도자로 내세울 것을 고려하기도 하였다. 하지만 기독교 장로이자 민족주의자인 그는 소련군정에 협조적이지 않았고 또한 소련군정의 정치적 목표가 수정되면서 그는 곧 정치적으로 힘을 잃었고 관심의 대상 밖으로 밀려났다.

남과 북을 분할 점령한 미국과 소련 간에 통일된 한반도 독립국가 수립을 위한 합의의 가능성이 낮아지게 되고 분단 상태가 지속됨에 따라, 1946년 들어서 소련군은 북한 지역에서나마 자신에게 우호적인 단독정권의 성립을 목표로 하였다. 그 목표를 달성하기에 적합한 인물로서 1941

---

7) 해방 후 시기에 소련의 연해주 군관구에서 복무하고 북한정권 성립 후에는 소련의 특명전권대사를 역임한 쉬띄꼬프의 일기에 대한 분석을 통해서 전현수는 소련군사령부가 북한에서의 정책결정에 전면적이고 직접적으로 개입하였으며 소련군사령부가 사실상 군정기관이었다고 지적한다. 전현수, 「쉬띄꼬프 일기가 말하는 북한정권의 성립과정」, 『역사비평』, 32호(1995년 가을), 145쪽.

8) 서대숙 저, 서주석 역, 『북한의 지도자 김일성』(서울 : 청계연구소, 1989), 59쪽; 서대숙, 「소련 군정 : 개설」, 『아시아문화』, 제8호 (1992), 118쪽.

년부터 해방될 때까지 연해주의 소련군에서 복무한 경험이 있는 인물인 김일성을 선택하고 그의 권력장악을 적극 지원하는 방향으로 나아갔다.

북한이 해방 후 새 체제를 형성하려고 노력하던 시기에 중국은 북한에 대하여 영향을 미치지 못하는 상태에 있었다. 중국은 아직 통일국가를 성립하지 못하였고, 1949년 중국공산당이 새로운 인민공화국을 수립하기 전까지는 중국공산당은 중국에서 통일된 정권을 수립하지 못하고 국민당과 싸우는 내전상태에 있었다. 그렇지만 해방 후 북한에서 권력을 확장하고 있던 김일성은 해방 훨씬 이전 1930년대 만주지역에서 중국공산주의자들과 함께 일본군을 대상으로 무장투쟁을 한 배경을 가지고 있었다. 이렇게 때문에, 그가 해방된 북한에 들어와 소련군의 지지를 받고 북한의 지도자로 등장하고 그의 권력 장악이 확실하게 되었을 때 그는 북한의 접경 지역에서 아직 국민당 군대와 싸우고 있던 중국공산당 군대에 지원을 제공하기도 하였다.9) 중국공산당이 이런 국내적 전투상황에 있었고 소련군은 북한을 점령하고 있었기 때문에 결국 북한의 체제 형성과정에서 중국보다는 소련의 영향이 아주 컸던 것으로 볼 수 있다.

2. 김일성의 권력 장악

1945년 12월 모스크바 3상회의에서 강대국인 미국, 영국, 소련은 한반도에 대한 신탁통치를 결정하였다. 이 결정에 대해 남한과 북한 지역에서는 상이한 반응을 나타내었다. 처음에는 좌파와 우파 세력 모두 신탁통치 결정에 반대하였으나, 좌파 그리고 북한 지역의 지도부는 소련의 입장을 따라 신탁통치를 지지하는 입장을 나타내었다. 그러나 38선 이남

---

9) 중국에서 국공내전이 계속되던 1946년 겨울~1947년 봄 장개석의 국부군에 밀리던 조선의용군 출신의 병사들 수만 명이 북한 지역으로 후퇴하였고, 또 1947년 봄부터는 북한에서 신병을 모집하고 훈련시켜 만주로 파견하여 중국공산당의 전투를 지원하였다. 백학순, 「중국내전시 북한의 중국공산당을 위한 군사원조 : 북한군의 파병 및 후방기지 제공」, 『한국과 국제정치』 제10권 1호(1994), 263~281쪽.

미군정 통치하에 있던 남한에서는 공산주의자들을 제외한 모든 정치세력들은 신탁통치에 반대하였다.

모스크바 3상회의 결정에 따라 한반도에서 임시정부를 수립하기 위해서 1946년 봄에 미소공동위원회가 열렸으나 5월에 결렬되었다. 사실 한반도를 분할 점령한 미국과 소련은 각기 자신에게 우호적인 정권이 한반도에 성립되기를 원하였는데, 이 미소공동위원회는 1947년 재개되었으나 아무런 성과를 보지 못하였다. 이미 미국과 소련 사이에 국제적 대립이 심화되고 또한 남북한에서 각각 권력을 확대해 가던 정치세력 사이에도 긴장과 대립이 커지면서 한반도에서 통일국가의 수립은 실현되지 못하였고 결국 각각 지역에서 단독정부가 수립되는 방향으로 나아갔다.10)

해방 직후 국내적 상황을 살핀다면, 북한 지역 내에서 독자적인 정치적 대안을 나타내고 일정한 사회세력의 지지를 받는 정치세력이 없지는 않았다. 일본이 전쟁에 패배하여 일시적으로 통치권의 공백이 생긴 해방된 조선에서 국내 세력들에 의해서 자생적 주민자치조직인 인민위원회가 지방에 형성되었으나 곧 평양에 중심적인 권력기관이 형성됨에 따라 그 속에 흡수되었다. 그리고 해방 전 국내에서 힘을 가졌던 기득권 세력은 일본식민통치에 협력한 사람들이었지만, 일본이 전쟁에 패배하고 조선이 해방된 상황에서 정치적으로 힘을 상실하였고 또한 사회적으로도 도덕적 영향력을 잃었다.

조직적으로 활동한 정치세력을 본다면, 국내에는 해방 전부터 지하에

---

10) 해방 직후 북한의 정치 및 사회 사정에 대한 논의는 다음을 참조. 김남식, 「해방 전후 북한 현대사의 재인식」, 김남식 외, 『해방전후사의 인식 5 : 북한편』(서울 : 한길사, 1989); 김일평 외, 『북한체제의 수립과정 1945~1948』(서울 : 경남대학교 극동문제연구소, 1991); 서대숙, 「소련 군정 : 개설」, 『아시아문화』 제8호, 1992; 서주석, 「소군정기 권력투쟁과 공산당의 국가건설」, 한국정신문화연구원(편), 『북한해방 8년사 연구』(서울 : 백산서당, 1999); 안드레이 란코프 저, 김광린 역, 『소련의 자료로 본 북한 현대정치사』(서울 : 오름, 1995); 이재훈, 「해방 직후 북한 민족주의 세력에 대한 소련의 인식과 정책」, 『역사비평』, 70호(2005년 봄); 전현수, 「쉬띄꼬프 일기가 말하는 북한정권의 성립과정」, 『역사비평』, 32호(1995년 가을)

서 활동하던 공산주의자들이 있었다. 이들은 해방과 더불어 조직을 공식적으로 재건하여 서울을 중심으로 활동을 재개하였는데 그 중심인물은 박헌영이었고 북한에서는 오기섭, 김용범 등이 활동하였다. 국내파 공산주의자들은 1국1당 원칙에 따라서 서울의 조선공산당이 조선 전체의 활동을 지도하였다. 하지만 남북 지역이 각각 미국과 소련에 의해 분할 점령된 상황에서 서울의 공산당 조직은 북부 지역을 실질적으로 지도할 수 없었다. 그리고 소련군정 당국의 지원 아래 세력을 확장해 가던 김일성 및 그의 빨치산 세력은 서울의 조선공산당 지도부와 정치노선에 대해서 의견을 달리 하고 있었다.

결국 북부 지역에서의 공산당 활동을 지도할 수 있는 중간기구로서 조선공산당북조선분국이 1945년 10월 13일 평양에서 결성되었다.[11] 분국 결성시에는 김용범이 위원장의 직책을 맡았다. 그해 11월 23~24일 제2차 확대집행위원회가 개최되었고, 다시 12월 17~18일 제3차 확대집행위원회에서 김일성은 책임비서로 추대되어 북조선분국을 장악하며 그의 지위를 확고히 구축하였다.

국내파 공산주의자들 외에 북한 지역에는 민족주의자들도 있었는데 그 중 대표적 인물은 조만식이었다. 소련군 당국이 조선의 국내세력과 협력한다는 입장을 취한 1945년 말까지는 그는 정치적인 영향력을 가졌다. 1945년 11월 13일 평양에서 조선민주당이 창당되었는데 여기에는 조만식 계열을 비롯한 민족주의자들이 다수 참여하였다. 하지만 1946년 들어 그는 소련군정으로부터 지지를 받지 못하고, 신탁통치를 반대하는 것과 관련하여 소련군정 당국의 관심 밖으로 나가게 되고 정치적으로 힘을 상실하였다.

그리고 1946년 들어서 남북한의 통일된 정부를 수립하려는 목적으로

---

11) 이보다 사흘 전인 10월 10일 북조선공산당 중앙조직위원회가 비밀리에 결성되었는데, 북한에서는 이 10월 10일을 조선로동당 창건일로 기념하고 있다.

구성된 미소공동위원회가 아무런 성과를 나타내지 못한 상황에서 남북 간의 통합보다는 대립이 심화되고 있어서 남한에서 활동하고 있는 정치세력들이 북한의 정치상황이나 변화에 영향을 미칠 수 있는 폭은 아주 좁았다. 국내파 공산주의자들의 지도자인 박헌영은 남한 지역에서 조선정판사 위폐사건으로 공산당활동이 불법화된 뒤 1946년 10월 북한으로 넘어왔다. 하지만 이 시기에는 이미 북한에서 김일성의 권력장악이 상당히 이루어져 그의 권력에 도전할 수 없었고 또한 북한 내에서 급진적인 개혁조치들도 이미 전개된 뒤였다.

결국 새로 형성되는 북한에서의 정치권력은 해방 전부터 국내에서 활동하던 세력이 아니라 해방 후 북한에 들어 온 세력에 의해 장악되었다. 즉 1930년대에 만주 지역에서 항일투쟁을 하다가 1940년 말 일본군의 토벌을 피해서 소련으로 넘어가서 해방이 될 때까지 소련군의 88여단에서 훈련을 받았고, 해방 직후 소련군과 함께 북한에 들어 온 김일성 및 그 지지자들이 소련의 지원을 얻어 정치권력을 장악하게 되었다.

일반적으로 새로운 체제를 수립하는 데 있어서는 새로운 권력구조의 형성 뿐 아니라 경제적으로 새로운 틀을 만드는 것도 중요하다. 북한의 경우 탈식민지 상황에서 새로운 정치질서를 형성하는 과정에 있었을 뿐 아니라 소련의 영향을 받아 이념적으로 사회주의를 지향하였기 때문에 식민지 시대의 경제구조를 그대로 유지할 수 없었다.

당시 북한은 농업경제 중심의 사회적 특성을 가지고 있었다. 생산의 중요한 기반은 농업에 있었지만 일반 사람들의 다수는 토지를 가지지 못한 농민들이었다. 식민지 상태에서 조선 사람들은 토지 없는 농민들로서 경제적으로 약자의 위치에서 일본인 지주들과 식민당국의 억압적 수탈을 받으며 살았다. 이런 경제상황에서 토지문제는 중요한 사항이었다. 새 체제와 질서 형성을 주도하는 세력은 정치질서 형성의 문제들 뿐 아니라 새로운 경제구조 형성 문제도 다루어야 했다.

당시 민족주의자들이 중심이 된 조선민주당이 제시한 강령과 정책에서는, 친일세력을 배제하고 반일적 정치세력을 중심으로 정부를 세운다는 것을 천명하였다. 조선민주당이 제시한 6개조의 강령 중 다섯째는, "반일적 민주주의 각 당파와 우호협력하여 전민족의 통일을 도함"이라고 천명하고 있다. 이어 12개 항의 정책을 제시하였다. 하지만, 조선민주당의 정책에는 급진적으로 경제구조를 변화시킬 어떤 내용을 포함하고 있지 않았다. 즉 조선민주당은 새로운 독립국가 건설에서 정치적 문제에만 관심을 두고 식민지적 경제구조를 근본적으로 변화시키는 과제는 회피하였던 것으로 볼 수 있다.[12] 그리고 당시 소련군 당국은 이 세력을 지지하지 않았다. 소련군 당국은 그들이 선택한 김일성을 지지하여 그로 하여금 새로운 변화를 주도하게 하였고, 이런 배경을 가지고 김일성은 새로운 정치·사회질서의 형성과 함께 새로운 집단정체성 형성을 이끌어 나갔다.

Ⅳ. 새로운 집단정체성의 주요 내용

새로운 정치공동체 형성에서는 집단구성원들이 가지고 있는 공통성이 많을수록 집단의 정체성 형성이 용이하게 이루어질 수 있다. 현재도 그렇지만 남한이나 북한이나 단일 혈통의 언어공동체라는 본원적 공통성을 가지고 있었다. 따라서 북한에서 탈식민지 시기의 체제형성기에 다민족, 다문화 사회에서 나타나는 종족 또는 민족간 갈등은 나타나지 않았다. 그렇지만 당시의 상황에서는 단일민족이라는 본원적 공통성이 통일된 독립국가를 수립하는 데 결정적인 요소로 작용하지는 못하였다. 한민족이라는 공통성에 바탕을 두고 통일국가를 형성하려고 노력한 정치세력이 없지는 않았지만 이 노력은 성공을 거두지 못하였다. 오히려 남한과 북

---

12) 김성보, 「북한의 민족주의 세력과 민족통일전선 운동 : 조선민주당을 중심으로」, 『역사비평』 36호(1996), 391쪽.

한 지역이 각기 강대국인 미국과 소련의 영향을 받아 독자적인 정치체제를 추구하게 되면서 서로 상이한 집단정체성이 강조되었다. 새로운 북한 체제 형성 과정에서 김일성을 비롯한 북한의 지도자들은 남한과 다른 집단정체성을 가지는 새로운 체제를 수립하려고 노력하였다. 이 과정에서 한민족이 겪은 과거의 경험이 영향을 미쳤지만 이것은 과거를 인정하고 수용하는 방식이 아니라 이를 부정하고 극복하는 방식으로 나타났다. 이하 논의에서는 과거 역사에 대한 인식, 새로이 제시된 국가건설 목표, 대외 및 대남 인식, 새로운 국가의 영토 범위 인식, 구성원의 자격에 대한 인식을 차례로 살핌으로써 북한 체제에서 나타난 집단정체성의 특징적 내용을 설명하고자 한다.

1. 과거의 부정

식민지 상태에서 해방된 직후의 정치사회적 상황에서는 일본에 의한 식민통치의 경험이 집단정체성 형성 담론에서 중요하게 작용하였다고 볼 수 있다. 일반적으로 공통의 집합적 경험과 과거의 기억은 정치공동체 형성에 주요한 한 기반이 된다.13) 북한에서나 남한에서나 일본의 제국주의적 식민통치를 받은 경험은 당시의 가장 중요한 공통의 집합적 경험이었다. 그러나 당시 남한에서든 북한에서든 식민지 이전 시대 과거의 집단정체성을 회복하려는 주장이나 노력은 나타나지 않았다.

왕조시대의 조선 민족의 과거를 부정하고 식민지 상태를 벗어나 새로운 체제를 건설하려는 의지는 이미 해방 이전 독립운동의 과정에서 나타났다. 과거의 집단정체성은 회복시켜야 할 것이 아니라 부정하고 극복하여야 할 것으로 인식되었다. 북한에 대해서만 본다면 이 과거의 기억과

---

13) Anthony D. Smith, "Culture, Community and Territory : the Politics of Ethnicity and Nationalism," *International Affairs*, vol. 72, no. 3, 1996, pp.445~458 참조.

경험은 크게 두 가지 측면에서 새로운 집단정체성의 구성에 영향을 주었다. 한 가지는 "반제국주의"였고 다른 것은 "반봉건"이었다.

반제국주의는 조선 민족이 19세기 말 형성된 제국주의적 국제질서에서 일본에 의한 강제적 조선병합과 억압적 식민통치를 받았다는 사실과 관련되었고, 반봉건은 식민지 시대 이전부터 지속되어 온 불평등하고 착취적인 성격의 경제사회구조와 관련된 것이었다. 특히 아직까지는 농업이 경제의 중요한 기반인 사회에서 지주-소작인의 경제적, 사회적 관계는 봉건적인 것으로서 타파되어야 할 것이었다. 식민통치를 받으며 한반도 내에서 살았던 다수 조선인들이나 생존의 길을 찾아 한반도의 북쪽 만주 지역으로 이주해 살았던 조선인들은 일본인 지주 및 만주 지역 중국인 지주들의 땅을 부치고 살면서 고율의 소작료를 지불하고 민족적 차별을 받으면서 힘들게 살았다. 따라서 식민지상태에서 해방되어 새로운 민주주의 독립국가를 수립하려는 노력에는 이런 과거의 경제사회구조를 벗어나서 새로운 구조를 형성해야 하는 것이 수반되었다.

그런데 이 입장은 남한보다는 북한에서 더 뚜렷하게 나타났다. 이런 차이가 나게 된 중요한 이유로는 첫째, 소련의 영향 둘째, 북한에서 체제 형성을 주도한 지도부의 정치적 경험과 배경을 들 수 있다. 우선 소련은 세계 사회주의의 주도적 국가로서 제2차 세계대전 이후 새로 형성되는 국제질서에서 사회주의 이념을 전세계로 확장시키려고 노력하고 있었다. 소련은 동유럽의 국가들에서 사회주의 체제 형성을 지원하였고 아시아의 한반도 북한 지역에서 또한 이런 노력을 계속하였다.

또한 김일성 및 그의 지지 세력인 빨치산 출신들은 항일무장투쟁의 경험이 있는데 만주에서의 항일투쟁은 중국공산당 및 소련이 주도하는 국제공산주의 운동의 지도를 받았고, 일본군의 토벌에 쫓겨 소련으로 건너간 뒤 수년 간 소련군에서 훈련을 받았다. 그리고 이들이 해방 후 북한에 들어 와 소련의 지지를 받아 북한에서 권력을 장악하고 체제 형성을 주도해 갔다.

김일성 자신이 중국공산당의 지도를 받으며 1930년대에 항일유격대 활동을 하였다는 배경을 가졌지만 중국공산당은 아직 중국을 통일하지 못하고 내전 상태에 있었기 때문에 해방 직후 북한 체제 형성 과정에서 소련만큼 큰 영향을 미치지 못하였다. 그리고 중국 공산주의자들 역시 세계 공산주의 운동에서 스탈린이 통치하고 있던 소련의 지도성을 인정하고 있었기 때문에 북한의 체제 형성에서는 소련의 영향이 훨씬 크게 작용하였다.

2. 자주독립국가 건설의 목표

해방 당시에 제기된 가장 중요한 목표는 새로운 국가 수립이었다. 일본의 식민통치에서 해방된 조선 인민들에게 건국이 제1차적인 목표이고 과제였다는 것은 충분히 이해할 수 있다. 김일성은 해방 후 북한 지역에서 처음으로 일반 대중들 앞에 나선 1945년 10월 14일 평양시 군중대회에서의 연설에서, 그는 "조국광복의 세기적 숙망을 실현한 오늘 조선인민 앞에는 새 조선을 건설하여야 할 역사적 과업이 나서고 있습니다. 우리 민족은 이제부터 자기의 국가를 세우고 완전한 민족적 독립을 성취하기 위한 건국사업을 다그쳐 나가야 합니다"라고 건국의 필요성을 강조하였다.

이어서 "우리는 해방된 조선에 민주주의적인 자주독립국가를 건설하여야 합니다. 민주주의적인 자주독립국가를 건설하는 것은 조선의 구체적 현실과 우리 인민의 의사에 전적으로 맞는 것입니다"라고 말하며 새로운 국가의 성격을 민주주의 국가라고 규정하였다. 계속 이어지는 연설에서 김일성은, 일제의 식민통치 밑에서 조선인민들이 노예와 같은 생활을 하였다고 지적하고, "새 민주조선을 건설하기 위하여서는 친일파, 민족반역자를 비롯한 반동분자들을 반대하는 투쟁을 힘있게 벌려야 합니다…. 친일파, 민족반역자들의 책동을 짓부셔 버리지 않고서는 참다운 인민의 정권을 세울 수 없으며 나라의 민주화를 실현할 수 없습니다"라고 말하며 과거 식민지 시대와 다른 새로운 성격의 국가건설을 주창하였다.14)

국가건설과 관련하여 이런 정치적 목표는 1년 뒤에도 여전히 그대로 유지되었다. 1946년 9월 28일의 한 연설에서 김일성은 다음과 같이 추구해야 할 과업을 규정하였다.

> 오늘 우리 조선 인민이 하지 않으면 안 될 임무는 다시 말할 것도 없이 조선의 정치 경제 문화의 모든 부문에 아직껏 뿌리깊이 숨쉬고 있는 악독한 일본 강도놈들의 남기고간 찌꺼기를 뿌리채 뽑아버리며 남조선의 모든 반민주주의적 반동세력을 철저히 때려 부시고 우리 인민 경제를 확립하여 조국의 완전독립을 건설하는 데 있는 것입니다. 이 과업이야말로 조선력사상에 있어서 새로운 시대를 창조하는 위대하고 신성한 전민족적 과업인 것입니다.15)

독립국가 수립에 대한 이런 입장은 남북한의 통일된 국가 수립의 전망이 낮아지고 북한 지역에서 새로운 경제적, 사회적 변화의 조치들이 이루어지던 과정에서 계속 제기되었다. 북한에서 정부가 수립된 해인 1948년 김두봉은 『신국기의 제정과 태극기의 폐지에 대하여』를 저술하였는데 이 책에서 그는 새 국가의 본질적 속성에 대하여 다음과 같이 썼다.

> 우리의 새 국기의 의의를 인식하기 위하여 먼저 우리의 새로 세우는 국

---

14) 김일성, 「모든 힘을 새 민주조선 건설을 위하여—평양시 환영 군중대회에서 한 연설」 (1945. 10. 14).

15) 김일성, 「민주건설의 현계단과 문화인의 임무—제2차 북조선각도 인민위원회 정당사회단체 선전원문화인 련석회의에서」(1946. 9. 28). 이 시기는 미국과 소련이 각각 따로 점령한 남한 지역과 북한 지역 사이에 대립이 증가하고 있었으므로, 남조선의 반동세력을 비판하는 언급이 나타났다.

가의 성질을 간명하게 말하여야 되겠다.

　　오늘날 우리의 새로 세우는 국가는 구한국과 같은 그러한 봉건국가가 아닌 것은 물론이거니와 광대한 노동인민의 권익이 무시된 소위 민주국가라는 자본주의국가와 같은 그러한 국가도 아닌 것이요 1945년 8월 15일 해방과 함께 인민의 자유의사에 의하여 창건된 새로운 국가주권의 형태인 인민위원회를 통하여 주권을 행사하게 되는 진정한 민주국가인 것이다.16)

식민지에서 해방된 상황에서 새로운 민주주의 독립국가 건설은 너무도 당연한 과제였고 이것은 남한에서든 북한에서든 모든 정치사회세력들이 추구하던 목표였다. 다만 이 목표는 시간이 흐름에 따라 저절로 이루어지는 것은 아니었다. 현실적으로 소련의 영향이 강하게 작용하던 상황 속에서 북한에 형성되는 새로운 국가는 이전에 한반도에 존재하지 않았던 집단정체성을 가진 국가였다. 그리고 한반도 전체의 국가가 아닌 한반도 절반인 북쪽 지역에서의 국가 수립은 한반도 전체에도 적용될 수 있는 집단정체성의 담론을 제시할 필요가 있었다. 또한 이 목표를 이루기 위해서는 과거의 사회적 구조를 변화시키는 노력도 필요하였다.

3. 대외 및 대남 인식

해방 직후 한반도의 지식인들은 제2차 세계대전의 종결을 독일 파시스트와 일본 제국주의가 패배한 것으로 해석하였다. 그리고 이에 의한 조선의 해방에 대해서는 소련과 미국의 공헌을 같이 인정하였다. 1945년 10월 13일의 「조선공산당 북부조선 5도연합회에서 한 당조직문제 보고」에 나타나는, "조선의 현재 형편은 첫 임무로 반팟쇼전선을 굳게 한다는 것이나 조선에는 사회주의 국가 쏘련과 자본주의 국가 미국이 함께 들어와 조선을 해방해 주었다"라는 진술에서 그런 인식을 엿볼 수 있다.17)

---

16) 김두봉, 『신국기의 제정과 태극기의 폐지에 대하여』(평양 : 노동신문사, 1948), 2쪽.

17) 이 보고의 발표자가 김일성인가 아니면 김용범인가에 대해서는 논란이 있다. 서대숙, 이

하지만 한반도를 분할점령한 소련과 미국의 대립이 계속되면서 미국의 공헌에 대한 언급은 더 이상 나타나지 않는다. 오히려 소련 군정의 영향과 지지 아래 권력을 장악한 북한 지도부는 소련을 가장 자유스럽고 행복한 국가, 새로운 민주주의의 선구적 국가, 조선민족의 은인이며 위대한 후원자로서 찬양하였다.

김일성은 1945년 11월 7일 「10월혁명 기념식 개회사」에서 소련이 "세계에서 가장 자유스럽고 행복스러운 국가요 평화를 사랑하고 신의를 지키고 또 남의 민족을 존중하는 나라다"라고 찬사를 보내고 "우리는 하루바삐 참된 전인민이 단결하여 민주주의국가를 건설하고 위해한 ['위대한'의 오기로 간주됨―필자] 인국인 쏘련과 영구한 친선관계를 수립하여야 된다"고 소련과의 친선관계 수립을 강조하였다.

해방 1주년을 기념하는 김일성의 보고에서는, "일본 제국주의의 악독한 정치적 압박과 경제적 착취와 문화적 유린"에 대해 이야기하고, 제2차 세계대전에서 승리한 소련의 업적에 대한 찬사가 여러 표현을 가지고 나열되어 있다. 즉 "금반 제2차 세계대전에 있어서의 민주주의연합국의 세계사적 승리는 쏘련인민과 붉은 군대의 결정적 역할로 말미암아 달성된 것입니다." 또한 "이러한 쏘련의 찬란한 승리의 완성은 쏘베트 사회제도의 승리를 말함이요 형제적 협동정신 위에 조직된 쏘련 다수민족국가의 승리를 말함이요 또한 위대한 붉은 군대의 승리를 말하는 것입니다"라고 찬사를 보낸다. 뒤에서는 "또한 세계인민은 금반 제2차대전을 통하야 쏘베트 인민과 붉은 군대의 위대한 지도자 쓰딸린 대원수의 영도가 얼마나 정확하고 천재적이었다는 것을 깊이 깨달았든 것입니다"라고 스탈린에게 높은 찬사를 보내고 있다.[18] 1946년 8월 28일 북조선로동당

완범 공편, 『김일성 연구자료집 : 1945~1948년 문건』, 68쪽 참조. 하지만 본 논문에서는 발표자가 아니라 그 진술내용에 의미를 둔다.

18) 김일성, 「8·15 일주년을 기념하면서 조선동포에게 고함」(1946. 8. 15), 김일성, 『민주주의 인민공화국 수립을 위하여 : 김일성 장군 중요논문집』(평양 : 북조선노동당출판사,

창립대회에서 채택된 「쓰딸린 대원수에게 드리는 편지」에서는 그에 대한 많은 찬양을 하고서 마지막 부분에서 "조선민족의 해방자이며 후원자이고 은인이며 벗인 위대한 쓰딸린대원수 만세!"라고 끝맺고 있다.

소련에 대한 찬양은 이듬해에도 그대로 이어져 나타난다. 1947년 8월 14일 평양 모란봉극장에서 거행된 8·15해방 2주년기념대회에서는 김일성이 전후의 국제정세 변화에 관해 언급하는 가운데 소련이 수행한 위대한 역할을 찬양하고, 동유럽 국가들에서 민주개혁이 실시되고 있다고 연설하였다.

> 전후의 국제정세에서 발생된 가장 중요한 변혁은 첫째로 전세계 인류를 중세기적 야만적 히틀러 독일의 유린으로부터 구원한 위대한 쏘련의 역량의 장성이며, 둘째로 국제반동세력을 반대하는 국제민주력량의 장성과 동구라파와 동남구라파 제국가들에서 실시된 위대한 민주개혁이며, 셋째로 전세계 식민지 예속국가들에서 전개되고 있는 신식민민족해방운동입니다.
> 전후에 있어서 이러한 국제민주세력의 확대와 발전은 가장 중요한 전변입니다.

소련을 위대한 국가로 찬양하는 반면에 미국에 대한 인식과 평가는 아주 부정적인 내용을 나타내었다. 위에서 말한 김일성의 1947년의 8·15 해방 2주년 기념보고에서는 "조선은 위대한 소련군의 힘으로써 해방되었습니다"라고 미국에 대한 찬사를 빼고 조선 해방에 있어서 소련의 역할만을 찬양하였다. 이어서 조선의 정치정세에 대하여 언급하면서, "8.15해방 직후로부터 오늘에 이르기까지 남북조선에서는 각각 상반적인 정치적 경제적 문화적 전변들이 생기고 있습니다"라고 남북조선 간에 차이가 벌어지고 있음을 지적하였다. 남북조선 간에 이런 차이가 나타나는 주요원인으로는, 미국이 점령한 남조선에서 친일파 민족반역자들이 득세하여

1948), 91~124쪽에 수록.

독립국가수립을 방해하고 있는 것으로 보았다.

해방 직후에는 남북간의 통일된 단일 독립국가를 수립하는 것이 모든 사람들의 주요 목표였다. 그러나 미소 간의 대립이 심화되며 남북한 지역 사이에 통일의 가능성이 적어지고 남한과 북한에서 각각 단독 정부를 수립하려는 노력이 증가하면서 남북관계는 점점 더 경색되어 갔다. 이런 상황에서 북한의 지도부는 통일된 국가수립이 이루어지지 못하는 원인을 두고 미제국주의자들의 야심과 남한에서 활동하고 있는 미국추종 세력을 비난하였다. 즉 남한 지역에는 반민족적인 친일파들이 득세하여 미국의 앞잡이로 활동하고 있다고 비판하였다. 예를 들면, 김창만은 「남조선 반동분자들의 책동을 분쇄하자」라는 제목을 붙인 1946년 6월 28일자의 글에서 남한의 사정에 대해서 설명하면서 소위 남조선 반동분자들에 대해서 경멸적으로 묘사하였다.

> 그러나 오늘 남조선에서 되어나가는 모든 형편은 그와는 반대방향으로 나가고 있다. 남조선에 미국사람들이 들어오기 전에 찍찍 소리도 못하고 들어박히었든 남조선의 모든 친일파들 전에 왜놈의 가장 충실하든 앞잡이들 김성수, 안재홍, 장덕수 등 민족반역자들은 미국사람들이 군대를 가지고 남조선에 오자 제세상이나 만난 듯이 거리에 나와 떠들기 시작하였다. 그놈들은 주인을 바꾸었다. 왜놈들의 개로부터 다른 자들의 앞잡이로 그들은 왜놈대신에 미국군정기관의 관리가 되었든 것이다.[19]

한편 김일성은 1946년 8월 15일의 해방 1주년을 기념하는 글에서 남조선의 반동파들을 비난하며 "우리는 승리하기 위하야 싸워야겠습니다. 현 단계에 있어서 우리 조선 인민의 우리 민주주의개혁에 있어서의 기본적 원수는 김구, 이승만 등의 반동파들입니다"라고 남한의 인사들을 비판하였다.[20] 이듬해인 1947년 2월 8일 북조선임시인민위원회 성립 제1주년

---

19) 김창만, 『모든 것은 조국건설에』(평양 : 노동당출판사, 1947), 27쪽.

기념대회 연설인 「조선정치형세에 대한 보고」에서 김일성은, 북조선에서는 짧은 시간 내에 거대한 민주과업들을 이룩하였다고 평가한 뒤 "남조선에서는 친일분자 민족반역자들이 주권을 장악하야 전일본경찰들의 직접 참가하에서 인민들의 민주주의적 표현을 각방면으로 진압하고 있습니다" 또한 "남조선에서는 친일파 민족반역자들이 숙청되는 대신에 그들의 생명을 연장시키는 안전지대가 되었으며 친일파와 반동파들의 정치적 발전과 주권장악의 원천이 되었던 것입니다"라고 말하며 남조선에서의 정치형세를 비판하였다.21)

남한에 대한 이런 인식은 1년이 지난 뒤의 1948년 2월 8일의 조선인민군 창설 열병식에서 행한 김일성의 연설에서도 그대로 유지되고 있다. 김일성은 여기서 "미제국주의자들과 그 주구들이 우리 민족을 분열하고 우리 조국을 다시 식민지화하려는 극악한 책동으로 말미암아 해방된 후 2년이 넘는 오늘날까지 우리 조국의 완전자주독립은 지연되어 왔으며 아직도 조선인민은 군대를 가지지 못하였던 것입니다"라고 말하며 남한에 있는 미국 및 그 주구들이 독립국가의 수립을 방해하고 있다고 비난하였다.

남한 상황에 대한 이런 언급들에서 나타나는 바는, 북조선은 독립국가 수립을 위한 민주개혁을 잘 수행하고 있는데 남한 지역은 미군정의 영향 아래에서 친일파, 반동파들이 득세하여 아무런 변화를 이루지 못하고 있으며 남한의 인민들은 식민지 시대와 다름없는 노예상태에 살고 있다는 비판적 인식이다. 이런 인식에서, 남북한이 하나로 합쳐 통일된 국가를 수립하지 못하는 주 원인은 미국 제국주의자 및 남한의 친일파, 반동파 탓이며 결국 이들을 제거하여야만 한다는 주장이 나오게 된다.

---

20) 김일성, 「8·15 일주년을 기념하면서 조선동포에게 고함」(1946. 8. 15).

21) 김일성, 「조선정치형세에 대한 보고—북조선임시인민위원회 성립 제1주년 기념대회에서」 (1947. 2. 8). 김일성, 『민주주의 인민공화국 수립을 위하여 : 김일성 장군 중요논문집』(평양 : 북조선노동당출판사, 1948), 171~208쪽에 수록.

4. 정치공동체의 영토 범위

해방 후의 상황에서는 한민족 누구나 통일된 독립국가 수립을 원하였다. 이 독립국가의 영토는 식민지가 되기 이전 민족 전체가 함께 살아온 한반도 전체를 다 포함하는 것이었다. 이런 희망은 남한이든 북한이든 모두 가지고 있던 것이었다. 비록 남북한이 38선으로 나누어져 있는 상황이었지만 통일민족국가를 수립하는 것이 목표였기 때문에 새로운 국가의 영토는 한반도 전체를 포함하는 것으로 인식하였다. 현실적으로 통일된 국가를 수립하지 못하지만, 궁극적으로 추구하는 것은 통일된 민족국가였다.

북한의 경우, 1946년 초부터 사회변화를 위한 여러 개혁 조치들을 북한지역에서 시행하였는데, 한편으로는 남과 북에서의 변화의 폭과 속도 등에 있어서 큰 차이가 나타나고, 다른 한편으로는 한반도의 임시정부 구성을 협의하기 위한 미소공동위원회가 결렬되고 그러면서 통일된 국가 수립의 가능성은 더 낮아지게 되었다. 이런 상황에서 북한은, 한반도에서 통일국가 수립이 이루어지지 못한 것은 미국 제국주의자 및 그를 추종하는 남한의 반동세력 때문이라고 계속 비난하여 왔다.

현실적으로 통일국가수립이 되지는 못하였지만 북한의 지도부가 통일국가 수립에 대한 의지를 포기하지는 않았다. 북한 단독의 체제가 형성될 때 영토범위에 대한 분명한 규정은 없었다.[22) 하지만 북한의 새 지도부는 새로운 국가의 영토를 한반도 전체로 규정하고 있었던 것으로 말할 수 있다. 즉 1948년 발효된 헌법 제103조에서는 "조선민주주의인민공화국의 수부는 서울시다"라고 규정하였다. 서울은 오랫동안 조선 왕조의

---

22) 북한의 1948년 헌법의 104개 조항 중 어느 것도 영토경계나 그 범위를 규정하고 있는 조항은 없다.

수도였고, 식민지 시대에도 한반도의 정치·경제·문화 등 모든 분야의 중심지였다. 해방 후 미군이 남한 지역에 들어와 군정통치를 하고 있는 상황에서도 서울은 남한 지역 뿐 아니라 한반도 전체에서 수도의 지위를 차지하고 있었다. 북한의 최초 헌법에서 서울을 수도로 규정한 것은 북한이 체제 형성 시 38선 이남의 남한 지역까지 포함하는 한반도 전체를 북한 국가의 지리적 영토로 간주하고 있었음을 의미한다.23) 즉 북한에서 새로이 형성된 정치공동체는 한반도 전체가 그 지리적인 의미에서의 영토적 경계 속에 포함되는 것으로 인식하였다고 말할 수 있다.

그런데 북한은 지리적으로는 한반도 전체를 그 영토범위로 설정하였지만, 체제의 이념적 정체성은 한반도라는 영역을 넘어서는 것으로 규정하고 있었다. 이것은 공식적 체제 성립 후인 1950년 3월 3일 채택된 형법의 조항에서 엿볼 수 있다.

> **제64조.** 국가주권 적대에 관한 죄라 함은, 조선민주주의인민공화국 주권을 전복, 문란 혹은 약화시킬 목적이거나 또는 공화국의 대외 안전 및 정치적 경제적 제도의 기본을 문란 혹은 약화시킬 목적을 가진 일체의 행위를 말한다.
> 전체 근로자들이 가지는 리해 관계의 국제적 련대성에 비추어 사회주의 국가 및 인민민주주의 제 국가에 적대할 목적을 가진 행위도 역시 이를 국가 주권 적대에 관한 죄로 인정한다.24)

이 조항은, 북한에 대한 적대적 행위 뿐 아니라 북한 인민이 국제적 연대를 가지는 다른 사회주의 국가에 적대적인 행위도 북한에서 범죄라

---

23) 이 규정은 북한의 1972년 헌법에서 바뀌어서, 서울이 아니라 평양을 수도로 규정하였다. 그렇지만 수도 규정을 바꾼 것이 영토의 범위를 바꾼 것은 아니라고 볼 수 있다.

24) 「조선민주주의인민공화국 형법채택에 관하여」(1950년 3월 3일 법령). 이 법령은 조선민주주의인민공화국 최고인민회의 상임위원회, 『조선민주주의인민공화국 법령 및 최고인민회의 상임위원회 정령집(1) : 1948~1950년』(평양 : 최고인민회의 상임위원회, 1954)에 수록되어 있다.

고 규정한 것이다. 이는 새로 형성된 북한 체제가 주장하는 이념적 정체성 또는 궁극적인 체제 목표가 지리적으로 북한 또는 한반도에만 한정되는 것이 아니라 국제적 연대성에 기초한 보편적 속성을 가지는 것으로 생각하고 있었다는 것을 보여준다.[25]

5. 정치적 시민의 범위

새로운 국가 또는 정치공동체가 형성되면 그것에 포함되는 정당한 시민의 범위가 설정된다. 대개의 경우 지리적 영토의 범위와 인적 구성원의 범위가 일치한다. 즉 일정한 지리적 영토에 거주하거나 살고 있는 사람은 정치공동체의 정당한 시민으로서 인정된다. 북한의 경우 체제형성을 시도하면서 새로운 정치공동체의 정당한 시민 자격을 설정하였다. 일본의 식민지에서 해방된 상황에서 민족은 가장 기본적인 본원적 자격요건이 되었다. 그러나 한민족이라는 것이 전적인 기준은 아니었다.

새로 형성되는 국가에서 정당하게 인정될 수 있는 공동체 구성원은 일정한 사회계급적 요건을 갖추어야 했다. 즉 개개인의 시민적 정체성 획득에는 본원적인 기준으로서 민족뿐만 아니라, 새 체제가 지향하는 이념에 따라 사회계급적 출신성분이 중요한 요소로 제시되었다. 구체적으로는 지주, 친일세력들에게는 공동체 구성원으로서의 정당한 자격을 인정하지 않았다. 새로운 국가 건설에서 주도적 역할을 할 세력은 '노동자, 농민, 그리고 진보적 지식인(인텔리겐챠)'이라고 제시되었다. 혈통적, 문화적으로 한민족이라 하더라도 사회계급적 배경이 위의 세 범주에 포함되지 않으면 새로운 국가형성과정에서 정당한 구성원으로서 참여할 수

---

25) 이런 형법 규정은 상징적 의미를 많이 가지고 있는 것으로서 북한정권의 실질적 통치권이 미치는 영역 이외 다른 나라에 적용하기는 현실적으로 어려웠을 것이다, 이 규정은 오히려 북한을 인정하지 않는 남한의 집권정치세력에 더 적용될 수 있었을 것으로 보인다.

있는 시민자격이 인정되지 않았다.

노동자 및 농민들에게 새로운 국가의 정당한 시민으로서의 자격을 부여한 것은 새로운 체제가 내세우고 지향하는 사회주의 이념에서 나온 것이라 볼 수 있다. 지식인은 그가 새로운 사회를 위해 기여할 때 정당한 시민으로서의 자격이 인정되었다. 지식인들의 역할에 대한 인식은 다음과 같은 연설내용에서 엿볼 수 있다.

오늘날 조선에 있어서 크게 들어 두 가지 전선이 있다. 하나는 정치전선이며 다른 하나는 문화전선이다. 당신들은 정치전에도 중요한 책임을 가졌을 뿐만 아니라 문화전에 있어서도 가장 중요한 임무가 있는 것이다. 오늘날 조선에 있어서는 당신들이 입을 통하여 당신들이 붓대를 거쳐서 조선사회를 뒷걸음질시키려는 반동세력을 치는 책임이 있으며 민주주의적 발전을 위한 새 사회를 움직여 나아가는 추동의 힘도 당신들에게 있는 것이다.[26]

즉 지식인들은 새로운 국가 건설과정에서 문화적으로 사상적으로 기여하는 역할을 부여받았고 또 이로써 새로운 체제에 참여하는 정당한 자격이 인정되었다.

이런 계급성의 기준은 정치체제 내 중요 국가기구의 충원과정에서 구체적으로 적용되었다. 예를 들면, 국가의 무력을 행사하는 핵심기구인 군대 즉 북한의 인민군대의 대원 모집에서도 적용되었다. 서흥군 인민위원회가 각면 인민위원장에게 보낸 「인민군대 대원 모집사업에 관하여」(1949년 2월)라는 극비문건에서, 민족보위성에서 인민군대를 모집하는 데 있어서 각 면민위원회와 면민청에서 책임지고 모집할 것을 지시하고 있는데 그 모집요강에는, 모집연령은 "만 18세 이상~25세까지"로 규정하

---

26) 김일성, 「북조선 각도인민위원회 정당사회단체 선전원 문화인 예술가 회의에서 진술한 연설(요지)」(1946. 5. 24) 김일성, 『조국의 통일독립과 민주화를 위하여. 제1권』(평양 : 국립인민출판사, 1949), 57~58쪽.

고 다음으로, "출신성분은 로동자 빈농민으로서 사상적으로 믿을 수 있으며 신체건강한 자, 이남 가족 및 친척관계가 없으며 정치적으로 믿을 수 있는 자로 하되 로동성분을 30% 이상 보장할 것"이라고 규정하고 있다.27) 이 문건이 보여주는 것은 국가의 중요한 핵심 기구의 하나인 군대의 하급 구성원의 선발에도 계급성에 따른 차별적인 기준이 적용되었다는 것이다.

요컨대, 새로 형성하는 국가의 구성원 집단의 전체적 경계는, 대외적으로는 민족이라는 본원적 기준이 적용되었지만 각각의 구성원은 사회계급적 기준에 따라 차별적으로 정치적, 시민적 자격이 인정되었다. 민족은 혈연적, 문화적 공동체이지만 새로 성립되는 정치, 경제, 사회 질서에서는 체제가 지향하는 새로운 이념에 따라 과거 왕조시대나 식민지 시대와는 다른 정치적 시민성이 구성되었던 것이라고 말할 수 있다.

V. 대내적 개혁 추구와 사회적 저항

1. 대내적 개혁을 통한 새 질서 수립

새로운 이념과 목표에 따라 새로이 체제를 형성하는 것은 정치세력 구성에서의 변화와 함께 경제적, 사회적 질서의 변화를 수반한다. 해방 직후 국내파 공산주의 세력의 지도자인 박헌영은 「현 정세와 우리의 임무」(1945년 8월 20일)에서 조선혁명의 현 단계에 대해 다음과 같이 규정하였다. "오늘 조선은 부르주아민주주의혁명 단계에 있다. 이 혁명의 가장 중요한 과업은 완전한 민족적 독립의 달성과 농업혁명의 완수이다. 즉 일본제국주의 완전한 추방과 토지문제를 해결하는 새정권 수립이다." 이어서 그는, 대지주들의 토지몰수를 주 내용으로 하는 토지개혁, 출판, 언

---

27) 서흥군 인민위원회, 「인민군대 대원 모집사업에 관하여」(1949. 2).

론, 비판, 집회 및 시위의 자유에 대한 권리 획득, 공산당의 합법화 및 정부정책에의 참여권 획득, 일일 8시간 노동의 실현, 일본 식민주주의자들의 재산몰수와 국유화 조치, 의무교육실시, 여성들의 역할 강화, 소득의 크기에 따른 세제 실시, 군대의 조직 등의 과업들이 필요하다고 역설하였다.[28]

하지만 새로운 사회질서 수립에 대한 박헌영의 이런 구상은 남한에서는 받아들여지지 않았고 북한에서 추진되었다. 그런데 북한에서 이 과업은 국내파 공산주의자들이 아니라 김일성 중심의 새 정치세력에 의해 추진되었다. 소련의 지원 아래 이들은 경제적, 사회적으로 여러 개혁 조치들을 시행함으로써 새로운 국가를 위한 정치적, 경제적, 사회적 토대를 마련하였다. 해방된 지 반년 밖에 지나지 않은 1946년 초부터 여러 개혁 조치들이 나타났다. 공식적으로 이 조치들은 1946년 2월 8일 조직된 북조선임시인민위원회 주도로 시행되었다.

모스크바 3상회의 결정에 의거하여 미소공동위원회가 3월 20일 서울에서 개최된 상황에서 1946년 3월 23일 「20개조 정강」이 북조선임시인민위원회 명의로 발표되었다.[29] 이 정강은 정치, 경제, 사회, 교육, 보건 등 부문에서 향후 구성될 조선임시정부가 실현해야 할 기본 원칙들을 제시하고 있었다. 그 중 아홉 번째 항목은 "대기업소, 운수기관, 은행, 광산, 산림을 국유로 할 것," 열한 번째 항목은 "일본인, 일본 국가, 매국노 및 계속적으로 소작을 주는 지주들의 토지를 몰수할 것이며 소작제를 철폐

---

28) 박헌영, 「현정세와 우리의 임무」(1945. 8. 20), 이정박헌영전집편찬위원회 편, 『이정 박헌영 전집, 2』(서울 : 역사비평사, 2004). 47~56쪽. 이 전집에 실린 박헌영의 이 글은 1945년 8월 20일에 박헌영이 처음 쓴 한글원문을 당시 주서울 소련영사관에서 노어로 번역하여 보고한 것을 다시 우리말로 번역한 이중 번역본이다.

29) 20개조 정강은 『조선인민보』(1946.3.13)에 처음 수록되었는데, 김일성, 『조국의 통일독립과 민주화를 위하여. 제1권』(평양 : 국립인민출판사, 1949), 21~24쪽에 재수록되었다. 그리고 서대숙·이완범 공편, 『김일성 연구자료집 : 1945~1948년 문건』, 115~116쪽에도 수록되어 있다.

하고 몰수한 일체 토지를 농민들에게 무상으로 분배하여 그들의 소유로 만들 것"이라는 내용을 담고 있었다. 이런 원칙들은 1946년 토지개혁을 시작으로 실현되어 나갔으며 이후 각종의 개혁조치들 즉 토지개혁, 중요산업의 국유화 조치, 남녀평등권 법령, 노동법령 등이 시행되었다.

제일 먼저 시행된 것은 "무상몰수 무상분배"에 의한 토지개혁이었다. 앞서 말한 20개조 정강 발표 이전인 1946년 3월 5일 시행된 토지개혁은, 일제 소유의 토지는 무조건 몰수하고, 조선인 지주의 토지에 대해서는 5정보 이상의 토지를 몰수하여 일제 잔재를 청산하고 봉건적 생산관계를 변화시켰다. 법령 시행 후 3월 20일 종결된 토지개혁에서 소작인과 고농을 중심으로 하는 농촌위원회가 중심이 되어 토지개혁을 실시함으로써 농촌지역에 공산당 조직을 확대할 수 있었고 "무상몰수 무상분배"를 통해서 땅 없는 농민들에게 땅을 나누어 준 것은 농민들로부터의 지지 획득에 중요하게 작용하였다.

사회 부문에서의 조치들 중 대표적인 것은 1946년 6월 24일의 「노동자 및 사무원에 대한 노동법령」, 6월 27일의 「농업현물세에 관한결정서」, 7월 22일의 「남녀평등권에 대한 법령」이었다. 이어서 1946년 8월 8일 「중요산업 국유화에 대합 법령」이 발표되었는데 공식적으로 국유화 대상은 일본회사 및 일본정부와 협력한 조선인 자본가들 회사였으나 사실상으로는 거의 모든 대기업과 중소기업이 국유화 대상이 되었다.

이런 새로운 조치들은 북한이 해방된 지 1년이 채 지나지 않아 시행되었고, 이로써 북한 지역은 남한 지역보다 빨리 새로운 체제 형성을 위한 경제적, 사회적 기초를 마련하였다. 이런 변화조치들이 가지는 정치적, 사회적 의미는 민주주의 조선 건설의 기초를 마련하는 것으로서 정당화되었다. 김일성은 「토지개혁사업의 총결과 금후과업」에서 토지개혁은 민주주의 조선 건설의 기초가 되는 것으로, 즉 북조선민주주의의 기초가 될 뿐 아니라 전조선 민주주의 건설의 기초가 된다고 그 성격을 규정하였다.[30] 북한에서 공식적인 정부 수립 이전에 시행된 이런 개혁조치들은 남한과의 관계 및 통일국가 수립이라는 측면에서 민주기지 건설로서 정당화되었다.

그리고 북한 내부적으로는, 한편으로는 그 이전까지의 기득권 사회 세력들을 사회적으로 무력화시키거나 제거함으로써 향후 전개되는 변화 및 체제 형성과정을 보다 용이하게 추진할 수 있게 하였고, 다른 한편으로는 새로 형성되는 질서에 대한 인민들의 지지를 확보하기 위한 것이었다고 볼 수 있다. 북한의 이런 조치들은 남한보다 훨씬 빨리 이루어졌고, 또 이런 변화 덕분에 북한은 남한보다 빨리 새로운 정치적, 경제적 질서를 구축해 나갈 수 있었던 것으로 판단된다.

2. 변화에 대한 사회적 저항

정치사회적 질서의 급격한 변화는 이에 대한 저항을 초래하기 쉬운데 해방 직후 북한에서 변화를 추진하던 초기에 인민들로부터의 저항이 없지 않았다. 초기에 나타난 사회적 저항 중 대표적인 것이 1945년 11월 23일 발생한 신의주 학생들의 시위사건이다. 이것은 소련군 점령하의 초기 북한에서 전개되던 여러 변화 조치들에 대한 불만이 나타난 것이라 볼 수 있다. 이런 불만의 표현은 다른 지역에서도 나타났지만 대규모적인 저항운동으로 발전하지는 않았다.[31]

해방 후 북한에서 변화의 시도는 비교적 일찍 나타났다. 즉 위에서 논의하였듯이 안정된 국가체제가 자리잡기 전에 여러 경제적, 사회적 조치

---

30) 김일성, 「토지개혁사업의 총결과 금후과업—조공 북조선분국 제6차 확대집행위원회에서의 보고」(1946. 4. 10).

31) 김일성은 1945년 12월 17일 조선공산당 북조선분국 제3차 확대집행위원회에서의 보고에서 당활동에서 군중들 사이에서 교양사업을 잘 하지 못하는 때문에 나타난 결과로서 신의주사건의 예를 들고 있다. 김일성, 「북부조선당 공작의 착오와 결점에 대하야—조공 북조선분국 중앙 제3차 확대집행위에서의 보고」(1945. 12. 17) 참조.

들이 시행되었다. 북한에서 1946년 봄부터 여러 개혁적 조치들을 시행하였는데 이런 조치들은 당시의 사회적, 경제적 구조를 급격하게 바꾸는 것이었다. 토지개혁, 국유화조치, 남녀평등권법령, 노동법령 등의 조치들은 사회를 구성하는 주요 집단들 또는 세력의 경제적 기반을 바꾸는 것으로서 일반적으로는 큰 저항을 불러일으킬 수 있는 조치들이었다.

특히 해방된 지 7개월 후 1946년 3월 시행된 "무상몰수 무상분배"의 토지개혁은 북한 내에서 지주들을 중심으로 하는 기득권 세력의 경제적 기반을 무너뜨리고 또 이들을 정치적으로 무력화시킨 것이라고 볼 수 있다. 사실상 기득권 세력은 식민통치하에서의 일제에 협력한 기득권 세력이었기 때문에 해방된 이후에는 사회적으로 그들의 도덕적 자산을 상실하였다고 볼 수 있다. 따라서 이들이 급진적 변화에 대한 저항을 주도하기에는 한계가 있었고 소련군대가 북한의 변화를 뒤에서 통제하고 있는 상황에서 집단적인 물리적 저항은 더욱 어려웠다고 볼 수 있다.

토지개혁에 관한 김일성의 글에서 당시 땅을 가진 지주들에 의한 저항 활동의 일부를 엿볼 수 있다. 토지개혁 과정 중의 결점과 경험교훈에 대해 언급하면서 김일성은 "'토지개혁'이 있은 후로 계급투쟁은 더욱 첨예화해졌다. 농민들은 지주를 미워하고 지주들은 최후발악을 하는 것이다"라고 말하고 몇 가지 사례를 언급하고 있다.32) 여기에 나타난 김일성의 언급이 전국적 상황을 다 나타내지는 않지만 토지개혁 과정에서 불만을 가진 일부 지주들로부터 저항이 분명히 있었음을 보여준다.

당시 사회상을 보여주는 또 다른 자료로서, 1946년 4월 강원도검찰소가 사법책임자회의를 위해 작성한 보고서가 있는데 이것을 통해서 당시

---

32) 김일성, 「토지개혁 사업의 종결과 금후 과업—조공 북조선분국 제6차 확대집행위원회에서의 보고」(1946. 4. 10). 이 보고에서 김일성은 토지개혁 사업의 역사적 의의와 성과를 언급한 뒤 토지개혁 시행과정에서 나타난 몇 가지 문제들에 대해서 언급하고 있다. 즉, 좌경적 오류, 우경적 오류, 당선전사업의 부족, 통일전선에 대한 이해의 부족 등을 지적하고 있다.

의 사회상을 일부 엿볼 수 있다. 보고서 중 실무수행상황에 대한 내용에서 범죄발생 통계 및 중요 사건에 대한 간략한 기록들이 포함되어 있다. 그 중 "정치범"과 "토지개혁실시에 관한 범죄"에 대한 기록을 인용하면 다음과 같다.33)

(다) 정치범
(1) 한국임시정부광복군 소속 반동테로분자 등 암약사건
(2) 한국민주당 관계 반동분자 내금강(內金剛)사건
(3) 김화(金化) 반공반소토지개혁반대선전문(反共反蘇土地改革反對宣傳文) 사건
(4) 평강(平康) 신탁통치반대 테로선전문 사건
(5) 이천(伊川) 자유동맹사건
(6) 백색테로분자 체포사건

이상 사건은 검찰소 보안부에서 수사착수 증거수집 후 긴밀한 연락리에 소련군 반혁명분자취체소(反革命子取締所)에 이송중에 있고 동소(同所)에서 사건취급 중.

(라) 토지개혁실시에 관한 범죄
(1) 전반적으로 토지개혁에 반대하는 사건은 극소수에 불과하고 차(此) 기회를 계기로 지주들의 반동을 견제하기 위하야 성출 미납 혹은 은닉 지주에 대하여서는 3월 30일부터 지주 8명 취체 중이나 기중 7명은 38이남으로 도주하여 취급불능이고 성출 미납자 4인에 대하여는 구속수사중인대 수사결과에 딸아 기소예정이다.
(2) 철원군 철원읍 월하리 거주 김응환에 대한 사법국 농림국 보안국 포고 제1호 7조 위반 사건인 바
① 1945년도 소작료 중 정조 약 백 입(叺)여를 자가반입하야 1946년 3월 중순까지 약 50입(叺)을 소비하고 약 50입(叺)을 성출 미납 중에도 불구하고 1946년 3월 16일 자기 인가(隣家) 친우 신근 가 지하실에 은닉한 사실로 3월 27일 구(求) 공판 중.

---

33) 강원도검찰소, 「북조선 제2차 사법책임자회의 강원도사업보고서(검찰소 관계)」(1946. 4. 20). 원문서는 제목과 내용 모두 한자를 포함하고 있으나 여기서는 전부 한글로 표기하고 특정한 지명 및 오해의 여지가 있는 부분은 괄호 속에 한자를 부기하여 인용한다.

위에서 말한 강원도검찰소의 보고서는 토지개혁 후 인심의 동향에 대하여 다음과 같은 내용도 포함하고 있다.

> 도내 인심에 심의(心意) 동향은 좋은 편이다. 무론 전재산을 몰수당한 대지주 또는 반동분자의 편동(偏動)이 보이나 그것을 극소수이고 그에들도 임이 단념하고 있엇듯 것은 사실이다. 최근에 현저한 예를 들면 피몰수자 및 소위 기회주의적 인물들이 자연적 위축과 일대 충격을 받었든지 지방을 떠나 남선(南鮮)으로 가는 자가 비일비재한 현상이다.

이상의 기록이 토지개혁 실시 또는 직후의 북한의 사회상 전반 또는 북한 다른 지역의 상황을 보여주지는 않지만, 여기에서 당시의 사회상을 일부 엿볼 수 있다. 즉 해방 후 북한 지역에서 정치적으로 소련의 군정 통치를 반대하거나 신탁통치를 반대하거나, 급격하게 시행된 토지개혁에 대해 불만을 가진 사람들이 있었음을 알 수 있다. 이런 반대는 자신들의 권리나 재산을 박탈당한 사람들, 특히 지주들에 의해 이루어졌지만, 저항이나 반대에 의한 행동이 사회전반으로 확대되어 체계적인 반대운동으로 발전하지는 않았던 것으로 보인다. 오히려 재산을 빼앗긴 지주들은 남한 지역으로 도피하는 방식을 택하였다. 반대로 토지개혁에서 새로운 땅을 분배받은 받은 다수 농민들은 이 조치에 비교적 만족했던 것으로 나타난다.

전체적으로 볼 때 북한에서 1946년 본격적인 개혁 조치가 시행될 때 광범위한 저항운동은 나타나지 않았다. 식민지 시대 농업경제를 장악했던 일본인 지주들은 다 물러갔으며 급진적인 변화에 대한 저항에서 이를 지도하거나 중심적 역할을 할 수 있는 사회세력은 이미 붕괴되었고, 남쪽의 정치세력이나 외부로부터의 반대운동 지원도 없었기 때문에 북한의 변화는 비교적 신속하게 진행될 수 있었다고 말할 수 있다.

VI. 결 론

본 연구는 공식문건을 바탕으로 해방 직후부터 공식적인 정부가 수립하는 1948년까지의 3년간의 기간을 중심으로 북한 지역에서 집단정체성이 어떤 내용으로 형성되었는가를 고찰하였다. 해방 후 한반도의 남과 북에서 시도된 새로운 체제형성과 집단정체성 형성을 근대화라는 시각에서 본다면 20세기에 들어서면서 제국주의에 의해 근대적 민족국가 형성이 부정되었던 한민족이 해방과 더불어 민족국가 형성과 함께 새로운 근대적 정체성을 추구하는 하나의 노력으로 볼 수도 있다. 즉 19세기 근대국가를 형성하는 과정에서의 세계의 다른 민족들이 그러했듯이 전통적 사회질서가 무너지고 근대적 민족국가 체계 속에 편입되는 과정에서 새로운 집단정체성을 확립하려는 노력으로 볼 수 있다.

하지만 그 노력은 국제정치의 현실에서 벗어날 수 없는 한계를 가지고 있었다. 즉 해방 후의 상황에서 당시 한민족이 가졌던 이상은 통일민족국가 수립이었지만 미국과 소련 두 강대국의 분할점령에 따른 분단이 계속되는 가운데 현실적으로 통일국가의 수립이 어려워졌다. 따라서 남한과 북한은 서로 다른 집단정체성을 구성하며 상이한 정치, 사회질서를 수립하였다. 북한의 경우 남한을 배제한 북한 단독의 정부를 수립하였고 현실적으로 정치적 권력이 작용할 수 있는 영토적 범위 내에서 새로운 집단정체성이 제도화되었다.

해방 직후 북한에서의 집단정체성 형성에서 나타나는 특징적인 점을 몇 가지로 요약해 볼 수 있다. 첫째, 비교적 일찍부터 정치적 권력을 장악한 특정한 세력이 체제형성과 집단정체성 형성을 주도하였다는 점이다. 북한에서 체제형성을 주도한 세력은 국내에서 오랫동안 활동해 왔던 공산주의자나 민족주의자 세력이 아니라 해방 후 북한으로 들어와 정치권력을 장악한 김일성 중심의 빨치산 세력이었다.

둘째, 북한에서 체제형성을 주도한 세력은 신분제 사회질서에 바탕을 둔 과거의 왕조시대를 부정하였고 또한 일제통치하의 식민지 시대의 정치사회 질서도 부정하였다. 이들은 중국의 만주 지역에서 중국공산주의자들과 함께 무장항일투쟁을 한 경험을 가지고 있었고 일본군의 토벌에 밀려 소련으로 들어가서는 소련군에서 교육과 훈련을 받았다. 이런 경험과 배경을 가진 주도세력은 북한에서의 새로운 집단정체성 형성과정에서 왕조시대와 식민지시대의 집단정체성을 인정하지도 따르지도 않았다.

셋째, 국제정치의 현실이 부과하는 외세의 영향을 받을 수밖에 없었던 상황에서 북한을 점령하고 있던 소련의 영향이 강하게 나타났다. 한반도에서 남북한이 미국과 소련의 영향 하에서 각각 새로운 정치사회질서를 형성할 때 북한의 지도부는 새 정치질서가 지향하는 인민민주주의의 이상적 국가로서 소련을 찬양하면서 보편적 가치로서의 사회주의 실현이라는 궁극적 목표를 내세우고서 "반제국주의"와 "반봉건"을 새 체제의 실천적 담론으로 제시하였다. 이와 동시에 남한을 점령하고 있는 제국주의자 미국은 남한에서 과거의 집단정체성의 틀을 벗어나지 못하고 친일파와 반동세력들을 온존시키고 있다고 비판하였다.

넷째, 영토성의 측면에서는 민족의 본원적 공통성을 바탕으로 하는 정치공동체의 복원을 전제로 하고 있었다. 북한의 지도부가 내세운 통일된 자주독립국가의 수립이라는 점에서 볼 때 남한 지역을 제외한 북쪽에서만의 국가수립은 미완성을 의미하였고, 이런 점에서 영토적 경계 범위는 남한까지 포함하여 한반도 전체로 설정하였던 것으로 보인다.

다섯째, 새로운 이념을 추구하면서 새로운 국가의 구성원 자격에 있어서는 이전의 정치사회질서에는 존재하지 않았던 계급성에 따른 새로운 시민성의 기준이 제시되었다. 동일한 민족집단의 구성원이라는 사실이 북한의 내부적 정치, 경제, 사회 등 모든 부문에서 개개인들에게 인정되는 시민성의 포괄적인 유일한 기준으로 적용되지는 않았다. 즉 '민족'이라는 기준과 더불어 '계급성'이라는 기준이 적용되었다. 이 계급성의 기준은 새로운 질서가 실현하고자 하는 사회주의 이념과 관련이 있었다. 소련이라는 이상적인 사회주의 국가가 보여준 것처럼 사회주의 이념의 실현은 세계적인 보편성을 가진 것으로 이해되었고 북한에서 새로운 사회주의적 정치사회질서를 수립하는 데 핵심적인 기준으로 작용하였다.

여섯째, 체제형성 초기 급진적 개혁조치를 통해서 정치사회세력의 구성을 변화시킴으로써 새로운 체제의 안정성을 확보하는 한편 집단정체성이 현실에서 제도화할 수 있는 바탕을 마련하였다. 해방 직후 개혁의 추진과정에서 북한체제는 민족의 구성원들에게 동등한 시민적 자격을 부여한 것이 아니라 사회경제적 출신배경에 따른 차별을 두었다. 토지 및 재산을 가지지 않은 노동자와 농민을 새로운 체제의 중심적 사회구성 집단으로 규정한 반면, 지주, 부르조아 등 재산을 가진 집단은 도태되어야 할 대상으로 규정하였고 그들의 사회적 영향력을 박탈하고 정치적 권력에서 배제하였다. 이런 노력은 남한보다 빨리, 또한 급진적으로 이루어져 대규모적인 저항이 없이 새로운 체제의 안정성이 상대적으로 빨리 확보되었다.

체제 형성 이후 북한의 집단정체성이 불변의 상태로 유지되어 오지는 않았던 것으로 볼 수 있다. 특히 1950년대 중반 이후 주체사상이 북한의 중심적 이념으로 체계화된 이후에는 북한의 집단정체성담론은 보다 더 체계적으로 다듬어져 정교한 논리를 갖추고 대내적 및 대외적 측면에서 북한이 택하는 정책과 행동은 주체사상을 기준으로 이루어졌다. 1990년대 중반 김일성의 사망 이후에는 북한의 경제적 어려움 및 국제적 환경 변화에 따라 주체사상은 북한의 집단정체성 담론에서 그 역할이 줄어들고 있는 것으로 보인다. 그렇지만 해방 직후에 형성된 집단정체성의 기본적 내용은 북한에서 아직까지 유효한 것으로 남아 있다. 해방 직후 시기에도 그러하였지만 북한은 집단정체성의 측면에서 남한보다 과거를 잘 청산하였다는 점을 주장하며 남한보다 우위에 있음을 계속 주장해 왔다. 이런 점에서 볼 때 북한의 초기 집단정체성 형성에 대한 이해는 체제형성 이후 북한의 발전과정 뿐 아니라 오늘날의 북한의 대내적 정책 및 대외적 행태를 이해하는 데 필요한 작업으로서의 의의를 가진다.

본 논문은 해방 직후 작성된 공식문건들을 통해서 북한의 집단정체성 형성의 특징과 내용을 파악하려고 시도하였다. 공식문건은 당시 정국을 주도한 정치세력의 정치적 주장과 입장을 살피고 이해하는 데 도움이 된다. 하지만 공식문건으로부터 해방 직후 북한에서 전개되었던 정치·사회 상황에 대한 모습 전부를 알아내는 데는 한계가 있다. 특히 새로운 질서와 집단정체성을 구성하는 과정에서 주도세력에 미친 외부의 영향이 어느 정도의 비중을 차지하는지, 그리고 위로부터 추진된 급진적 변화와 새로운 질서수립 과정에 대한 저항이 누구에 의해서 어느 정도로 어떤 방식으로, 또 어느 시기에 나타났는가에 대해서는 자료가 충분치 않다. 따라서 본 논문에서 살펴 본 바의 해방 직후 북한에서의 집단정체성 형성 및 그 특징은 당시 권력을 장악한 주도세력과 외부세력 특히 소련과의 관계, 그리고 다른 정치사회 세력이나 일반 사람들이 변화에 대해서 어떻게 반응하고 행동하였는가를 보여주는 자료의 발굴을 통해서 보완할 여지가 있음을 마지막으로 부기한다.

참고문헌

1. 일반도서 및 논문

국가안전기획부,『북한의 '민족주의' 선전자료집』, 1995. 12.

김남식,「해방 전후 북한 현대사의 재인식」, 김남식 외,『해방전후사의 인식 5 : 북한편』(서울 : 한길사, 1989).

김성보,「북한의 민족주의 세력과 민족통일전선 운동 : 조선민주당을 중심으로」,『역사비평』, 36호, 1996.

김일평 외,『북한체제의 수립과정 1945~1948』(서울 : 경남대학교 극동문제연구소, 1991).

김진향,「한반도 통일과 남북한의 민족개념 문제」,『아세아연구』, 제43권 제2호, 2000.

김창근,「북한 지도부의 민족·민족주의 담론 : 특징과 의미」,『북한연구학회보』, 제7권 제2호, 2003.

백학순,「중국내전시 북한의 중국공산당을 위한 군사원조 : 북한군의 파병 및 후방기지 제공」,『한국과 국제정치』, 제10권 1호, 1994.

서대숙,「소련 군정 : 개설」,『아시아문화』, 제8호, 1992.

서대숙 저, 서주석 역,『북한의 지도자 김일성』(서울 : 청계연구소, 1989).

서대숙·이완범 공편,『김일성 연구자료집 : 1945~1948년 문건』(서울 : 경남대학교 극동문제연구소, 2001).

서주석,「소군정기 권력투쟁과 공산당의 국가건설」, 한국정신문화연구원 편,『북한해방 8년사 연구』(서울 : 백산서당, 1999).

안드레이 란코프 저, 김광린 역,『소련의 자료로 본 북한 현대정치사』(서울 : 오름, 1995).

이재훈, 「해방 직후 북한 민족주의 세력에 대한 소련의 인식과 정책」, 『역사비평』, 70호, 2005년 봄.

전현수, 「쉬띠꼬프 일기가 말하는 북한정권의 성립과정」, 『역사비평』, 32호, 1995년 가을.

Anderson, Benedict. *Imagined Communities.* 2nd. ed. New York : Verso, 1991.

Calhoun, Craig. "Nationalism and Identity." *Annual Review of Sociology.* vol. 19, 1993.

Cerulo, Karen A. "Identity Construction : New Issues, New Directions." *Annual Review of Sociology.* vol. 23, 1997.

Dawisha, Adeed. "Nation and Nationalism : Historical Antecedents to Contemporary Debates." *International Studies Review.* vol. 4, issue 1, 2002.

Gellner, Ernst. *Nations and Nationalism.* Ithaca, N.Y. : Cornell University Press, 1983.

Greenfeld, Liah. *Nationalism : Five Roads to Modernity.* Cambridge : Harvard University Press, 1992.

Parekh, Bhikhu. "Discourses on National Identity." *Political Studies.* vol. 92, no. 3, 1994.

Smith, Anthony D. "Culture, Community and Territory : the Politics of Ethnicity and Nationalism." *International Affairs.* vol. 72, no. 3, 1996.

______, *National Identity.* Reno : University of Nevada Press, 1991.

______, *The Ethnic Origins of Nations.* Oxford : Basil Blackwell, 1986.

2. 공식문서 및 원전자료

강원도검찰소, 「북조선 제2차 사법책임자회의 강원도사업보고서(검찰소

관계)」, 1946. 4. 20.

김두봉, 『신국기의 제정과 태극기의 폐지에 대하여』(평양 : 노동신문사, 1948).

김일성, 『민주주의 인민공화국 수립을 위하여 : 김일성 장군 중요논문집』 (평양 : 북조선노동당출판사, 1948).

______, 『조국의 통일독립과 민주화를 위하여. 제1권』(평양 : 국립인민출판사, 1949).

______, 「모든 힘을 새 민주조선 건설을 위하여─평양시 환영 군중대회에서 한 연설」, 1945. 10. 14.

______, 「10월혁명 기념식 개회사」, 1945. 11. 7.

______, 「북부조선당 공작의 착오와 결점에 대하야─조공 북조선분국 중앙 제3차 확대집행위에서의 보고」, 1945. 12. 17.

______, 「토지개혁사업의 총결과 금후과업─조공 북조선분국 제6차 확대집행위원회에서의 보고」, 1946. 4. 10.

______, 「조선임시정부수립 앞두고 20개조 정강 발표」, 1946. 3. 23.

______, 「북조선 각도인민위원회 정당사회단체 선전원 문화인 예술가 회의에서 진술한 연설(요지)」, 1946. 5. 24.

______, 「8·15 일주년을 기념하면서 조선동포에게 고함」, 1946. 8. 15.

______, 「민주건설의 현계단과 문화인의 임무─제2차 북조선각도 인민위원회 정당사회단체 선전원문화인 련석회의에서」, 1946. 9. 28.

______, 「조선정치형세에 대한 보고─북조선임시인민위원회 성립 제1주년 기념대회에서」, 1947. 2. 8.

______, 「8·15해방 2주년 기념보고」, 1947. 8. 14.

______, 「조선인민군 열병식에서 진술한 김일성 위원장의 연설」, 1948. 2. 8.

김창만, 『모든 것은 조국건설에』(평양 : 노동당출판사, 1947).

박헌영, 「현정세와 우리의 임무」(1945. 8. 20). 이정박헌영전집편찬위원회 편, 『이정·박헌영 전집, 2』(서울 : 역사비평사, 2004).

서흥군 인민위원회, 「인민군대 대원 모집사업에 관하여」, 1949. 2.
조선민주주의인민공화국 최고인민회의상임위원회, 『조선민주주의인민공
　　　화국 법령 및 최고인민회의상임위원회 정령집(1) : 1948～1950년』
　　　(평양 : 조선민주주의인민공화국 최고인민회의상임위원회, 1954).

중국의 한국전쟁 관련
문헌자료 현황과 연구동향 분석

차 례

중국의 한국전쟁 관련 문헌자료 현황과 연구동향 분석

우 병 국

I. 서 론

그 동안 학계에서의 한국전쟁에 관한 연구는 초기에는 미국을 중심으로 한 서구에서 발원한 전통주의와 수정주의를 위주로 하여 각자의 논지를 전개해 왔으며, 냉전 종식 후 관련 자료의 공개로 이득을 누린 후속 연구자들의 비판과 거기에 따른 수정·보완을 중심으로 전통주의에 고증을 더하여 '후기 수정주의'가 대안적 논의로 자리를 잡아왔다.[1]

한편 중국에서의 한국전쟁 연구는 자체의 폐쇄적인 '특수 환경' 하에서 나름대로 독특한 발전과정을 거쳤으며 현재는 기존의 독자적인(고립된) 관방의 연구와 국제사회의 연구 동향에 궤를 접목시킨 일부 민간학자들의 연구가 병존하면서 발전하는 방향으로 나아가고 있다고 할 수 있다.[2]

---

1) 국내에서의 한국전쟁 연구의 맥락을 분석한 최근의 글로는 이완범, 「한국 국내의 6·25 전쟁 연구 동향」, 『軍史』 제55호(2005. 6), 29~59쪽 참조.

냉전종식 후 구소련의 비밀문서들이 대량으로 공개됨에 따라 기존의 한국전쟁 연구에 새로운 피를 수혈한 격이 되어 이 방면의 연구가 재차 활기를 띠게 되었음은 주지의 사실이다. 그러나 한국전의 직접적인 당사자라고 할 수 있는 중국은 여전히 관련문서의 원본을 공개하지 않고 있다. 그나마 다행인 것은 중국이 갈수록 개방화되고 있는 덕분에 비록 선별적이고 비체계적이긴 하지만 관방 출판기구를 통해 문헌자료집의 형태로, 혹은 관방 출판물과 일부 학자들의 연구에 인용되는 형태로 관련 문건들의 간접적인 공개가 이루어지고 있다는 점이다. 또 일부 학자들이 비교적 객관적인 입장에서 중국의 한국전 참전에 대해 반성하는 비판적인 분석들을 제시하고 있는 것도 바람직한 현상이라고 하겠다.

그러나 중국은 자료를 개방함에 있어 여전히 폐쇄적이고, 또 자료를 공개하면서 자국의 입장에서 개작을 하는 경향3)도 있어 이를 인용할 때는 '다국 사료 간 교차비교분석(multi-archival comparative research)'을 통해 그 진위를 가릴 필요가 있다.4) 비록 최근에 와서는 중국정부가 개인 연구자의 연구 성향에 대해 일일이 간섭을 하지는 않지만 여전히 출판 기구들에 대한 통제를 통해 간접적으로 언론의 자유를 제한하고 있음도 주지의 사실이다. 본 연구는 이러한 점들에 착안하여 지금까지 중국에서 공개 출판된 관련 자료들의 특성을 분석하고 중국 학계의 연구실태를 파악하는데 목적을 둔다.

---

2) 그 중 후자의 부류에 속하는 대표적인 학자들로는 뉴쥔(牛軍), 양쿠이쏭(楊奎松), 선즈화(沈志華), 등을 들 수 있으며 이들 중 양쿠이쏭과 선즈화는 개인 웹 사이트도 개설해 관련 글들을 제공하고 있다. 특히 선즈화는 러시아 자료를 중국어로 번역, 소개하면서 자국의 자료와 비교분석하는 다국 사료 교차분석 방법을 주로 사용하고 있다.

3) 高華, 「當代中國史史料的若干問題」, http://www.usc.cuhk.edu.hk/wk_wzdetails.asp?id=2197 (검색일 : 2004년 9월 6일).

4) 다국 사료 교차분석과 관련해서는 김명섭, 「한국전쟁 연구를 위한 다국 사료 교차 분석법과 그 국내적 기반」, 『정신문화연구』 제23권 제2호(2000), 3~17쪽을 참조.

II. 한국전쟁과 관련한 중국의 문헌자료 현황

문헌자료는 모든 연구의 출발점이며 문헌자료에 대한 접근 가능성이 연구가능 범위를 결정한다고 해도 과언이 아니다. 그런 의미에서 역사연구 뿐 아니라 모든 학술연구에 있어서 문헌자료의 중요성은 아무리 강조해도 지나치지 않으며, 이는 중국과 관련된 연구에 있어서도 예외가 아닐 것이다. 다시 말해 역사연구와 역사의 수수께끼를 푸는 일은 당연히 기록문서에 의존해야 한다는 것이다.

실제로 한국전쟁연구에서의 두 차례의 붐도 바로 관련 문서의 개방과 이용에 따른 것이었다. 그 첫 번째는 1970년대 중반에 있었던 미국을 비롯한 서방 국가들의 문서개방5)에 따른 것이었고, 두 번째는 1990년대에 들어와 구소련과 중국의 문서들이 점진적으로 개방됨에 따라 일어난 붐이다. 후자의 특징은 이 붐의 지속기간이 길다는 것과 그 효과의 파급범위가 넓다는 점이다. 그 중에서도 구소련 문서는 초기에 일부 선별적으로 개방된 문헌들을 제외하고는 대부분 학자들이 직접 문서보관소에서 발굴해 낸 것들이기 때문에 편집가공을 거치지 않은 원시 문건들이라고 할 수 있어서, 중국의 관련 문서는 수량 면에서나 인용가치 면에서 그것과 비교가 되지 않는다.

중국의 문헌자료는 '체제의 특수성(特殊國情)'으로 인해 여타 국가 혹은 지역의 그것과 뚜렷이 구별되는 특징을 가질 뿐 아니라 그것에 대한 외부의 선입견도 존재한다. 소위 '내부발행'으로 대표되는 비밀주의와 언

---

5) 우선 미국은 1976년에서 1984년 사이에 한국전쟁과 직접 관련이 있는 미국 외교문헌선집(Foreign Relations of the United States, FRUS)을 출판했고 정보기관의 문서를 제외한 이 시기의 관방 문서를 모두 공개했다(최근에는 CIA의 관련 문서도 일부 공개). 그 외에 영국을 비롯한 기타 서방국가들도 관련 문서들을 계속 공개했다.

론통제의 인상을 주기도 하고, 내부발행 자료에 대한 일종의 신비감과 공간된 자료에 대한 불신감도 존재한다. 그에 따라 자료에 대한 접근 가능성이 근본적으로 제한되어 있고, 또 유용한 자료는 매우 한정되어 있다는 인식마저 존재하는 실정이다. 그럼에도 불구하고 한국전쟁에 직접 참전한 주요 당사국으로서의 중국의 문서는 한국전쟁의 전모를 파악하기 위해서 결코 소홀히 할 수 없는 부분이다. 이 장에서는 지금까지 공개된 중국의 문헌자료 현황에 대해 살펴보기로 한다.

1. 공식 기록문서(檔案)와 주요 소장기관

중국의 기록보존 기관인 당안관(檔案館)에 보관된 정부의 공식 기록문서는 일반적으로 생산6) 후 30년이 경과되면 공개하는 것으로 규정되어 있으나 중국의 '당안법(檔案法)'에 따르면 외교와 국방에 관련된 기록물은 공개기한을 50년까지 연장할 수 있도록 되어있다.7) 한국전쟁과 관련된 주요 문건들은 대부분 이 범주에 속한다고 하겠다.

남북분단 이후 북·중 관계 특히 한국전쟁에 관한 기록들은 주로 중앙 당안관(中央檔案館)과 중앙 군사위원회 당안관(中央軍委檔案館), 중국인민해방군 당안관(中國人民解放軍檔案館) 및 외교부 당안실(外交部 檔案室) 등에 소장되어 있다. 이들 중 중앙당안관은 중국공산당과 중앙 국가

---

6) '당안의 생산'이라 함은 각급 기관에서 소장하고 있던 문서들을 당안관으로 이관하여 권종(卷宗)으로 정리된 시점을 말한다.

7) 중국에서는 1987년 9월 5일에 "중화인민공화국 당안법"을 제정, 1988년 1월 1일부터 청대, 중화민국 및 중화인민공화국 초기의 당안들을 공개하기로 결정했고 1990년 10월에는 "중화인민공화국 당안법 실시방법"을 제정해 '중대한 정치문제에 관련된 당안은 분기별로 개방하거나 그 사용을 제한할 수 있다"고 규정했다. 이어서 1991년에는 "중국 국가 당안관 제28호 문건"을 발표하여 무릇 국방·외교·공안·국가안전관련 문건과 기타 개방 시 국가이익에 손실을 줄 수 있는 문건의 개방시한은 50년이며 그 후에도 계속 연장할 수 있다는 단서를 두었다. 高華, 「當代中國史史料的若干問題」.

기구의 중요기록물을 보관하고 있으며, 중국인민해방군 당안관에는 소위 '항미원조'에 참여한 '인민해방군'에 관한 기록물이 특별 보관되어 있다.[8] 이상의 당안관들은 '중앙급'으로 분류되는데, 기본적으로 대외에 개방을 하지 않으나 특수한 상황 하에서, 혹은 특수 신분을 가진 연구자들에 대해서는 이용이 허용될 경우도 있다. 거기에 비해 '省·市급'의 당안관들은 각지의 상황과 정책에 따라 차이는 있지만 대체로 '중앙급'에 비해서는 보다 개방적인 것으로 알려지고 있다.

상술한 당안관들 외에 다음의 몇 개 기관에서도 한국전쟁 연구와 관련한 1차 자료를 찾을 수 있다.

가. 베이징의 중국 軍史박물관

이 박물관은 관련 문물을 전시할 뿐 아니라 중요한 자료들을 소장하고 있고 『軍事史林』이라는 정기간행물을 발행하며 일군의 젊고 활력 있는 학자들이 중국인민지원군을 연구하고 있는 것으로 알려져 있다.

나. 단둥의 항미원조 기념관

이 기념관은 천여 점의 전시물과 다량의 문서를 소장하고 있어 연구에 도움을 줄 수 있다. 또 자체의 웹 사이트에서 일부 문서파일도 제공하고 있다.[9]

다. 베이징의 군사역사 당안관

이곳은 일차사료를 소장하는 가장 중요한 기구로, 최초의 전쟁계획, 통

---

8) 김기석, 『한국학의 세계화를 위한 해외소재 한국학 관련 사료 수집 및 정보화 방안 연구』(정책연구과제 99-9-2-4), 30쪽.

9) 항미원조 기념관 사이트 : http://www.ebnet.com.cn/kmyc/kmyc.htm, 이 사이트에서는 중국에 구원 출병을 요청한 김일성과 박헌영 연명의 서신을 중국어판으로 게재해 놓았으며 기타 관련 자료들도 다수 올려놓았다.

신, 명령 및 정보 분석 등을 포함한다. 그러나 대부분의 사료는 지금까지
도 일반에 공개되지 않고 있다.

문서의 공개와 관련해서는 비록 최근에 중국 외교부가 처음으로 대외
에 외교부 공문서(1949~1955년 사이의 기밀문건 약 5,000여 건으로 이
시기 외교문서의 약 30%에 해당. 등급이 낮으며 정책결정과정에 관련된
문서는 제외됨)를 공개했으나 그 중에서 한국전쟁과 관련된 문헌은 극소
수이다.10) 그나마 공개된 내용도 대부분 한국전쟁시기 동구권 국가들의
대북지원 물자수송 및 외교적 지원에 관한 문건들이다.

한편 상하이(上海)시 당안관에서는 항미원조에 관한 당안(당시 상하이
의 전쟁물자 및 인력 제공에 관한 자료)을 대외에 열람을 개방하고 있고,
창춘(長春)시에 소재한 길림성 당안관도 한국전쟁의 결과에 대해 총체적
검토를 한 문건들을 비롯해 많은 자료들을 소장하고 있는데, 과거에는
비교적 개방적인 것으로 알려졌으나 최근에 들어와 여러 가지 이유로 외
국인(특히 한국인)의 이용을 제한한다고 한다. 그 외에도 많은 지방 당안
관의 자료들을 열람할 수 있지만 그 중요도는 떨어진다고 하겠다.

2. 기타 문헌자료

가. 선전용 출판물

한국전쟁기와 종전 직후 중국에서는 소위 '항미원조'운동의 대중적 선
전을 위해 대량의 출판물들이 쏟아져 나왔다. 1950년에서 1953년까지 항
미원조를 소재로 한 서적이 300여 종이나 출간되었다. 이들 서적들의 가

---

10) 沈志華, 「尋找檔案文獻,探索歷史眞相 : 我在外交部檔案館的点滴收獲」, http://www.shenzhihua.
net/wszt/000054.htm. ; 중국의 중앙(국가)당안관은 기본적으로 한국전쟁 관련 당안의 개
방을 반대했는데, 외교부 당안실이 문제 발생 시 스스로 책임을 진다는 조건으로 일부
공개를 허락받은 것으로 알려지고 있다. 공개된 자료의 목록은 중국 외교부 웹 사이트
에서 검색할 수 있다. http://www.fmprc.gov.cn/chn/wjb/zzjg/dag/default.htm.

장 큰 공통점은 통속성, 민간성 및 선전성을 들 수 있으며 민간 가극이나 연극의 극본으로도 쓰였다. 물론 이들 서적들이 주적개념에 의거, 철저한 이데올로기적 성향을 띠었음은 의심의 여지가 없다.

한편 1950년 10월 인민지원군을 파견하여 참전할 것을 결정하기 이전부터 중국은 이미 전국적인 '항미원조' 운동을 전개하여 인민들의 지지를 호소했다. 이 시기에 '세계평화를 보위하고 미국의 침략에 대항하는 중국인민위원회(中國人民保衛世界和平抵抗美國侵略委員會)'가 대량의 한국전쟁관련 문장과 서적 및 전장의 보도 자료 및 지원군 병사의 전기를 소재로 한 책들을 출판했다(1950년 6월에서 12월까지 모두 4천여 편의 문장과 143권의 서적을 출판).11) 이들 출판물들이 주로 선전용으로 사용되었음은 물론이다. 그럼에도 불구하고 당시 중국이 어떻게 한반도의 위기에 대처했는지를 연구하고자 한다면 이들 자료들은 충분히 나름대로의 가치를 지닌다고 하겠다. 그 중 비교적 알려진 것으로는 『우리는 어떻게 적을 이겼는가 : 조선 전선 통신집』, 『우리는 함께 피를 흘렸다 : 중조인민이 어깨를 나란히 하여 싸운 이야기』, 『지원군의 하루』, 『지원군 영웅전』 등이 있다.12)

1960년대 초에도 한국전쟁과 관련된 서적의 출판은 1950년대의 경향을 이어받아 통속문학 부류의 출판을 지속했으나 그 수량은 급격히 감소되는 추세를 보였으며 현재 찾을 수 있는 것은 약 10여 종에 불과하다.

나. 자료집(문헌집)

중국에서는 공식 기록 문서를 직접적으로 개방하지 않는 대신 선별적

---

11) 國立北京圖書館, 『抗美援朝資料目錄』(北京 : 北京圖書館, 1950) 참조.
12) 『我們是如何戰勝敵人的 : 朝鮮前線通訊集』(人民出版社, 1951), 『我們的血曾流在一起 : 中朝人民幷肩作戰的故事』(光明日報社, 1951), 『志願軍一日』(人民文學出版社, 1956), 『志願軍英雄傳』(解放軍出版社, 1956).

으로 지도자들의 문집 및 문헌집의 형식을 빌어서 일부 문서를 공개하고 있다. 이와 관련해서는 당사연구실, 중앙문헌연구실, 군사과학원 및 외교부 등의 관변 연구기구가 중요한 역할을 한다. 실제로 외부에 공개적으로 발행되는 대부분의 자료집이나 문헌집 등이 이들 기구에 의해서 편집되고 출판되어지고 있다. 이처럼 당과 정부에 소속된 기구가 공식적으로 출간한 문헌자료집 가운데서 중요한 것은 문집으로는『建國以來毛澤東文稿』(北京 : 中央文獻出版社, 1987~1990, 전 13권 중 한국전쟁 관련 부분은 1~4권이다),『毛澤東軍事文集』第6卷(北京 : 軍事科學出版社, 中央文獻出版社, 1993),『毛澤東外交文選』(北京 : 中央文獻出版社, 世界知識出版社, 1994),『彭德懷軍事文選』,『周恩來外交文選』(北京 : 中央文獻出版社, 1990),『周恩來軍事文選』第4卷(北京 : 人民出版社) 등이 있는데, 이들 자료집은 한국전쟁과 관련된 대량의 문서를 수록하고 있다. 관련 문헌자료집으로는 1950년 6월 28일부터 1953년 사이의 전문을 비롯한 공식 문건들을 수록한 中國人民抗美援朝總會宣傳部編,『偉大的抗美援朝運動』(北京 : 人民出版社, 1954)과 中國人民保衛世界和平反對美國侵略委員會編,『朝鮮前線通訊集』(北京 : 人民出版社, 1951) 등이 있다.

그 외에도 1990년대 이후 한중간의 교류가 활발해지면서 중국 내에서 일부 한국 단체의 재정지원을 받아 한국과 북한 관련 연구 업적들과 관련 자료집들이 정리·출판되기 시작했고, 중국 자체에서도 관련 자료집들을 편찬하기 시작했다. 그 중 한국전쟁과 관련이 있는 것으로는 劉金質·楊淮生 主編,『中國對朝鮮和韓國政策文件彙編(1949~1994)』1~5(北京 : 社會科學出版社, 1994) 중에서 1~3권과 金龜春 主編,『人民日報關于朝鮮韓國日本問題資料滙編』1, 2집 같은 것들이 있다.

다. 회고록

1980년대 중반 이후 당시 사회 환경의 영향을 받아 혁명 회고록 및 한국전에 참전했던 지원군의 전직 지휘관들의 회고록이 다수 출판되었다. 이들 회고록은 대량으로, 그리고 상세하게 개인적인 관찰과 직접적인 경험들을 제공했다. 그 중 지원군 총사령관이었던 펑더화이의 사후에 비로소 발간된 회고록 『彭德懷自述』이 가장 먼저 출판되었다. 이 회고록의 제14장이 '항미원조'에 관한 내용인데, 당시 출병을 둘러싸고 전개된 중국 지도층 내부의 전술논쟁과 마오쩌둥의 주재자 역할, 그리고 다섯 차례의 전투에 관한 사실 등을 포함한 일부 내막들을 간략히 기술하고 있다.13) 그 후 마오쩌둥을 제외한 한국전에 직·간접적으로 참여했던 거의 모든 주요 인물들이 회고록을 출판했는데, 그 중 한국전쟁과 관련하여 중요한 것으로는 다음과 같은 것들이 있다.14)

1) 전 해방군 총참모장을 역임한 녜룽전(聶榮臻)은 『聶榮臻回憶錄』에서 1950년 초에 해방군 중 다수의 한인출신 군인들을 북한에 인도했으며, 당시 중국이 보유한 가장 양호한 무기들을 이들에게 교부했음을 처음으로 밝혔다.

2) 쉬샹첸(徐向前)은 그의 『歷史的回顧』라는 회고록에서 한국전쟁기에 중국과 구소련의 지도자들 사이에 심각한 의견차이가 있었음을 밝혔다. 그에 의하면 스탈린은 중국 해방군의 건설에 그리 흔쾌히 협조하지 않았다고 한다.

3) 우슈촨(伍修權)은 『在外交部八年的經歷(1950~1958)』이란 회고록에

---

13) 『彭德懷自述』 編輯組 편, 『彭德懷自述』(北京 : 人民出版社, 1981), 257~264面.

14) 聶榮臻, 『聶榮臻回憶錄』(北京 : 解放軍出版社, 1984), 제22, 23장; 徐向前, 『歷史的回顧』(北京 : 解放軍出版社, 1987); 伍修權, 『在外交部八年的經驗』(北京 : 新世界出版社, 1986); 楊得志, 『爲了和平』(北京 : 長征出版社, 1987); 楊城武, 『新的使命』(卓越出版社, 1987); 杜平, 『在志願軍摠部』(北京 : 解放軍出版社, 1989); 洪學智, 『抗美援朝戰爭回憶』(北京 : 解放軍文藝出版社, 1990); 柴成文, 趙勇田, 『板門店談判』(北京 : 解放軍出版社, 1989); 薄一波, 『若干重大決策與事件的回顧』(北京 : 中共中央黨校出版社, 1991), 43~45面.

서 그가 1950년대 초에 외교관으로서 중국정부를 대표하여 유엔에 참석했던 일과 외교부 부부장 시절 한국문제의 토론에 참여했던 일 등을 술회하고 있다.

4) 전 인민지원군 부총사령관 겸 제19집단군 사령관을 역임한 양더즈(楊得志)는 『爲了和平』이란 저술에서 그가 직접 지휘했던 지원군 제19집단군이 참여한 전투 상황에 대해 집중적으로 회고하고 있다.

5) 양청우(楊城武)의 『新的使命』은 제20 집단군이 참여한 전투에 관한 회고이나 책의 절반가량이 참전부분에 할애되었다.

6) 당시 지원군 정치부 주임이었던 두핑(杜平)은 『在志愿軍總部』에서 지원군의 정치동원, 전쟁의 전체과정에서 발생한 상황들을 상세히 묘사하고 있다.

7) 한국전쟁의 전 과정에 참여하면서 병참을 맡았던 당시 지원군 부사령관 홍쉬에즈(洪學智)는 그의 구술 및 관련 자료를 왕보(王波)와 양하이잉(楊海英) 두 사람이 정리, 기록한 그의 회고록 『抗美援朝戰爭回憶』에서 한국전쟁의 전체 과정을 시간 순서에 따라 기술하면서 지원군 총부의 일상생활과 작전의 결정과정을 묘사했다. 그 중 주목할 만한 부분은 참전 결정과정에서의 린빠오(林彪)의 역할, 그리고 북한 간부들의 빈번한 중국방문과 이에 대한 중국 측의 대응 등이다.

8) 한국전쟁의 전 과정에 참여했던 차이청원(柴成文)과 자오용텐(趙勇田)은 회고록 『板門店談判』에서 판문점 회담의 직접적인 경험을 기술했다. 이들 중 차이청원은 한국전쟁 발발 직후 평양에 파견되었던 중국정부의 최초의 정식 대표였다.

9) 보이보(薄一波)는 『若干重大決策與事件的回顧』에서 중공의 일부 기밀문건을 선택하여 그의 관점을 뒷받침했는데, 이들 문건들은 당시 그와 소수의 지도자만이 볼 기회가 있었던 것들이다. 한국전쟁과

관련해서는 항미원조를 통해 전국인민의 혁명열정을 동원할 수 있었다는 점과 이 전쟁을 위해 치른 대가에 대해서도 간략히 서술하고 있다.

비록 이들 회고록들이 한국전쟁의 연구에 일정부분 기여를 한 것은 부정할 수 없는 사실이지만 같은 사안을 놓고 서로 엇갈리는 진술을 하는 등의 이유로 그 진실성에 대한 회의도 제기되고 있다.

III. 중국학자들의 한국전쟁 연구동향

중국에서의 한국전쟁에 관한 학술연구는 줄곧 민감한 문제로 취급되어져 왔으며 관련 자료를 취득하기도 매우 어려운 영역이었다. 그 이유는 체제 본연의 한계, 중·북관계 및 한국전쟁과 관련한 책임 등의 문제가 가장 큰 작용을 했을 것이다.

그러나 1990년대 이후 이 분야의 연구에서 일부 주목할 만한 변화를 보이게 되는데, 그 주요 원인은 대략 다음과 같은 세 가지 배경요소에 힘입은 바가 크다 하겠다. 첫째, 소련 해체 후의 비밀문서 공개를 들 수 있다. 비밀 해제된 소련문서 가운데서 가장 먼저 사람들의 주의와 흥미를 끈 것이 바로 한국전쟁 관련 일차자료들이었으며, 그것은 한국전쟁연구에 전례 없는 유리한 조건을 제공하게 되었다.

둘째, 국제적으로 "냉전사의 새로운 연구(冷戰史新硏究)"의 조류가 일어난 것을 들 수 있다. 동·서독 통일, 소련의 해체 등으로 대표되는 세계 범위의 냉전종식은 냉전사 연구가 과거의 시각으로 보던 학술적 공간과 이론적 공간을 초월할 수 있게 했고 학자들은 계속적으로 해제되는 여러 국가들의 문서들에 힘입어 이데올로기의 보루를 타파하고 냉전 후 시기의 인식이라는 차원에서 냉전사에 대해 총체적인 재사고와 재인식을 진행할 수 있게 되었다.

셋째, 한중수교이후 중국과 한반도의 관계에 변화가 발생했는데, 이러한 새 균형관계도 더 객관적으로 한반도 문제를 연구하는데 유리하게 작용했다고 볼 수 있다. 이러한 배경 하에 중국에서의 한국전쟁에 관한 연구는 양적으로, 그리고 제한적이나마 질적으로도 그 지평이 점진적으로 넓어지고 있는 추세다. 그러한 추세의 주요 특징으로는 개별 민간 연구자들의 출현과 활약, 연구주제의 다양화(주로 군사연구에 치중하던 데서 정치, 외교, 사회 등의 다양한 각도에서 한국전쟁을 연구) 및 연구자료의 다원화 등을 꼽을 수 있다.

물론, 이러한 모든 배경 원인들이 제한적이나마 긍정적인 작용을 할 수 있었던 데는 갈수록 개방적이 되어가는 중국체제 자체의 변화와 그로 인한 학문의 자유도가 일정부분 제고된 것이 가장 큰 배경이 되었음은 재론의 여지가 없다.

1. 중국 한국전쟁 연구의 전개과정

중국에서의 한국전쟁연구는 초기에는 주로 戰史연구에 편중했었으나 최근의 추세는 중국외교사와 국제관계사의 영역으로도 확대되어지고 있다. 중국에서 한국전쟁의 경험에 대한 연구는 한국전쟁기에 이미 시작되었다고 볼 수 있다. 그러나 그 후 지속적으로 발생한 정치운동, 특히 1959년에 있었던 펑더화이에 대한 비판운동은 한국전쟁에 관한 연구를 학자들의 금기영역으로 만들었다. 결국 엄격한 의미에서 중국의 한국전쟁 연구는 1980년대 이후에야 비로소 시작되었다고 할 수 있겠다. 그 이전에는 전쟁의 경험과 교훈을 총결산한다는 취지에서 전쟁기간 중에 이미 전사(참전부대가 자체의 자료를 이용하여 기술한 각 전역의 경험 및 참전자의 회고 문장과 구술사를 포함)와 선전 및 동원을 위한 자료들을

묶어 출판하기 시작했다.[15]

그 후 1978년 12월에 개최된 중공 11기 3중전회에서 개혁·개방을 표방하고 펑더화이도 복권이 되어 1981년 12월에 『彭德懷自述』이 공개 출판되었다. 이는 중국에서 한국전쟁연구가 20년 만에 해금되었음을 의미하는 사건이었다. 이어서 마오쩌둥을 위시한 중국 지도자들의 한국전쟁 관련 회고록, 전문 등의 자료가 잇따라 출판되고 일부 문서도 비밀 해제되어 한국전쟁연구에 비교적 유리한 환경을 조성하게 된다.

중국 군사과학원의 齊德學 연구원은 중국에서의 한국전쟁연구를 두 시기로 나누어 1952년 초부터 1959년 8월까지를 제1기로, 1959년 루산(盧山)회의부터 1970년대 말까지를 공백기로, 그 이후를 제2기로 보았다.[16] 그러나 그의 이러한 시기 구분이 실린 논문이 1990년에 작성된 것이기 때문에 그 이후의 변화에 대해서는 언급을 하지 못한 점이 있다. 본 논문에서는 그의 시기 구분을 참조하여 분석의 편의상 아래의 네 시기로 구분하여 그 동안의 연구의 발전과정을 고찰하기로 한다.

가. 제1기

한국전쟁이 발발하자 중국은 즉각 한국전쟁의 전반적 상황에 대한 연구를 시작했으며 특히 이 전쟁에서 중국의 역할에 중점을 두었다. 당시 중국인민지원군 부사령관 겸 제9병단의 사령관 쑹스룬(宋時輪)이 수십 명의 학자를 동원하여 체계적인 연구를 진행하여 40만자 분량의 보고서를 작성했으며 그 결과는 1952년 7월에 단행본의 형태로 출판되었다. 이 책은 전장의 정세, 적군의 상황, 진격과 방어 및 전장의 보급 등을 기록하고 논평했다. 그러나 이 책은 당시 전장의 중공군 사단급 이상의 지휘

---

15) 徐有威, 「獨樹一幟的戰爭記錄」, 『二十一世紀』인터넷판, 7월호(2002). http://www.cuhk.edu.hk/ics/21c/supplem/essay/0111026.htm(검색일 : 2003년 10월 27일).

16) 齊德學, 「抗美援朝史硏究情況綜述」, 『軍事史林』, 제5기(1990), 19~23쪽.

관과 중국 내의 소수 학자들에게만 제공되었으며 지금까지도 기밀로 분류되어 있다고 한다.

그 후 1953년 7월 판문점에서 정전협정이 체결되고 한반도에서의 군사적 긴장상황이 다소 완화되자 중국정부는 곧 한국전 참전에 관한 공식적인 역사 편찬 작업에 들어갔다. 1954년에 런민출판사(人民出版社)가 출판한 『위대한 항미원조 운동(偉大的抗美援朝運動)』이란 제목의 문헌 선집은 중국에서 지금까지도 중요한 참고서로 사용되고 있다고 한다. 이 선집은 당시 중국정부의 모든 선언과 관방 보고서 및 신화사가 배포한 주요 소식 등을 수록하고 있다.17)

같은 해에 '중국인민지원군 전쟁경험 총결산 위원회(中國人民志願軍戰爭經驗總結委員會)'가 성립되었고 지원군의 부총사령관을 역임한 덩화(鄧華)가 주임위원을 맡았다. 이 위원회의 60명 위원들은 대부분 각급 대학과 군사연구기관의 학자들로 구성되었다. 2년 후 이 위원회는 160만자에 달하는 거작 『항미원조 전쟁의 경험 총결산(抗美援朝戰爭的經驗總結)』을 출판했는데, 이 책은 1959년까지 한국전쟁에 관한 주요 대학교재로 사용되었다고 한다.18)

나. 제2기 : 공백기

중국인민지원군 총사령관과 국방부장을 역임한 펑더화이가 1959년에 개최된 루산(盧山)회의에서 실각한 후 한국전쟁에 관한 연구와 출판은 거의 정지상태에 빠졌다. 문화대혁명 기간에도 펑더화이와 그의 한국전쟁에서의 전우들은 또 한 번 잔혹한 박해를 받았다(이 기간은 한국전쟁 연구 뿐 아니라 모든 사회과학 연구가 중지되었다). 그러나 이 때에도

---

17) 中國人民抗美援朝委員會宣傳部編, 『偉大的抗美援朝運動』(北京 : 人民出版社, 1954).

18) 中國人民志願軍戰爭工作經驗總結委員會, 『抗美援朝戰爭的經驗總結』(北京 : 解放軍出版社, 1956).

중국은 한국전쟁을 마오쩌둥이 세계혁명 이론을 실천한 뚜렷한 증거라고 내세우면서 월남전에 막대한 지원을 쏟아 부었지만 한국전쟁에 관한 연구만큼은 정치적인 금기사항이었다.

다. 제3기 : 문혁 종료~1990년대 초기

덩샤오핑(鄧小平)이 개혁개방을 추진한 1970년대 말부터 중국의 한국전 참전에 관한 역사연구가 재개되었고 조사의 범위도 신속히 확대되었다. 새로운 학술연구의 경로가 개발되고 관련 문서들도 대외에 개방되기 시작했다. 그 결과 이 주제에 관한 서적들이 대량으로 출판되었다. 예를 들어 1984년에 출판된 『周恩來選集』은 처음으로 한국전쟁기의 일부 중요한 정책결정을 공개했다. 또 『抗美援朝紀實』은 중공의 문헌에 근거하여 1945년부터 1958년까지의 한국전쟁과 관련한 모든 중대한 정책결정과 사건들(동북 변방군의 건립과 파병 참전결정 등)을 체계적으로 기술했다.[19]

한편 문혁시기의 정치숙청을 견디고 살아남은 전 인민지원군의 일부 고위 군관들도 1980년대와 1990년대 초에 다시 중앙의 당·정 요직을 차지했다. 그들은 많은 군사계통 학술기구 및 국방관련 연구기관들이 앞장서서 한국전쟁 관련 연구와 자료를 출판하도록 영향을 끼친 면에서 일조를 했다. 이때부터 군사기구들에서 보관하던 일부 중요 문서들이 비밀 해제되고 각 방면에서의 전쟁경험도 재검토되게 되었다.

과거에 민감한 문제로 여겨졌던 전쟁포로문제, 중국군의 손실, 마오안잉(毛岸英)의 전사, 전쟁 기간 중 소련과의 관계, 참전에 관한 지도부의 의견충돌 등도 공개적으로 토론을 할 수 있게 되었다. 이 기간에 대략 20여종의 중요한 서적이 출판되었는데, 그 중에서도 가장 중요한 것은

---

19) 周恩來, 『周恩來選集』(北京：人民出版社, 1984); 柴成文·趙勇田, 『抗美援朝紀實』(北京：中共黨史資料出版社, 1987).

『中國人民志願軍抗美援朝戰史』일 것이다.[20] 이 책은 중공중앙당안관이 비밀해제한 지원군의 문건 및 총참모부의 문서들을 수록하고 있는데, 거기에는 다수의 극비 전문과 기밀 서신들도 포함되어 있다. 이 책은 또 부록으로 대사기 연표, 사단급 이상 지휘관 전사자의 약력, 전역의 도표와 지도 및 적군과 우군의 전투서열표 등을 수록하고 있다. 그러나 이 책은 주로 중국이 참전한 1950년 10월 19일 이후부터의 전투사를 중심으로 구성되어 있어 한국전쟁 전반에 관한 중국의 입장과 의도 및 목표를 파악하는 데는 한계가 있다. 이 시기에 출판된 다른 한 권의 중요한 책으로『當代中國外交卷 : 抗美援朝戰爭』을 들 수 있는데, 이는 한국전쟁에 관한 비교적 완벽한 중국어판 저술이라고 하겠다.[21]

중국의 한국전쟁에서의 역할에 관한 전면적이고 비판적인 검토라고 하는 새로운 연구 경향은『黨史研究』에 게재된「항미원조의 명철한 결정(抗美援朝的明智決定)」이란 제목의 글에서 처음 나타난다. 저자 야오쉬(姚旭)는 한국전쟁에 참전했던 퇴역군인으로, 그는 중국의 한국전쟁 참전이 장기적인 계획과 완비된 구상이 없었을 뿐 아니라 소련의 확장계획의 일부였다고 본다. 이러한 관점은 과거 비공산권 국가들의 관점과 상이할 뿐 아니라 중국 관방의 일관된 논조에도 저촉되는 것이다.[22] 상당한 논쟁을 불러온 이 글은 후에 한 권의 책으로 출판되는데, 여기서 중국의 참전에 관한 많은 내막이 밝혀진다.

이 책을 통해 당시 동북 변구정부 주석 가오강(高崗)과 전력이 막강했

---

20) 軍事科學院軍事歷史研究部編著,『中國人民志願軍抗美援朝戰史』(北京 : 軍事科學出版社, 1988).

21) 軍事科學院,『當代中國外交卷 : 抗美援朝戰爭』(北京 : 中國社會科學出版社, 1989).

22) 姚旭,「抗美援朝的明智決定」,『黨史研究』, 第5期(1980). 이 글이 갖는 중요성과 의미에도 불구하고 세부적인 사실들에는 상당부분 오류가 존재하는 것으로 지적을 받고 있다. 胡光正과 鮑明榮은『中共黨史研究』1981년 제3기에 이 글이 잘못 기술한 史實들을 정정하는 글을 발표했으나 사료를 직접 근거로 들지는 않고 '우리가 본 바에 의하면…'이라는 식으로 반론을 제기했다.

던 제4야전군 총지휘관 린뱌오(林彪)가 모두 마오쩌둥의 파병결정에 강력히 반대했음이 처음으로 알려지게 되었다. 그러나 아이러니컬하게도 이 두 사람의 부대가 후에 지원군의 주력이 된다. 당시 린뱌오는 심지어 한국으로 가 지원군을 지휘할 것을 거절하고 '신병' 치료차 소련으로 가버려 마오쩌둥은 펑더화이에게 지휘를 맡길 수밖에 없었다고 한다.23)

한편 국방대학의 쉬옌(徐焰)도 1990년에 『첫 번째 대결(第一次較量)』을 출판한 후 광범위하게 관심을 받았는데, 그 이유는 당시 그가 유일하게 한국전쟁 중 해방군의 중대한 군사적 정책결정(개별 전역 지휘의 이해득실과 그것의 외교적 운용을 포함한)에 대해 독자적인 사고로 심도 있게 고찰한 유일한 군 계통의 연구자였기 때문이다.24)

1987년은 중국의 한국전쟁연구사에 있어 매우 중요한 해였다. 이 해 10월에 군 계통 학자들을 중심으로 인민 지원군에 관한 첫 번째 전국적 학술토론회인 '人民志願軍戰史學術討論會'가 선양(瀋陽)에서 개최되었으며 논문집을 발간했다.25) 이를 계기로 참전 지휘관들의 회고록이 잇따라 출판되어, 이를 이용한 연구저서 및 논문들도 대량으로 생산되기 시작했다.

1990년 6월에는 중국의 참전 40주년을 기념하기 위해 우한(武漢)에서 중요한 전국 규모의 세미나가 개최되었는데, 70여개 기구의 110여명의 학자와 20여명의 인민지원군 퇴역 지휘관들이 참가했다. 그 후 50여 편의 논문을 선정하여 출판했다.26) 과거 1950년대의 한국전쟁 연구가 항상

---

23) 姚旭, 『從鴨綠江到板門店』(北京 : 人民出版社, 1985).

24) 徐焰, 『第1次較量 : 抗美援朝戰爭的歷史回顧與反思』(中國廣播電視出版社, 1990). 양쿠이쑹은 쉬옌의 이 책이 출간되기 전에 중국에서 출판된 한국전쟁 관련 서적 중에서 대대적으로 외국, 특히 미국과 일본학계의 주목을 받은 저술은 보고문학류인 예위밍의 『黑雪』뿐이라고 단언한다. 楊奎松, 「評抗美援朝戰爭史」, 양쿠이쑹 개인 웹사이트 게재 논문 참조. http://www.yangkuisong.net/spsx/sp/000039.htm(검색일 : 2005.1.25).

25) 瀋陽軍區百科編審室編, 『抗美援朝戰爭論文集』(瀋陽 : 遼寧人民出版社, 1989).

26) 『抗美援朝研究』(北京 : 人民出版社, 1990).

정부의 선전과 분리될 수 없었던 것과는 달리, 이 논문집은 중국학자들이 과거 군사 중심의 연구가 집단저술에 집중되어 개개인의 의견이 표현될 수 없었던 점을 지양하고 독립적인 학술연구를 추구했다는 면에서 상당한 진보를 했다. 이들 학자들은 대량의 새로 공개된 사료들을 이용하여 한국전쟁을 재검토했을 뿐 아니라 퇴역군인들을 인터뷰하고 한국, 서방 국가, 대만, 홍콩 및 일본 등지의 연구 성과도 참조하여 참신하고 논의의 가치가 있는 관점들을 발전시킬 수 있었다.

라. 제4기 : 냉전종식 후기(1990년대 중반∼현재)

한편 냉전이 종결된 후, 특히 1990년대 중반부터 러시아가 지속적으로 구소련의 문서들을 공개하고 이를 이용하여 서방 학자들이 사건들과 문헌에 대한 다양한 견해와 해석들을 내놓기 시작하자 중국의 일부 민간학자들도 새로 공개되는 각종 사료들을 체계적으로 수집, 정리하기 시작했고 이들 새로운 자료들27)을 이용하여 과거와는 다른 시각의 논문들을 발표하기 시작했으며 외국 문서와 중국의 자료를 비교분석함으로써 중국 자료의 진위를 감별하는 노력도 나타나기 시작했다. 또한 중국정부의 차원에서 한국전쟁 발발을 지칭하는 공식 표현에도 변화가 발생했다. 1997년 중공중앙문헌연구실이 출판한 『周恩來年譜』(1949∼1976)에서도 한국전쟁 발발 원인에 대한 관점의 미묘한 변화를 감지할 수 있는데, 과거에 단순히 미국이 북한을 침략했다고 하던 표현에서 '한국 내전이 발발했다'고 고친 후 미국이 파병하여 '한국내정을 간섭했다'고 덧붙이는 방식을 취하기 시작했다.

---

27) 특히 이 시기에 대량으로 공개된 구소련의 자료로 인해 한국전쟁의 연구에서 다방면의 획기적인 성과를 거둘 수 있었다. 우선 사료의 면에서 중국과 소련의 문헌을 비교분석할 수 있게 되었고 고위층의 정책결정과정의 일단을 볼 수 있게 되었으며 전쟁의 기원과 목표가 비교적 명확해지고 연구 범위도 군사 위주에서 정치, 경제 및 외교 등의 분야로 확대되었다.

이 시기의 연구 성과에서 특기할 만한 것은 민간 연구자인 선즈화가 구소련 문서들을 이용하여 다량의 한국전쟁 관련 서적들을 저술, 출판했다. 그 중 대표적인 것으로는 『朝鮮戰爭揭秘』(홍콩 : 1995), 『毛澤東, 斯大林和朝鮮戰爭』(홍콩 : 1998, 廣東 : 2003), 『中蘇同盟與朝鮮戰爭硏究』(廣西 : 1999) 등이 있다. 그 중에서 앞의 두 저서는 외교상 민감하다는 이유로 중국 내에서 출판하지 못하고 홍콩에서 출판되었다가 후에 중국에서 재출판 되기도 했다.

그는 또 중국과 외국에서 대량의 한국전쟁 관련 논문 및 보고서를 발표하여 이 분야의 가장 영향력 있는 학자로 떠올랐고 지금은 중국의 한국전쟁 연구에 있어 대표적인 학자의 한 사람으로 자리 잡게 되었다. 그가 수집한 기밀이 해제된 구소련의 문서들 가운데 한국전쟁과 관련한 문헌들이 중국어로 번역, 정리 편집되어 대만에서 세 권으로 출판되기도 했다.[28]

그는 그의 저서에서 과거에 중국에서 주의를 끌지 않았던 '중소 동맹의 형성과 한국전쟁의 기원'이라고 하는 새로운 시각에서 출발하여 당시의 국제환경하에서 중소동맹의 실제 결과와 객관적 영향을 집중적으로 분석하여 중소동맹과 한국전쟁 발발의 관계, 중소동맹 체결 후 한반도 문제에 대해 양국간에 어떤 모순이 존재했는지, 미군이 38도 선을 돌파한 위기상황을 동맹국으로서 양국은 어떻게 각자의 입장에서 고려하고 서로 다른 정책을 채택했는지, 그리고 중국의 참전이 중소동맹관계에 어떤 영향을 미쳤는지 등을 천착하고 있다.

이 시기에 중국에서 출판된 관방 저술들 가운데 비교적 가치가 있는 것으로는 팡셴즈(逢先知)와 리제(李捷)의 『毛澤東與抗美援朝』(중앙문헌출판사, 2000), 군사과학원 군사역사연구부가 편찬한 『抗美援朝戰爭史』3권

---

28) 沈志華編, 『朝鮮戰爭 : 俄國檔案館的解密文件(上, 中, 下)』(대만 : 중앙연구원 근대사연구소, 2003).

본(군사과학출판사, 2000) 등을 꼽을 수 있는데, 이 두 저서는 모두 다량의 중국 측 문헌사료를 공개하고 있다.29) 이들 가운데 특히 전자는 1950년 10월2일 마오쩌둥이 스탈린에게 보낸 전문을 『毛澤東軍事文選』(內部本)에 수록할 때 삭제하고 그 후에 편집된 다른 문헌집들에서도 그대로 옮기면서 누락되었던 북한을 비판하는 내용을 공개하고 있다.30)

한편, 최근 중국에서 한국전쟁 연구가 활발해 지면서 중국과 한국의 학계는 한국전쟁 연구에 관한 정례적 학술교류 기제를 마련했는데, 2000년부터 한국의 한국전쟁연구회와 중국의 베이징대학 국제관계학원, 복단대학 한국연구센터 등의 학술기구와 협력하여 정기적으로 학술세미나를 개최해오고 있다(2000년 단둥, 2001년 서울, 2002년 상하이, 2004년 베이징 등).31)

또 중국 학계에서는 한국전쟁 前史, 즉 1945~1948년의 한반도 역사(해방3년사)에 대한 연구도 시작되었는데, 華東사범대학 역사학과는 이를 세계사학과의 중점 프로젝트로 삼았다.

그 외에도 이 시기에는 중국의 해외 방문학자 및 유학생들 중 일부도 중국과 소련의 문서자료를 이용하여 각국의 한국전쟁 연구자들과 교류하기 시작했는데 그들의 관심의 초점은 주로 정치면으로, 가장 많이 다룬 것은 중국이 한국전쟁에 개입한 원인과 정책결정과정, 그리고 마오쩌둥 개인이 한국전쟁에서 발휘한 역할 등이다.

---

29) 沈志華, 「國的冷戰國際史研究狀況」 선즈화의 개인 홈페이지 http://www.shenzhihua.net 에 게재.

30) 그 주요 내용은 누차에 걸쳐 김일성에게 미국의 개입 가능성과 인천상륙을 통해 인민군의 퇴로를 차단할 수도 있음을 경고했음에도 불구하고 김일성은 중국의 모든 건의에 귀를 기울이지 않았기 때문에 미국의 함정에 걸려들어 인민군의 주력부대가 적의 포위 하에 놓이게 되었다는 것이다. 逢先知·李捷, 『毛澤東與抗美援朝』(中央文獻出版社, 2000), 12~13쪽.

31) 2000년 10월 중국의 단둥에서 개최된 회의에서 발표된 논문들은 2001년에 국내에서 『한국전쟁과 중국』(서울 : 백산서당, 2001)이란 제목의 단행본으로 출판되었다.

그 중에서 가장 많이 알려진 학자로는 쉬에리타이(薛理泰), 장수광(張曙光), 천젠(陳兼), 쉬저롱(徐澤榮)등으로, 상하이 출신의 스탠포드대 국제전략센터 연구원 쉬에리타이는『建國以來毛澤東文稿』에 수록된 문서들을 번역하여 영어권에 소개하면서 한국전쟁과 관련한 스탈린과 마오쩌둥 사이의 동맹이 매우 취약한 긴장 관계였음을 밝히고 훗날 중소분쟁의 불씨를 한국전쟁에서 찾고 있다.32) 메릴랜드대 교수이자 상하이 외국어대 사회과학연구원원장 장수광은 한국전쟁이 마오쩌둥의 국내권력을 공고히 하는데 중요한 기회를 제공했음을 분석하면서 마오의 '군사적 낭만주의'를 부각시켰으며33) 버지니아대 교수 천젠은 중국 문서와 당시 정책결정자들과의 면담자료를 통해 중국의 한국전쟁 참전이 유엔군의 북진에 따른 안보위협에 대한 단순한 대응이라기보다는 오랜 내부적 연원을 가진 결정이었음을 부각시켰다.34) 홍콩 출신 학자로 영국의 옥스퍼드 대학에서 「중국의 한국전쟁 참전(China's Participation in the Korean War, May 1949~July 1951)」라는 제목의 논문으로 정치학 박사학위를 취득한 쉬저롱은 한때 홍콩 사회과학출판사의 사장을 맡아 왕성한 출판 및 학술 교류활동을 벌였고, 후에 중국 광저우(廣州)사회과학원 부연구원으로 재직하기도 했다.35)

---

32) Sergei Goncharov, John W. Lewis, and Xue Litai, *Uncertain Partners : Stalin, Mao, and the Korean War*(Stanford : Stanford University Press, 1993).

33) Shu Guang Zhang, *Mao's Military Romanticism : China Fights the Korean War, 1950~1953*(Lawrence, KA : University Press of Kansas, 1995).

34) Jian Chen, *China's Road to the Korea War : The Making of the Sino-American Confrontation*(New York : Columbia University Press, 1994).

35) 주요 논문은 徐澤榮, 「中國在朝鮮戰爭中的角色」, 『當代中國研究』, 第2期(2002), 131~150쪽이 있다.

2. 주요 연구기관과 연구자 및 특징

현재 중국에서 한국전쟁 연구에 종사하는 '주류' 학자는 대부분 고등교
육기구(대학)에 재직하고 있다. 확인되지 않은 통계에 따르면 그 숫자는
약 200명이 넘는다고 한다. 흥미로운 점은 그들 중 일부 군사학교에 재
직하고 있는 사람들을 제외하면 나머지는 모두 '黨史' 교수라는 점이다.
그들은 한국전쟁 관련 과목을 개설하는 외에도 모두 중국 각 대학의 필
수과목인 '중국공산당사'를 강의하고 있다. 일부 교수는 편의를 위해 중
국의 한국전 개입을 중국공산당사의 일부로 취급하여 가르치기도 한다.
그들은 또 모두 중국 내 軍史 연구 영역의 최대 학술조직인 '中國近代軍
事史學會'의 회원이기도 하며 정기적으로 집회를 가지고 연구 뉴스레터
및 특집을 발간하기도 한다.

중국에서 군 계통의 연구기관은 지금까지도 과거와 마찬가지로 중국의
한국전쟁 개입에 관한 연구에서 여전히 중요한 역할을 하고 있다. 그 중
군사과학원이 가장 중요한 기구라고 하겠는데, 여기 소속된 軍事歷史硏
究部(약 100명)에는 중국의 한국전에서의 역할을 전문적으로 연구하는
그룹이 있다고 한다. 한편 군사과학원은 중국에서 꽤 권위 있는 간행물
인 『軍事歷史』도 발간한다. 또한 이들 군 계통의 학자들은 중국의 비군
사 분야의 학자들에 비해 한국전쟁 관련 문서를 접촉할 기회가 더 많고
이용도 비교적 자유로운 것으로 알려져 있다.[36]

군사과학원 소속 학자들 중 외부에 비교적 알려진 연구자로는 치더쉬
에(齊德學)와 취아이궈(曲愛國) 등이 있으며 특히 치더쉬에는 민간 학자
인 양쿠이쑹이 칭스(靑石)란 필명으로 『百年潮』에 발표했던 논문들에 대
해 조목조목 반박하는 논문을 발표하기도 했다. 그는 1998년초 『중공당

---

36) 楊奎松, 「評抗美援朝戰爭史」.

사연구』에 기고한 글에서 칭스가 1997년『百年潮』의 제2, 3기에 각각 발표한 두 논문「斯大林力主中國出兵援朝」와「朝鮮停戰內幕」의 내용에 대해 당시 중국지도부의 참전결정은 결코 "소련의 압력에 의한 것"이 아니었고, 정전회담 시에도 "중국이 부득이하게 자신이 관심을 갖는 많은 부분을 포기 혹은 양보한 것"이 아니라 그 시기의 전선의 상황에 따라 올바른 결정을 한 것이라고 하면서 칭스의 "부정적인 시각들"에 대해 비판을 가했다.

양은 칭스의 글이 기본적으로 기밀 해제된 구소련 문건에만 의거하여 작성된 것으로 파악하면서 구소련 문건의 공개가 불완전하고 중간에 공백도 많아 그것만으로는 전모를 파악하기 어려우며, 또 러시아의 국가이익에 입각하여 엄격히 선별한 뚜렷한 정치적 경향이 있다고 지적하면서 거기에 대한 과도한 의존을 경계했다.37) 그러나 관방학자로서 중국의 원시자료에의 접근이 비교적 용이한 입장에 있는 그가 민간학자에 대해 이와 같은 비판을 제기한 것은 불공평한 것이라고 할 수 있다.

군사과학원에서 출판한 주요 저서로는『中國人民志願軍抗美援朝戰史』와『抗美援朝戰爭史(三卷本)』38)을 꼽을 수 있는데, 전자의 개정증보판이라고도 할 수 있는『抗美援朝戰爭史(三卷本)』은 그 분량면에서나 내용면에서 전자에 비해 대폭 증가했다. 이 책은 구소련 문서 개방이후 진행된 국제학계 및 일부 중국 내 민간학자의 연구에 대해 중국의 공식 관점과

---

37) 齊德學,「關于抗美援朝戰爭的幾個問題」,『中共黨史硏究』, 1998年 第1期, 74~88面.

38) 軍事科學院 軍事歷史硏究部 編,『抗美援朝戰爭史(三卷本)』(北京 : 軍事科學出版社, 2000). 2000년 9월에 출판된 이 책은 중앙군사위원회가 임무를 부여하여 9명의 연구자가 집필하고 치더쉬에가 편집장, 취아이궈가 부편집장을 맡은 것으로, 시기적으로 기존 연구서들이 1950년 6월에서 1953년 7월의 기간만 다룬 것과는 달리 1949년 10월 중화인민공화국이 성립된 후의 정세로부터 시작하여 1958년 10월 지원군이 철군할 때까지를 망라하고 있다. 다시 말해『中國人民志願軍抗美援朝戰史』의 한계를 상당부분 보완한 것이라고 하겠다. 그럼에도 불구하고 내용면에서는 많은 부분이 여전히 과거의 '軍史'를 편찬할 때의 습관을 그대로 답습하고 있다는 지적도 있다; 楊奎松,「評抗美援朝戰爭史」, 앞의 글. http://www.yangkuisong.net/spsx/sp/000039.htm.htm.

입장을 대변한다고 할 수 있는데, 그동안 학계에서 쟁점이 되어온 몇 가지 의문들에 대한 중국 관방의 입장을 표출하고 있다.

먼저, 한국전쟁의 발발이 중국의 '대만해방'과 대만에 대한 군사점령을 연기하게 했는가? 라는 문제에 대해 이 책은 "한국전쟁의 발발은 미국이 '이미 예정된 원동침략확장계획'을 전면적으로 실행하는 서막에 불과했기 때문에 이 전쟁과 관계없이 대만을 순순히 중국에 내어주지 않았을 것이다"라고 주장하고 있다. 이렇게 본다면 그간 일부 학자들이 "중국이 항미원조전쟁을 진행했기 때문에 대만 통일의 목표를 무기한 연기했다"던 주장은 성립하지 않게 된다. 즉, 미국이 제7함대를 대만에 파견하여 중국 군대가 가시적인 시간 내에 대만을 해방하는 것을 방해했고, 미국이 먼저 중국에 비우호적인 행동을 취한 후에 중국은 비로소 참전을 결정했다는 것이다.39)

다음으로, 중국의 파병 결정은 올바른 것이었나? 스탈린이 압력을 가한 결과는 아닌가? 라는 질문에 대해 이 책은 여덟 쪽의 편폭을 할애해 중국 정권이 수립된 직후의 정세와 임무를 서술한 후 "중국은 조선에서 미국과 전쟁을 할 생각이 없었지만 미국의 정책결정자들이 장기간 외세의 침략과 위협을 받아온 나라의 국가 독립에 대한 갈망을 헤아리지 못하고 강권에 저항하려는 그들의 결심을 무시함으로써 그들로 하여금 부득이하게 침략 반대의 기치를 들고 막대한 민족적 희생을 무릅쓰면서 전쟁의 길을 선택하게 했다"고 주장하고 있다.

그 외에도 이 책은 중국의 참전 결정과정, 조·중 연합사령부의 구성과 운영, 정전협상전략, 중국군의 전술운용 등 한국전쟁에 관련된 문제들을 폭넓게 다루고 있어 한국전쟁에서의 중국의 역할에 관한 중국의 입장 전반을 이해하는데 도움이 된다.

---

39) 軍事科學院 軍事歷史研究部 編, 『抗美援朝戰爭史(三卷本)』, 第1卷, 29~35面.

특히 중국의 참전 결정과정과 관련하여 과거 대부분의 자료들에서 "김일성의 구원요청서는 외무상 박헌영 특사를 통해 1950년 10월 1일 베이징에 도착했으며, 다음날 중공중앙 정치국이 확대회의를 열어 파병문제를 논의한 것"으로 되어 있으나 이 책에서는 "김일성의 특사가 박헌영이 아니라 당시 내무상 겸 차수 박일우였고, 베이징에 도착한 날짜도 10월 1일이 아닌 10월 3일 이었으며, 따라서 정치국 회의도 10월 2일이 아니라 10월 4일과 5일에 열렸다"는 것이다.[40]

또 지원군 총사령관의 인선 문제와 관련해서는 과거의 "마오쩌둥 동지가 처음에는 린뺘오에게 조선으로 가 지원군을 지휘하도록 결정했으나 그가 두려워서 신병을 핑계로 가려하지 않았다"는 설에 대하여 "중공중앙과 중앙군사위의 최초 인선은 리위(栗裕)와 린뺘오를 우선적으로 고려했고 린뺘오 한 사람만을 고려한 것은 아니며 후에 펑더화이로 교체한 것도 그들이 두려워해서가 아니라 두 사람 모두 신병으로 인해 총사령관을 맡아 출정할 수 없었기 때문"이라고 정정했다.[41]

다음으로, 1986년에 설립된 국방대학도 이 과제를 연구하는 주요 기구인데, 이 학교에서 재직하고 있는 쉬옌(徐焰)과 야오쉬(姚旭) 두 사람은 잘 알려진 전문가이다.[42] 상하이의 공군정치학교와 우한(武漢)의 군사경제학원도 이 방면에서 활약하고 있다. 이들 학교는 자주 전국 규모의 한국전쟁 연구 회의를 개최한다. 공군정치학원은 『軍事歷史研究』라는 연구잡지를 발간한다.

그 외에도 중국사회과학원을 비롯한 연구기관과 일부 주요 언론매체들은 자체 홈페이지를 통해 한국전쟁관련 문건의 일부와 관련저술의 목록

---

40) 위의 책, 155~159쪽.

41) 위의 책, 159쪽.

42) 이들의 주요 저술로는 姚旭, 『從鴨綠江到板門店』(北京 : 人民出版社, 1985)와 徐焰, 『第1次較量 : 抗美援朝戰爭的歷史回顧與反思』(北京 : 中國廣播電視出版社, 1990)이 있다.

및 사진자료들을 제공하고 있다.43)

3. 중국의 한국전쟁 연구의 문제점과 한계

가. 문제점

과거 중국에서의 한국전쟁연구의 대상은 앞에서 언급한 바와 같이 인민지원군의 참전과 직접적인 관계가 있는 戰史부분에 치중되어 있었다. 그 중에서도 참전과정과 전투과정을 서술하는데 그치는 것이 많았고 연구자 자신의 견해를 밝힌 것은 매우 드물었다.

비록 최근에 와서 연구 환경의 변화와 자료의 개방으로 인해 일부 민간학자들이 다양한 주제들로 연구를 진행하고 있는 것도 사실이지만, 상당히 많은 중국과 소련의 자료가 개방된 지금까지도 대부분 중국의 주류 연구자들(군 계통)은 여전히 냉전시기의 관점과 논지를 견지하여 시시비비를 따지려고 한다. 그 중요한 원인은 무엇보다도 북한과의 특수한 관계를 의식한 것과 전쟁 발발에 대한 책임문제 때문일 것이다.

특히 한국전쟁 발발과 관련하여 중국이 어느 정도의 역할을 했느냐에 대한 논의는 지금까지도 이견이 분분한 문제이다. 그동안 중국의 공식 입장은 시종일관 '부득이하게' 참전할 수 밖에 없었음을 주장하면서 전쟁 발발과정에 깊이 관여하지 않았음을 주장해 왔다. 사실 마오쩌둥이 한국전쟁 발발에 대해 중대한 책임이 있음을 처음으로 지적한 것은 구소련의 최고 지도부였다.

1962년 덩샤오핑(鄧小平)과 펑전(彭眞)이 소련공산당 22차 대회에 참석했을 때, 흐루시초프가 면전에서 한국전쟁은 스탈린과 마오가 공동으로 계획한 것이라고 지적한 것이다. 당시 정책결정 과정에 직접 참여했던

---

43) 중국 사회과학원 항미원조 관련 사이트 : http://www.cass.net.cn/zhuanti/y_kmyc/index.htm 『解放軍報』의 항미원조 50주년 기념 전문 이슈 사이트 : http://www.pladaily.com.cn/item/kmyc50/index.htm

덩과 펑이 이에 대해 강력히 반박했음은 물론이다. 그들은 모택동과 중공 중앙이 처음에는 스탈린과 김일성이 어떤 계획을 갖고 있는지 전혀 몰랐다고 강력히 주장했다.

그 후 1990년대 초에 구소련의 한국전쟁관련 문헌들이 일부 공개되었는데, 당시 옐친 대통령이 한국정부에 제공한 200여건의 문헌에 의하면 최소한 한 가지는 분명해진다. 즉 1950년 5월 중순 이전까지는 북한이 자신의 한반도 통일에 관한 계획을 중국에 알리지 않았다는 것이다. 다시 말해 스탈린의 요구에 의해 김일성은 비로소 1950년 5월 13일에서 15일 사이에 베이징을 방문하여 마오에게 한반도 통일에 관한 대체적인 구상을 설명했으며 더 구체적인 전쟁구상에 대해서는 공개하지 않았다는 것이다. 뿐만 아니라 이러한 상황은 6월 25일 개전 이후에도 상당 기간 지속되었다.[44]

한편 중국의 참전과정과 관련해서는 정 반대의 현상을 보이고 있다. 즉, 소련의 사주와 압력에 의한 것이 아니라 중국이 시종일관 자국의 의지에 의거하여 적극적으로 주도했다고 주장하고 있는 반면 러시아는 구소련의 자료에 의거하여 스탈린이 중국의 참전을 권유 내지 종용했다는 주장을 하고 있다.[45]

다른 한 예로 1996년에 출판된 『揭開戰爭序幕的先鋒－四十軍在朝鮮』은 여전히 한국전쟁을 "중국이 내전에서 승리를 거둔 후 미 제국주의의 침략을 저지하고 동방과 세계의 평화를 수호하기 위해 진행한 정의로운 전쟁"이라고 주장하고 있다. 또 많은 학자들은 중국이 국내 건설과 대만 수복계획을 포기해야 했기 때문에 결코 한국전쟁을 환영하지 않았으나 미국의 위협과 소련의 압력으로 인해 부득이하게 전쟁에 개입할 수밖에

---

44) 楊奎松,「關于朝鮮戰爭爆發的中國因素問題」, 양쿠이쑹 개인 웹사이트 게재 논문.
   http://www.yangkuisong.net/ztlw/wjsyj/000114.htm
45) 이완범,「중국인민지원군의 한국전쟁 참전 결정과정」, 박두복 편저, 『한국전쟁과 중국』
   (서울 : 백산서당, 2001년), 195쪽.

없었다는 관점을 견지하고 있다. 즉, 미국이 38선을 넘지 않았으면 중국도 개입하지 않았을 것이라는 주장이다.

그들은 심지어 이 전쟁에서 스탈린과 트루먼은 모두 상대의 의도와 능력을 오인하는 중대한 과오를 범했으며 마오쩌둥만이 지원군의 파병으로 전쟁을 지역화하여 지구전으로써 회담을 통해 전쟁을 종결시킨 정책은 시의 적절했으며 정확한 것이었다고 주장하고 정전회담이 지연된 것은 미국이 승리를 획득하지 못한 채 전쟁을 끝내지 않으려 했기 때문에 미국에 전적으로 책임이 있다고 지적한다.

결국 중국에서의 한국전쟁 연구(특히 관방 배경을 가진 학자들의 연구)에서 가장 큰 문제점으로 지적될 수 있는 것은 학자들이 보다 넓은 (세계적인) 시야에서 연구대상을 바라보는 객관적 자세가 여전히 결여되어 있다는 것과 학술과 정치선전을 완전히 분리시키지 못하고 있는 것이라고 볼 수 있다. 그 결과 아전인수식의 연구결과만 반복적으로 양산하는 경향을 보이고 있는 것이다.46)

나. 중국에서의 한국전쟁 연구의 한계

중국에서의 한국전쟁 연구가 갖는 문제점은 연구자 자신의 시각의 문제 외에도 연구 환경이라는 문제도 존재한다. 중국 관방의 공식 입장에 반하는 주장이나 사실의 공표는 여전히 금기사항이다. 또 연구내용의 공개가 정치나 외교에 지장을 준다고 지도부에서 판단하는 경우에는 그 공개(때에 따라서는 연구 자체도)가 제한된다. 예를 들어 한국전쟁 발발 전후의 중북관계나 인민지원군 참전 이후 양측의 군사협력 등에 관해서는 북한과의 관계에 미칠 영향을 고려하여 연구 자체를 금기시하는 경향이 있다. 실제로 이런 주제를 다룬 중국학자의 논문들이 중국에서는 발표되

---

46) 楊奎松, 『評抗美援朝戰爭史』; 朱建榮, 「중국대륙에 부는 한국전쟁 연구 바람」, 『역사비평』, 15(1991), 245쪽.

지 못하고 홍콩이나 대만에서 발표되는 것을 종종 볼 수 있다.

중공 '당사학회'가 출판하는 학회지 『百年潮』 1997년 제1기(창간호)에 실린 양쿠이쑹(楊奎松)이 칭스(靑石)라는 필명으로 기고한 논문에서 처음으로 북한이 침략자였음을 인정했다.[47] 그는 또 북한의 남침계획은 소련이 짠 것이며 중국의 동의도 얻었음을 밝혔다. 그러나 이 글은 중국의 주류 정통파 학자들의 불만을 야기, 좌파가 중앙선전부에 "이 글에서 김일성이 먼저 한국전쟁을 일으켰다고 지적한 것이 북한의 항의로 인해 외교마찰을 일으킬지도 모른다"며 고발했고, 중앙선전부는 공문을 발송하여 『百年潮』를 비판했다.

그 외에도 기록(紀實)문학 범주에 속하는 예위멍(葉雨蒙)의 『黑雪』(作家出版社, 1989)도 지원군이 제4, 제5차 전역에서 참패했음을 공개했다는 이유로 금서가 되었었다.

한편 중국에서도 일부학자(특히 군사과학원 소속 학자)는 관련 문서보관소(檔案館)의 문서를 열람할 수 있는 것으로 알려지고 있으나, 그것을 인용할 시에는 직접인용은 할 수 없고 주로 러시아 자료를 통해 간접적으로 인용하는 방식을 채택하고 있다.[48]

비록 중국에서의 한국전쟁 관련 자료개방과 연구의 다양화는 이상에서 본 바와 같이 한계가 존재하지만 한중수교 이후 약간의 변화가 나타나고 있는 것도 사실이다. 즉 한국의 입장을 고려해 비교적 중립화된 입장을 취하려는 움직임이 그것이다. 과거 중국의 모든 출판물들은 언제나 평양 측의 주장에 맞추어 남한에서 먼저 전쟁을 일으켰다고 했으나 지금은 중립적인 표현으로 그 어느 쪽도 전쟁의 발발에 책임이 없다는 듯한 '한국전쟁이 발발했다'라는 표현을 쓰고 있다. 또 1997년 중공중앙문헌연구실

---

47) 靑石, 「一九五0年解放臺灣計劃擱淺的幕後」, 『百年潮』, 第1期(1997), 38~46面.

48) 沈志華, 「冷戰史新研究與檔案文獻的收集和利用」, 선즈화 개인 홈페이지 http://www. shenzhihua.net에 게재.

이 출판한 『周恩來年譜』(1949~1976)에서도 한국전쟁 발발 원인에 대한 관점의 미묘한 변화를 감지할 수 있는데, 과거에는 단순히 미국이 북한을 침략했다고 하던 주장을 '한국 내전이 발발했다'고 고친 후 미국이 파병하여 '한국내정을 간섭했다'고 덧붙이고 있다.49)

다른 하나는 과거에는 금기시되었던 전쟁기의 중북관계도 일부 학자들에 의해 논의되고 있다는 점인데, 이 시기의 양국 지도부 사이의 모순과 갈등에 대한 논의가 그것이다. 이런 갈등은 중국군의 출병을 둘러싼 갈등, 지원군 참전 후 작전 통수권을 둘러싼 갈등, 38선 통과 후 계속 남진할 것인가의 여부를 둘러싼 갈등, 철로 운송 관리체제를 둘러싼 갈등 및 정전협정 체결시기를 둘러싼 갈등 등이다.

이와 관련하여 현재 중국과 북한 간에 한국전쟁에 대한 인식상의 심각한 괴리가 존재하는 것으로 알려지고 있다. 즉, 중국은 이 전쟁을 말할 때 '원조(援朝)'보다는 '항미(抗美)'에 의미를 부여하면서 북한에서 당시 중국의 역할에 대해 정당한 평가를 해주지 않는데 대해 불만인 것으로 알려지고 있다. 중국학자 량전싼(梁鎭三)에 의하면, 한국전쟁기 사회주의 진영 내 국가의 지도자들 간에 일어났던 모순과 갈등, 그리고 그것의 해결은 사회주의 국가관계 중에 내재된 구조적 결함, 즉 주권국가관과 사회주의 지도권 간의 충돌을 반영하며, 그 결과 사회주의 동맹 고유의 불안정성을 잉태했다고 주장한다.50)

---

49) 이를 양분하는 목적은 중국이 한반도의 내전 과정에 개입한 것이 아니라 침략군에 대한 응징으로 출병했음을 강조하려는 의도로 볼 수 있다.

50) 梁鎭三, 「전쟁기 중국지도부와 북한지도부 사이의 모순과 갈등」, 『한국전쟁사의 새로운 연구2』(서울 : 국방부 군사편찬연구소, 2002년 12월), 575~627쪽. 이 글은 선즈화가 梁鎭三이란 가명으로 기고한 글이다. 이 논문의 중국어판은 대만 중앙연구원 근대사 연구소가 출판하는 학술지에 게재되어 있다. 梁鎭三, 「朝鮮戰爭期間中朝高層的矛盾,分歧及其解決 : 冷戰中社會主義陣營內國家關係研究案例之一」, 『近代史研究所集刊』, 第40期(2003年 6月), 55~96面.

IV. 결론 및 전망

이상의 논의에서 도출할 수 있는 결론은 우선 자료공개의 면에서 한국전쟁에 관한 중국의 주요 핵심 문건들이 전면 공개되는 데에는 앞으로도 상당한 시일이 걸릴 것이며, 설사 공개가 확대된다고 하더라도 여전히 신뢰도의 문제가 제기될 것이다. 중국의 자료가 완전히 개방되지 않음으로 인해 여전히 학자들 사이에서 논쟁의 대상이 되고 있는 주요 주제들로는 '한국전쟁의 기원과 중국의 역할', '중국의 참전 결정과정', '한국전쟁기의 중소관계', '한국전쟁기의 중북관계', '휴전회담 중 중소의 입장과 휴전조건의 득실' 등을 들 수 있다.

다음으로 중국에서의 한국전쟁 연구와 관련해서는 아직도 주류는 군사 관련 연구기관과 당사 연구기관 등 관변 학자들이며, 참신성 있고 개방된 시각의 연구는 일부 독립적인 개별 학자들이 수행하고 있는 실정이다. 또 이러한 새로운 시각의 연구결과가 출현하면 매번 주류 학자들의 공격을 받는 실정이기 때문에 아직까지는 완전한 인식과 발상의 전환이 힘든 상황이다. 즉, 체제 본연에 내재하는 한계가 객관적인 연구 환경의 조성과 인식의 전환을 가로막는 장애요인으로 작용해 왔다고 볼 수 있으며, 앞으로도 상당 기간 동안은 이러한 상황이 지속될 것으로 보인다.

또 중국은 현재 냉전 종식 후 이데올로기의 쇠퇴로 인해 내부의 결집력을 강화하기 위한 수단으로써 '중화 민족주의'를 고양하면서 한국전쟁사를 여전히 '영광스러운 승리'의 역사로 선전하며 자국 청년들의 애국심 고취를 위한 산 교재로 십분 활용하고 있다.

실제로 지난 2000년 10월 25일 중국에서는 '항미원조' 50주년을 기념하기 위한 대규모 행사들이 거행되었고, 군계통 및 당계통의 주류 학자들이 학술회의를 통해 대대적인 세 과시를 하고 개혁·개방이후 산발적으로 나타났던 기존의 입장에서 벗어난 주장들에 대해 집중적인 비판을 가하면서 이 전쟁을 '정의의 전쟁'으로 미화시킨 바 있다.[51] 뿐만 아니라 최근에는 중국의 민족주의 고취와 연계하여 역사문제에 대해서 극단적인 태도들도 출현하고 있는바, 한국전쟁사와 관련한 부분에 대해서도 유사한 움직임이 유발될 가능성이 있으며 중국은 과거부터 현재까지 이 문제에 대해 자국 중심의 해석을 고집하고 있다는 점을 상기할 때 단기간 내에 큰 시각의 변화를 기대하기가 어렵다고 하겠다.

---

51) 陳林 整理, 「抗美援朝與20世紀後半葉的中國和世界 : 專家學者對一些反常動向和錯誤言論的剖析」, 『當代世界與社會主義』, 第1期(2001), 40~41面.

참고문헌

김기석, 『한국학의 세계화를 위한 해외소재 한국학 관련 사료 수집 및
　　　정보화 방안 연구』, 정책연구과제 99-9-2-4.
김명섭, 「한국전쟁 연구를 위한 다국 사료 교차 분석법과 그 국내적 기
　　　반」, 『정신문화연구』, 제23권 제2호, 2000.
박두복 편저, 『한국전쟁과 중국』(서울 : 백산서당, 2001).
이완범, 「한국 국내의 6·25전쟁 연구 동향」, 『軍史』, 제55호, 2005. 6.
朱建榮, 「중국대륙에 부는 한국전쟁 연구 바람」, 『역사비평』, 15, 1991.
梁鎭三, 「전쟁기 중국지도부와 북한지도부 사이의 모순과 갈등」, 『한국전
　　　쟁사의 새로운 연구2』(서울 : 국방부 군사편찬연구소, 2002년 12월).

Chen, Jian. *China's Road to the Korea War : The Making of the
　　　Sino-American Confrontation*, New York : Columbia University
　　　Press, 1994.
Goncharov, Sergei, John W. Lewis and Xue Litai. *Uncertain Partners :
　　　Stalin, Mao, and the Korean War.* Stanford : Stanford
　　　University Press, 1993.
Zhang, Shu Guang. *Mao's Military Romanticism : China Fights the
　　　Korean War, 1950~1953.* Lawrence, KA : University Press of
　　　Kansas, 1995.

薄一波, 『若干重大決策與事件的回顧』(北京 : 中共中央黨校出版社, 1991).
柴成文·趙勇田, 『抗美援朝紀實』(北京 : 中共黨史資料出版社, 1987).
柴成文·趙勇田, 『板門店談判』(北京 : 解放軍出版社, 1989).

杜平, 『在志願軍摠部』(北京：解放軍出版社, 1989).

『彭德懷自述』 編輯組 編, 『彭德懷自述』(北京：人民出版社, 1981).

國立北京圖書館, 『抗美援朝資料目錄』(北京：北京圖書館, 1950).

洪學智, 『抗美援朝戰爭回憶』(北京：解放軍文藝出版社, 1990).

軍事科學院軍事歷史研究部編著, 『中國人民志願軍抗美援朝戰史』(北京：軍事科學出版社, 1988).

軍事科學院, 『當代中國外交卷：抗美援朝戰爭』(北京：中國社會科學出版社, 1989).

軍事科學院　軍事歷史研究部　編, 『抗美援朝戰爭史(三卷本)』(北京：軍事科學出版社, 2000).

聶榮臻, 『聶榮臻回憶錄』(北京：解放軍出版社, 1984).

逄先知·李捷, 『毛澤東與抗美援朝』(中央文獻出版社, 2000).

瀋陽軍區百科編審室編, 『抗美援朝戰爭論文集』(瀋陽：遼寧人民出版社, 1989).

沈志華編, 『朝鮮戰爭：俄國檔案館的解密文件(上, 中, 下)』(대만：중앙연구원 근대사연구소, 2003).

伍修權, 『在外交部八年的經驗』(北京：新世界出版社, 1986).

徐向前, 『歷史的回顧』(北京：解放軍出版社, 1987).

徐焰, 『第1次較量：抗美援朝戰爭的歷史回顧與反思』(中國廣播電視出版社, 1990).

楊城武, 『新的使命』(卓越出版社, 1987).

楊得志, 『爲了和平』(北京：長征出版社, 1987).

姚旭, 「抗美援朝的明智決定」, 『黨史研究』, 第5期, 1980.

姚旭, 『從鴨綠江到板門店』(北京：人民出版社, 1985).

周恩來, 『周恩來選集』(北京：人民出版社, 1984).

中國人民抗美援朝委員會宣傳部編, 『偉大的抗美援朝運動』(北京：人民出版社, 1954).

中國人民志願軍戰爭工作經驗總結委員會, 『抗美援朝戰爭的經驗總結』(北京：解放軍出版社, 1956).

陳林　整理,「抗美援朝與20世紀後半葉的中國和世界：專家學者對一些反常
　　　動向和錯誤言論的剖析」,『當代世界與社會主義』, 第1期, 2001.
梁鎭三,「朝鮮戰爭期間中朝高層的矛盾,分歧及其解決：冷戰中社會主義陣營
　　　內國家關係硏究案例之一」,『近代史硏究所集刊』, 第40期, 2003年 6月.
齊德學,「關于抗美援朝戰爭的幾個問題」,『中共黨史硏究』, 1998年 第1期.
齊德學,「抗美援朝史硏究情況綜述」,『軍事史林』, 제5기, 1990.
靑石,「一九五0年解放臺灣計劃擱淺的幕後」,『百年潮』, 第1期, 1997.
徐澤榮,「中國在朝鮮戰爭中的角色」,『當代中國硏究』, 第2期, 2002.
高華,「當代中國史史料的若干問題」, http://www.usc.cuhk.edu.hk/wk_
　　　wzdetails.asp?id=2197(검색일：2004년 9월 6일).
沈志華,「尋找檔案文獻,探索歷史眞相：我在外交部檔案館的点滴收獲」, http://
　　　www.shenzhihua.net/wszt/000054.htm.
沈志華,「冷戰史新硏究與檔案文獻的收集和利用」, http://www.shenzhihua.net
　　　(검색일：2005. 1. 25).
沈志華,「中國的冷戰國際史硏究狀況」, http://www.shenzhihua.net(검색일：
　　　2005.1.25).
徐有威,「獨樹一幟的戰爭記錄」,『二十一世紀』, 인터넷판, 7월호, 2002. http://
　　　www.cuhk.edu.hk/ics/21c/supplem/essay/0111026.htm.(검색일：
　　　2003년 10월 27일).
楊奎松,「評抗美援朝戰爭史」, http://www.yangkuisong.net/spsx/sp/000039.
　　　htm(검색일：2005. 1. 25).
楊奎松,「關于朝鮮戰爭爆發的中國因素問題」, http://www.yangkuisong.net
　　　/ztlw/wjsyj/000114.htm.

舊동독이 본 북한체제의 형성과 발전(1949~1968)

차 례

Ⅰ. 서론

Ⅱ. 구동독의 북한관련 기밀문서 및 구술자료

Ⅲ. 구동독과 북한간 정치·외교의 전개과정

Ⅳ. 결론

참고문헌

舊동독이 본 북한체제의
형성과 발전(1949~1968)

김 면·전현준

I. 서 론

이 연구는 독일국립문서보관소에 소장된 북한관련 일차자료들을 기초로 구동독과 북한간의 외교수립에서 1960년대까지 양국관계의 흐름을 고찰하는 데 있다. 그동안 북한과 구동독간의 외교실체는 공식적인 행사이외에 드러나지 않아왔다. 수집된 구동독 기밀문서는 통제되어왔던 북한정보에 대한 제약성을 극복하고 북한·동독간의 실상에 대해 새로이 접근하는 큰 의미를 지닌다고 볼 수 있다.

기밀문서는 북한과 동독관계사의 다양한 측면을 담고 있다. 자료는 우선적으로 동독과 북한간 관계형성과 발전의 기본관계가 묘사되어 있다. 북한주재 동독대사관의 내부평가 보고서는 각 시대마다 북한의 정치, 경제, 군사 및 정당단체들의 구체적 내용을 담고 있어서, 당시 동독이 북한을 어떻게 평가, 인식하고 있었으며, 북한과 어떤 관계를 추진하였는가를 살필 수 있다. 이들 문헌은 동독의 역할은 물론 또한 북한 사회주의 체제의 형성과 전개과정에 관한 본질적인 문제에 접근할 수 있는 중요한 실증적인 정보원으로서 북한의 질적 성격을 규명하고 평가할 수 있게 한다.

본 연구는 독일지역에 거주하는 북한·동독 간 협력사업 참여자를 중심으로 구술인터뷰를 함께 진행하였다. 독일에서 채록된 이들의 체험과 기억에 관한 증언은 양국관계사 연구를 문헌중심 만이 아닌 역사적인 현장을 생생하게 담고 심층적으로 접근하고자 하는 취지에서 이루어졌다. 본 논고는 우선 첫 장에서 독일 내 북한 자료현황과 수집정보를 간략히 정리 논술할 것이다. 이는 북한 기초연구에서 제기되어왔던 자료문제를 극복하고 향후 질적·양적 연구심화를 위한 사료 정보제공이라는 의미를 두고 있다. 다음 장에서는 구체적인 사례연구로 현재까지 수집된 구동독의 기밀문서와 구술증언에 기초하여 북한의 전후 복구과정, 사회주의 건설기 그리고 1960년대 중소이념갈등에 따른 북한정세의 측면을 다루면서 초기 북한·동독사를 살피고자 한다.

II. 구동독의 북한관련 기밀문서 및 구술자료[1]

1. 기밀문서

구동독과 북한간 기밀자료의 소장처는 대표적으로 독일외무성문서보관소, 연방공문서관내 동독 당과 대중단체 문서보관기관, 구동독 국가공안국 문서보관소와 연방공문 군사서관를 들 수 있다. 또한 구동독정부의

영상자료는 코블랜쯔 문헌관[2]서 소장하고 있으며, 1950년대 동독과 북한 간 경제복구사업관련 도면은 데사우 건축공예학교[3]에 소장되어있다.

가. 독일외무성 문서보관소
(Auswärtiges Amt—Politisches Archiv)[4]

독일외무성 문서보관소는 1923년 외무성정치문서보관서로서 출발한 정부기관이다. 북한과 관련된 1차 자료는 주로 구 동독외무성보관소(MfAA)에서 이전되어온 것이다. 구 동독외무성보관서는 구 동독의 정부자료로 각종 외교문서, 외국과의 협정문서, 외국대표단의 문서류(외교사절, 대사관보고서, 공사와 영사보고서등), 신임장 등을 보관하여 왔다.

외무성보관소가 소장하고 있는 북한관련 문헌 및 자료는 현재 확인된 것만 총 750개의 파일에 이르고 있으며, 총 2,000~2,250개의 마이크로피시 형태로 보관되어 있다. 각 마이크로피시는 최대 98쪽에 이르는 분량을 담고 있으며, 이를 합하면 총 약 70,000~75,000쪽에 이른다. 외무성보관소의 자료이용은 개별 연구자들에게 년 약 2,000쪽으로 자료복사를 제한하고 있어, 통일연구원 독일지역팀은 외무성보관소에서 북한 관련 자료전체를 본 연구원으로 이전하는 협의하여 자료에 관한 이전동의서를 2003년 5월 받았다. 현재 비공개 기밀문서는 27,000여 쪽의 분량의 자료가 수입되어 있다.

---

2) Bundesarchiv Koblenz, 주소：56064 Koblenz, Potsdamer Straße 1, 56075 Koblenz, Germany, e-mail koblenz@barch.bund.de.

3) Bauhaus Dessau, 주소：06846 Dessau, gropiusallee 38, Tel：+49 (0)340 6508-0, Fax：+49 (0)340 6508-226.

4) 주소：10117 Berlin, Kurstr. 33, e-mail：117-r@auswaertiges-amt.de, Homepage://www.auswaertiges-amt.de.

·동독과 북한의 외교문서 1955~1987	·동독의 한반도 통일관련 연구문서
·동독과 북한의 조약문과 협정서	·동독의 함흥프로젝트관련 문서 1954~1965
·동독과 북한 최고위층의 개인 서신문(김일성와 호네케 등)	·동독의 북한정치와 경제상황파악에 관한 극비문서 1962~1969
·동독과 북한지도자의 방문기	·동독의 50년대 북한과 베트남 경제지원 문서
·사회주의 통일당(SED)의 북한관련 공식 및 비밀문서	·동독과 북한 무역관련 문서
·동독, 북한과 중국의 협력문서	·동독의 북한에 대한 경제협력과 산업화지도에 관한 문서 1954~1962
·동독의 동아시아 정세에 관한 보고문	·동독과 북한의 50년대 문화 및 학술교류문서
·동독과 구소련의 북한관련 외교 및 밀약 문서	·동독의 무선통신관련 기술이전 협력 문서
·동독방문시 북한 지도자들의 연설 및 담화관련서류	·동독과 북한의 우편 및 전신분야협력문서 1955/ 1971~1975
·동독의 남한과 서독의 협력에 관한 조사서	·동독과 북한의 항공서비스 상호교류협정

나. 구동독의 당과 대중단체의 문서보관기관 (Stiftung Archiv der Parteien und Massenorganisationen der DDR im Bundesarchiv)[5]

구동독의 당과 대중단체의 문서보관기관에는 사회주의 통일당(SED)의 중앙당문서보관소가 있다. 여기에는 동독정부, 당, 사회단체가 외교활동으로 외국정당·단체와의 교류한 문서를 소장하고 있다. 북한 관련 문서는 1972년 이후부터 최근까지 동독 정치관련 문건과 해외 경제협력 자료 등의 매우 다양한 파일의 일부로 소장되어있어 자료수집의 어려움이 있다. 확인된 문서로는 對북한 외교정책 담당자들의 보고서, 평양주재 사회주의국가 대표단의 북한 평가서, 구동독 파견단의 북한경제 상황 보고문서 등을 들 수 있다. 그 외 연구대상인 문서들은 수집에 있어 상당한 시

---

5) 주소 : 12205 Berlin, Finckensteinallee 63, Fax : 01888/7770-111, Homepage : http://www.bundesarchiv.de

일의 체제가 요구된다. 이곳 문서보관소에서 약 3,000쪽의 문서가 수입되
어 있다.

외무성 북한경제관련 50, 60년대 주요목록

· 북한경제발전과 전략, 실행 평가보고서 (A7079)(A7080)1954년~56년,(A6973)1957년, 1960년~61년,　　　(A7106)(A6959)(A6972)1957 년~62년, 　(C151/75)　(C64/77)　(C65/75)1965년~69년, A6967)1956년~61년, (A7105)1962년~66년 북 한경제정책의 언론사설, (C205/74)1970년2월~ 10월 북한언론의 대외정책에 대한 보고서 · 북한·동독간 과학기술 협력 (A10260)(A7083)1956년~62년　　　(A6896)1955 년~1957년 (C1157/75)1963년, (C318/78)1968 년~73년 · 북한 임금수준 및 물가 (A10251)1955년~56년,　　(C212/74)1961년~67 년, (A7008)1956년~60년 · 북한 농업분야 발전 보고서 (A5623)1957년~58년, (A5614)1954년~1956년 (A7005)1957년~60년 (A6971)1956년~61년 (A7086)1957년~63년 · 북한 사절단 박람회 참석 (A7084)1962년~63년(A6970)1956년~60년 (A7114)1964년~65년 (A5560)1952년 (A7006)1960년~61년 · 남한 경제 보고서 (C6864/C6865)1961년~66년,　　　(A7031)남한의 경제상황	· 동독·북한간 경제교류 및 협정 (A5805)1950~52,　1957년~58년,　(A5647) 1954년~1955년,　(A6110)(A6001)　1956년, (A5633)1953년4월~1957년12월,　(A10085/ A10077)1955년~59년,　(A7004)　(A7071) 1955년~62년, (C209/74)1965년, 1967년~ 1968년, (A7125)1964년~65년, (A5603)1953 년~1954년 (A7007)1955년~62년, (A7082) 1959년~63년,　　　(A6893)1954년~1960년, (A6897)1955년~1959년,　　(C957/75)1968년 (A15352)1960년 6월 북한·동독간 교역과 해운운송에 대한 협약, (A10266) 문화-언 론-외국선전, 무역관계, (A10258)1954년-61 년 북한 내 산업체 건설에 관한 동독 지원 사업,　　(C160/75)1968년,　　1971년-73년, (A7160)　(A7009)　1962년~64년 기업 및 LPG관련, (C956/75)1972년 동독 아연작업 소 건설 차관, A6057)1957년 MVR, 북한, 소련과의 지급수단에 관한 협정 ·북한·동독의 우편과 전신교류 및 협정 (A5654)(A5680)1955년,　(C947/74)1971년~ 1973년 (C955/74)1970년~72년 국제 전신VIT 중 장파 무선방송회의의 준비를 위한 OSS 전 문가심의의 준비와 참여, (C353/70)북한· 동독간 항공서비스 상호교류협정

구동독 당과 대중단체 문서기관 북한관련 자료(DY 30-SED중심)

· 사회통일당(SED) 간부회의록	· 중앙위원회 정치국
· 중앙위원회 서기국 정보문건	· 국제외무부서 문서철
· 국제무역 · 지원 · 통상담당부서(1963~71)	· 외국정보수집부서
· 외교정책위원회	· 울브리히트(Walter Ulbricht) 문건
· 일반분류철	· 피크(W.Pieck) 문건
· 호네커(Erich Honecker) 문건	· 악센(Axen) 문건
· 그로테볼(Otto Grotewohl) 문건	

동독의 함흥복구사업관련 주요문서철

그로테볼(Otto Grotewohl) 유고문건	NY 4090
울브리히트(Walter Ulbricht) 유고문건	NY 4182
국제관계철(Internat. Verbindungen)	DY 30/IV2/20/134-138 DY 30/IV A2/20/250-261 DY 30/IV B2/20/27 DY 30/ vorl. SED 40520
국제통상무역(Aussenhandel)	DY 30/IV2/6.10/182

다. 구동독 국가공안국문서보관소
(Die Bundesbeauftragten für die Unterlagen
des Staatssicherheitsdienstes der ehemaligen DDR)[6]

구동독 국가공안국문서보관소는 구동독의 첩보기관이다. 주요업무는 국내외 정보 및 국내보안 정보 수집, 국가기밀에 해당되는 문서의 보안 업무를 담당했으며, 활동 결과보고서와 출판물을 발간하였다. 북한관련 기밀문서는 현재 독일외무성 및 동독당 문서보관소로 상당수 이전되었으며, 해제되지 않은 소장된 기밀문서는 비공개되고 있다. 현재 이곳 북한 관련 문건들은 주로 공개문서로서, 동독관련 연구서적은 약 30,000여권과 90여개의 잡지로 구성되어 있는 서가가 개방되어 있다.

---

6) 주소 : 10178 Berlin, Otto-Braun-Str. 70-72, e-mail : bibliothek@bstu.de, Homepage : http://www.bstu.de/bibliothek/bibliothek.htm.

라. 연방공문 군사서관
(Bundesarchiv—Abteilung Militärarchiv)[7]

　연방공문 군사서관은 구동독의 인민군조직, 국경경비대, 민간방위체제의 군사정책과 외국과의 군 관련문서와 군사기밀 등 다양한 자료가 소장되어 있다. 확인된 북한관련 자료는 총30여개의 파일철로, 평양주재 구동독대사관 육군무관 보고서와 북한인민군의 해외군사훈련 및 사회주의 국가들과의 군사교류협정서 등 대략 9,000~10,000여쪽의 북한관련 기밀문서가 소장되어있다.

군사관련 주요문서철

동독과 북한의 군사 협력(1988~89)	8465/ Bd.1-Bd.2
조선민주주의인민공화국 국가·당·군사 지도부 문서(1960~64)	VA-01/ 6391
북한관련 동독대사관 육군무관의 보고와 정보문건(1959~62)	VA-P-01/1070
국제협력, 북한으로의 동독 군사사절단의 방문 보고(1987)	490401/32279
북한관련 군사정책과 군사문제들의 동독 육군무관의 보고 및 정보문건 (1959~62/ 1962~64)	VA-01/6392/ Bd.1
북한인민군의 형성과 발전에 관한 문건(1959~63)	VA-01/6390
북한인민군과 국제협력 (1982~90)	490723/32306

　구동독문서보관소에 보관되어왔던 북한 관련 비공개문서들은 대부분 A4용지 크기로 작성되어 있으며, 문서는 악테(Akte)라고 하는 공문서철 내 마이크로피시 형태로 보관되어있다. 이 문건의 겉장은 문서의 성격과 내용을 보여주고 있다. 문서의 성격은 서류 위쪽에 대외비(vertraulich), 비밀(streng vertraulich)과 극비(geheim) 등으로 구분되어 있다. 문서작성의 주체는 윗부분에 대부분 명시되어 있으나, 그렇지 않는 편지글과 메모형식의 문서도 있다.

---

7) 주소 : 79024 Freiburg, Wiesentalstr. 10, e-mail : militaerarchiv@barch.bund.de, Hompage : http://www.bundesarchiv.de

2. 구술자료

독일소장문헌사료의 발굴과 병행하여 독일거주 북한관련 생존자들의 구술증언녹취라는 작업을 시도하였다. 국가간 경제협력 담당자, 통역관, 북한유학생, 동백림사건 관련자 등 대략 10여명에 의한 구술자료를 수집하였다. 역사적인 현장에 있었던 당사자들의 기억과 체험은 가장 구체적이고 생생한 자료원으로 역할을 할 수 있기에, 이들의 증언을 체계적으로 구술텍스트화 하였다.

주요 구술증언 대상자들은 다음과 같다.

· 한스 마레츠키(Hans Maretzki) 박사(前 평양주재 舊동독대사)

마레츠키대사와의 1차면접은 1차년도 출장 중 2003년 7월 2일에 이루어졌고, 2차면담은 2004년 2월 19일에 실시되었다. 6시간에 걸친 면담에서 그는 자신의 자서전적인 성격의 내용을 구술하였다. 이전에 『병영국가 북한』이라는 책을 통해 북한체제의 일부를 증언한 바 있으나, 이번 인터뷰는 이전과 다른 학술적인 접근과 함께 대사의 자서적인 성격이 가미되어 1980년대 북한과 구동독 간 군사적, 경제적 그리고 외교적인 협력관계의 상황 및 자신의 일화를 구체적으로 담고 있다.

· 브로홀로스(Brochlos) 박사
  (前 평양 외국문 종합출판사 번역사/부부장대우)

독일연구팀은 2004년 4월 2일 브로홀로스 박사의 구술인터뷰를 시행하였다. 그는 동독정부의 고등교육부에서 파견된 번역사로 평양의 외국문 종합출판사에 일하면서 주요 서적(김일성 전집과 김정일 전집 포함)을 독일어로 번역하는 책임을 맡았었다. 또한 주요 인사의 통역관으로서 다양한 고위 북한 인사와 접촉을 이루어왔으며, 최근 2001년에는 독일 PDS

의 기지 당수를 대표단으로 한 독일 평양방문단의 통역을 맡기도 하였다. 그를 통해 북한의 출판물에 관한 문화정책과 고위층의 지침사항 등 다양한 북한 문화 분야의 내용을 들을 수 있었다. 특히 구술녹취에서 당시 동독대사관과 북한당국과의 문화 협력, 변화되는 북한의 사회경향, 그리고 1980년대 북한의 세계 청년축전, 한국 민주화운동과 전두환 정권기, 6월 항쟁 등에 관한 북한지도부의 반응을 인터뷰내용으로 담을 수 있었다.

· 신동삼 선생(前 동독의 함흥시 건설사업 통역관)

신선생과의 인터뷰는 마인쯔 사택에서 2004년 2월 23일에 이루어졌다. 그는 한국전 당시 인민군대에서 국가장학생으로 선발되어 동독유학중 1956년 함흥시 복구건설프로젝트에 통역관으로 참가한 경력을 지녔다. 그는 초기 동독의 對북한 사회주의건설에 관한 다양한 경험과 사건을 진술하였다.

· 김재철 선생, 윤몽원(가명)박사 그리고 김석실(가명)박사
　(前 동독파견 유학/원자력발전소 및 독일국립연구원)

1950~60년대 김일성 수상의 장기 국책사업계획의 일환에서 선발 파견한 국비 유학생들로, 현재 독일로 망명중인 在獨 북한과학자들이다. 2004년 2월 21일과 22일 양일에 걸쳐 구술이 이루어졌다. 이들은 1952년부터 1차와 2차에 걸쳐 유학을 온 50명중 일부이며 이후 다시 북한으로 돌아가기를 거부하고 체류한 사람들로 현재 15인이 독일에 남아있다. 이들의 구술인터뷰를 통해 1950년대 북한정권초기의 상황과 당시 구동독과 북한간 경제 및 문화 교류·협력에 관련된 내용을 조사하였다.

· 조명훈 박사(前 함부르크대 North Korea Quarterly 발행인)

함부르크거주 재독 학자인 조박사는 2차례 방북을 하였고 독일에서

"North Korea Quarterly" 발행인을 역임하였다. 독일지역은 이념적으로 비교적 자유로웠다는 점에서 북한과 관계있는 재외동포 인사 및 전문가들이 상당수 포진해 있다. 따라서 2004년 2월 25일 실시된 구술을 통해 그동안 잘 밝혀지지 않았던 윤이상 선생과 송두율 교수 관련 일화 및 동백림 사건의 정치외교사를 취합하였다.

· 함흥시 재건사업관련 건설단원

건설사업 참여자들은 여러 사정으로 직접면접이 아닌 현지보조인력8) 혹은 서신을 통하여 접촉하였으며, 직접적으로 서신을 통하거나 혹은 간접적으로 그들 자녀들의 E-Mail을 통해 자신들의 과거 경험들에 대해 의미있는 구술자료를 보내왔다.

이들 중 독일 분스토르프에 거주하는 뤼케(Lübke)씨 가족은 함흥사업의 건축 자료 및 일기를 포함한 다양한 정보를 제공하였다. 베르너 헤셀(Werner Hessel)씨는 함흥시의 고층건물 건축을 담당한 경험을 전했다.

독일 내 생존 함흥시 건설프로젝트 참여자 명단9)

Driesnack, Ursula(Dresden시)	Schroth, Johannes(Leipzig시)
Gladitz, Egon(Lengfeld시)	Grotewohl, Madeleine(Börnersdorf)
Hessel, Werner(Berlin시)	Loui, Karl-Heinz und Ursula(Berlin시)
Kranert, Max(Berlin시)	Lüders, Gerhard und Erika(Stralsund시)
Lübke, Helga und Hans-Wilfried (Wunstorf시)	Werner, Claus-Peter(Berlin시)
Muschter, Walter(Dresden시)	Muschter, Martin(Lüssow시)
Nimschke, Georg und Ilse(Schwedt시)	Päßler, Horst und Renate(Berlin시)
Prengel, Katrin(Berlin시)	Prengel, Frau G.(Berlin시)
Terpe, Arnold und Christa(Berlin시)	Terpe, Bernd(Dresden시)
Stiehler, Gerhard(Berlin시)	Reinhard, Eva-Maria(Karlsruhe시)

8) Frau Pabst(Dresden), Frau. Iris(Berlin).

9) 이 표는 뤼게(Britta-Susann Lübke)여사가 본인에게 제공해준 자료에 기초하여 작성된 것이며, 일부인사들의 뜻에 따라 비공개를 원칙으로 함.

또한 독일 라이프찌히에 거주하는 쉬로트(Johannes Schroth)씨는 에어프르트의 건축학교를 졸업한 후 1955년에 21살의 젊은 나이로 함흥사업 지상공사에 참여했던 단원으로 자신의 경험을 서신 인터뷰하였다. 그리고 독일 칼스루헤에 있는 라인하르트(Eva-Maria Reinhard)는 함흥사업관련 의료사업과 일화에 관한 증언을 보내주었다. 이들 관련 구체적인 구술자료는 통일연구원 출간 독일지역 구술집에 수록되어있다.

III. 구동독과 북한간 정치 · 외교의 전개과정

1. 구동독의 한국전 지원

북한은 1949년 9월 9일 정권수립이후 같은 해 10월 7일 건국한 동독과 외교 관계를 1949년 11월 6일 수립하였다. 양국은 한국전쟁으로 대사교환이 지체되어, 한국전 직후인 1954년에 첫 대사교환을 이루었다. 대사교환 이전이지만 북한과 동독은 한국전을 배경으로 다양한 관계를 맺게 된다.

동독의 사료에서 주장된 한국전쟁의 원인과 성격에 관한 시각은 대체로 전쟁의 발생과 제단계에 대한 북한의 공식적인 입장을 다루었다. 동독의 한국전과 관련된 자료는(그림 1, 2) 미국이 한국분단의 주요 책임자로 처음부터 남한을 식민 예속화시켰으며 아시아에서 소련과 중국에 대항한 제국주의적 침략의 교두보로 한반도를 변화시키는 데 목적을 두고 있다고 판단하고 있다.

동독은 한국전을 군사적인 측면보다는 크게 정치 · 외교적 측면과 물질적 측면에서 지원하고 있다. 우선 선전활동을 통해 국제사회에서 미국을 침략자로 규정하고 북한을 합법적인 해방전쟁을 수행하는 것으로 홍보하였다. 수많은 북한과의 연합활동과 국내, 국제무대에서 사회주의 사회단

그림 1. 미국의 돈벌이를 위한 전쟁에
대한 경고(독일역사박물관소장)

그림 2. 조선은 조선인에게 독일은
독일인에게(독일역사박물관소장)

체들이 주도하여 북한에 대한 침략과 이를 격퇴하기 위한 투쟁에 관하여 보도하였고,[10] 1950년 8월 31일 유엔 사무총장 트리그 리에게 "한국 내 미국의 전쟁수행을 통한 내정간섭"에 대한 항의서한을 전달하였다.[11]

동독은 한국전에 물질적인 지원을 행한다. 1950년 8월2일자 그로테볼 수상에 보낸 레만의 보고서에 북한지원에 관해 건의를 하였으며, 1950년 9월 9일 조선원조위원회를 세워 실질적인 원조를 행하게 된다.[12] 전쟁

---

10) 동독은 소련의 반미운동에 참여하여, 미군의 한국전 개입에 반대하는 평화성명을 지지했다. 「Neues Deutschland」 1950년 7월 3일자. 또한 동독은 북한의 전쟁수행을 미국 침략자와 그 동조자에 대항하는 자유를 위한 투쟁으로 평가하였다, 「Neues Deutschland」 1950년 8월 15일자.

11) 동독사회주의통일당은 10950년 8월 24일 중앙위원회가 항의문을 채택하게 되었다. Vgl. Beschlüsse u. Erklärungen des Parteivorstandes, des Zentralkomiees sowie seines Politbüros u. seines Sekretärs, Bd. III(Berlin : Dietz Verlag, 1952) S.196.

12) 민족전선의 국민의회에서 모든 정당과 대중조직의 구성원들이 참가하는 조선 원조위원회가 처음 설립되었다. 제1의장은 린저(Karl Linser)교수가, 제2의장은 니어리히(Max Nierich)가 맡았다. 위원회의 주요 구성원은 다음과 같다. 린저(Karl Linser)교수, 쉬타이들레(Luitpold Steidle)장관, 쉔(Otto Schön)(사회주의통일당), 니어리히(M. Nierich), 클라이네르트(Hans Kleinert)(인민 연대 원조조직), 가이쓸러(Ferdinand Geißler)(노동조합 연합의장), 데커스(Herr Deckers)(외무성), 쉬니츨러(Lieselotte von Schnitzler)(민주농민당). 각 주대표로 튀링엔(Thüringen)주 의장은 리블러(Liebler)박사, 작센(Sachsen)주 의장은 안델젠 넥쇠(Andersen-Nexö)여사와 북비츠(Otto Buchwitz)가 맡았다; Vgl. Protokoll Nr.153 der Sitzung des Sekretariats des ZK der SED am 10.04.1952; JIV

중에 무엇보다도 對북한의 동독지원은 의복과 약품 같은 긴급히 필요한 물품이 주종을 이루었으며, 전쟁이후 복구지원에 있어서는 기술지원이 전면에 대두된다. 1952년 6월 25일 동독은 북한과 "물품 및 지불교류 협정"과 3,000만 루블의 물품을 인도하는 제1원조협정을 맺게 된다. 그리고 3,000만 루블의 물품을 인도하는 제2원조협정은 같은 해 11월 14일 이루어졌다.

동독정부는 對국민홍보를 통한 자발적인 기부를 유도하였다. 1951년 12월 4일 SED당비서 울브리히트에게 아커만 차관이 보낸 친서에서 북경의 북한 무역협의처가 750만 루블 액수의 차관을 동독에게 요청했던 것에 대해 아커만은 자금의 조달에 관한 제안을 하고 있다.

> … 북한지원을 강화할 두 가지 가능성이 있다 : 하나는 제안된 차관을 제공하는 것과 또는 자발적인 모금이 강화되는 것이다….13)

이러한 자발적인 모금은 선전적인 지원과 함께 전쟁 중 주요한 북한원조방법이었다. 동독의 대북한 주요 물적지원과 재건사업은 권력자들의 사회주의국가간 우호협력의 친선의지를 나타내고 있다고 볼 수 있다. 그러나 그와 함께 간과되지 않아야 할 사항은 對북한 무상지원액이 소련과 중국 다음으로 높았던 점등은 동독인들의 전쟁피해국민에 대한 자발적인 원조와 기부정신이 작용했다는 것이다. 북한함흥지원단에 참가하였던 前 그로테볼 수상의 며느리인 마델라이네 그로테볼여사는 다음과 같이 증언하였다.

> 우린 그런 상황에서 북한에 갔습니다. 돕고자 했습니다. 우린 사실… 언

2/3/282, Bl. 18-21.

13) Betr. Hilfe für die Volksrepublik Korea u. Vietnam vom 04.12.1951. Nachlaß Walter Ulbricht, NL 4182/1240, Bl.2.

제나 무언가 분별 있는 것을 하고 싶었습니다. 우리에게 약간 이러한 압박
감이 느껴졌습니다…. 우리 세대에, 우리 시대에 말이지요. 독일이 세계에
대해 가졌었던 것입니다. 파괴자라는 것을 대신하여 누군가를 돕는 정말
즐거운 과제였습니다. 그래서 내 전 생애를 정말 분명하게 운명지었습니
다. 그것은… 내가 북한에 오늘날에도 감사한 점입니다.[14]

동독은 북한으로 1952년 3월말까지 의약품 150,346kg, 그리고 구호물품
444,197kg, 그리고 응급차 2대를 우송하게 된다. 4,778박스와 통 : 340,185
kg의 의약품과 의료기구, 9,134상자와 짐짝 : 1,657,697kg 의 각종 섬유제
품, 자전거, 오토바이, 타자기, 재봉틀, 가구. 사진기, 응급차, 트럭, 농업
기구, 완구, 냉장차, 각종기계를 포함하고 있다.[15] 북한에 제공된 제품들
은 당시 동독이 생산한 최고등급의 물품이었음을 당시 북한에 와있던 쉬
로트와 한스 뢰케씨의 구술증언을 통해 확인할 수 있다. 조선원조위원회
를 통한 기부금은 1951년 1월 1일 : 2,086,000 DM, 1951년 6월 1일 :
6,800,000 DM, 1952년 1월 1일 : 9,665,000 DM, 1952년 3월 31일 :
12,472,000 DM에 이르고 있다.[16]

동독은 국제 연대주의의 틀에서 북한관련 3개의 팜플렛을 제작하였고,
50만개의 북한 뺏지를 만들어 50페니히에 팔아 25만마르크의 기금을 조
성했고, 2개의 북한관련 다큐멘터리영화제작과 미군규탄 포스터전시회를
개최하였다. 1952년 "조선 : 경고와 의무"를 주제로 열린 베를린전시회에
7만명이 참석하였다. 전시회에는 우선 미군의 전쟁의 만행관련 사진과
그림을 통해 2차세계대전의 아픔을 겪은 동독시민들에게 전쟁의 끔직함
을 연상시키며 자발적인 지원금를 강조하였고(그림 3), 특히 한국전쟁 중
북한지역에서 미국이 북한 군대와 주민들을 향하여 생화학 페스트 무기

---

14) 그로테볼(Madeleine Grotewohl)구술/뢰케녹취, 2003년 6월 30일(저자에 의한 번역임).

15) Protokoll Nr.40 der Sitzung des Sekretariats des ZK der SED am 15.01.1951, Punkt 3;
    JIV 2/3/167, Bl. 3.

16) Ebd.

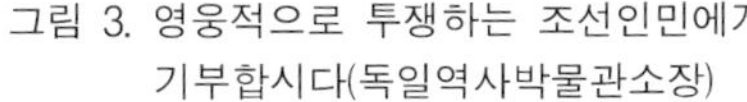

그림 3. 영웅적으로 투쟁하는 조선인민에게
기부합시다(독일역사박물관소장)

그림 4. 미군 세균전에 관한 고발
(독일역사박물관소장)

를 사용하였다고 알렸고, 여러 전문가들로 구성된 위원회에 의해서 제시된 증거들을 통해 동독은 잔혹한 행동을 격렬하게 비난하였다(그림 4).

동독측 한국전 종합평가 자료인 동독 조선원조위원회의 1955년 12월1일자 대북활동보고서[17]와 동독 평양대사관 무관 보이텔 소령의 1960년 3월 21일자 "조국해방전의 북한인민군의 전술"에 관한 보고서[18]는 1950년 6월 25일 남한의 침공으로 시작된 이 전쟁에 관해 1953년 7월 27일 휴전협정에 서명하게 된 것은 북한의 승리를 의미하는 것이며, 사회주의 제도의 우월성과 프롤레타리아 국제적 단결의 의미를 나타낸다고 보았다.

이 보고서들은 미국은 세계지배를 꿈꾸며 유엔의 이름을 빌려 북한에 엄청난 병력과 7백3십만톤의 전쟁물자를 동원하여 2천만 달러를 투입했고, 해방과 자유를 위해 싸우는 조선인민에 대해 세균 화학무기를 사용했으나 결국은 실패하였다고 전쟁의 결과를 정리했다. 결과적으로 북한 인민군과 중국 인민지원군은 109만명의 적을 죽였으며, 그중 39만명의 미군이었고, 1200대 비행기, 250척 선박과 3,000대의 탱크가 파괴되었다

---

17) Die Arbeit des Solidaritätsausschusses für Korea u. Vietnam beim Nationalrat seit Bestehen bis 30.11.1955, Nachlaß Otto Grotewohl, NY4090/481, Bl.911-104.

18) "Die Kriegskunst der Koreanischen Volksarmee" vom Az. : Ph 140-10 Beu. Tgb. Nr : 43/60. Botschaft der DDR in der KVDR am 21.03.1960, VA-01/6390,

고 기록하고 있다. 이 조국해방전쟁의 승리는 소련과 인민민주주의국가
와 진보 세력 국가가 북한의 편에서 함께하고 모든 조선인민들이 불굴의
용기로 미국침략자들을 패배시키고 추방시켰다고 의미를 부여하고 있다.
특히 조선인민들이 어려운 시기에 중국 인민지원군이 투입되어 조선의
자유와 독립을 지켜주어 프롤레타리아 국제주의를 배우게 되었다고 평가
하고 있다.19)

2. 구동독의 對북한 전후복구사업

한국전 직후 1954년 대사교환이 처음 이루어졌다. 1954년 5월 12일 동
독에 북한 대사 박길용이, 북한에는 첫 동독대사로 피셔가 1954년 8월 4
일 부임하게 된다. 전쟁직후 동독과 북한은 1953년 10월 6일 3,000만블의
물품지원을 약속한 원조협정 제3과20) 원조협정 제4를 맺어 디젤모터공
장, 활판인쇄콤비나트, 전신·전화 설비공장의 건설을 약속하게 되고, 실
제 1,500만 루블에 상당하는 물품인도로 대체하여 공급하였다.21)

1954년 6월 19~23일까지 외무상 남일을 위시한 정부사절단의 방문,
1954년 10월 7일 내각 대표단장으로 경공업상 박의완의 방문, 1954년 12
월부터 1955년 3월까지 진반수 무역상의 위시아래 경제사절단이 동독에
와서 무역협정과 기술, 학술협력을 체결하였고 앞선 지원협약에 대한 협
의를 이끌었다. 1956년 6월 7~13일 김일성이 직접 동독을 방문하고 경
제지원을 요청하게 된다(그림 5). 전후 동독 측으로부터 적극적 지원과
원조는 전후 국가경제의 신속한 부활과 인민생활의 물질적 수준을 향상
시켰을 뿐만 아니라, 1950년대 북한의 사회주의 건설과 다음 단계로의

---

19) Vgl. Ebd.

20) Informationsmaterial, Nachlaß Otto Grotewohl, NY4090/481, Bl. 156.

21) Informationsmaterial, Nachlaß Otto Grotewohl, NY4090/481, Bl. 247-249.

발전을 위한 필수적인 경제적 환경조성에 중요한 역할을 수행하게 된다.

전후복구건설과 관련하여 1954년 "재건중인 조선", 1955년 "재건중인 조선민주주의인민공화국"이 화보전시(그림 6)가 이루어졌으며,22) 북한의 새로운 사회주의 건설단계에 있어서 동독의 물적, 기술적 지원이 조선원조위원회를 중심으로 체계적으로 이루어지고 있음을 보인다. 또한 국가 경제의 부흥을 위한 실질적 기술자를 육성하려는 프로그램을 실현한다.

그림 5. 김일성의 동독 방문(1956년 6월 7일)
(코블랜쯔문서관 소장, 38 829/15N)

그림 6. 국제연대주의에 입각한 북한 원조(독일역사박물관소장)

아카만 차관이 보낸 그러고르장관에 보낸 서신에 다음과 같이 나타나 있다.

공장이나 시설의 건설이나 재건을 위한 지원에 있어 파괴된 시설을 근본적으로 수리하거나 보완에 참여하는 것이 중요합니다. 없어진 시설의 장소 혹은 완전히 새로운 장소에 새로이 건립하는 원조도 또한 중요합니다. 그에 있어 필요한 도면을 얻고 필요한 프로젝트작업을 이행하는 것이 고

---

22) "Informationamaterial", Nachlaß Otto Grotewohl; NY4090/481, Bl.159.

려되어야 합니다. 장기적으로 기술전문가(Kader)의 교육과 훈련을 고려하여야 합니다.[23]

북한은 사회주의 건설을 위해 소련 및 동유럽 사회주의 국가들의 진보적인 경험과 기술을 배우고자 동독 등과 같은 우호적 사회주의 국가들에 의해서 기술인재를 양성하게 된다. 이러한 간부양성사업과 기술교육사업은 다른 사업에 우선시 되었으며, 특히 혁명과 건설에서 필요한 전문기술자를 양성한다는 정책을 실시하였다. 그중 현재 독일에 거주하고 있는 초기유학생인 김재철, 신동삼, 윤몽원과 김석실의 구술자료는 당시의 정황을 잘 밝혀주고 있다.[24] 동독파견 기술자교육생 1기였던 윤몽원 박사는 당시의 상황을 구술하였다.

> 조선은 1952년부터 동독, 폴란드, 체코, 루마니아, 불가리아 등에 국가재건기술을 배우고자 유학생들을 당에서 선발하여 파견했지요. 그때 중국으로부터는 역사를 배우고자, 몽고부터는 목축업을 배우고자, 동구권으로로부터는 기술을 배우고자 알바니아까지 유학생을 파견하였습니다.[25]

북한은 1952년 9월 동독유학생 1기를, 12월에 2기를 파견하였다. 이후 1957년까지 유학생이 매년 한 기씩 전체 5기가 파견되었다고 이들 구술자들은 진술하였다. 기밀문서를 통해 1955년 동독의 대학에서 국가적 기술인재양성교육을 받고 있던 북한인들을 총 334명으로 파악하였다.[26] 이

---

23) Staatssekretär Ackermann an Minister Gregor vom 26.08.1953; in : Nachlaß Otto Grotewohl, NY4090/481, Bl. 34(아카만 차관이 그레골 외무상에 보내는 서신).

24) 이들 북한유학생들에 대한 구술인터뷰를 2004년 2월 18일~27일, 독일 바덴바덴, 마인쯔와 오펜부르크에서 실시하였다.

25) 윤몽원 선생구술/저자녹취, 2004년 2월 21일.

26) Informationsmaterial, Nachlaß Otto Grotewohl, NY4090/481, Bl. 159. 라이프찌히 노동자 농민대학 : 71명, 라이프찌히 칼맑스종합대학교 : 25명, 동독육체문화대학 : 2명, 드레스덴 공과대학교 : 136명, 예나 대학교 : 12명, 로스톡 대학교 : 29명, 드레스덴 철도대학 : 21명, 프라이베르크 광산대학 : 31명, 일메나우 전기기술대학 : 7명.

들은 90%이상 이공계전공을 배우게 하였으며, 기계, 전기, 철도, 화학, 건축, 통신, 조선 등의 분야에서 유학하였다.

동독국가문서는 양국간의 관계문제에 있어 동독, 북한간의 협약내용이나 자료들을 통해 사회주의적 산업화 과정을 보여주고 있을 뿐 아니라, 긍정적인 면만이 아닌 양국간의 난처한 문제도 또한 서술하였다. 동독의 지원사업과 관련하여 북한 측과 함께 일정부분 갈등을 노정시키고 있다. 외무상 볼쯔박사에 보내는 동독대사 피셔의 전보서신이 "…북한측 친구들은 동독이 평화진영의 가장 부유한 국가 중 하나라는 견해이다…." 밝히듯이,27) 평양은 부유한 동독에서 가능한 많이 얻어내려고 하였다. 동독은 일정부분 용인하였다. 대외관계에게 동독이 서독과의 경쟁체제에서 보다나은 우월함을 과시하고 국제적으로 인정을 받기위해 자신들 문제에 대해 함구하였던 것이다.

그러나 북한 측의 협정내용과 계약의 변경 요구와 지나친 지원요청은 동독의 당시 어려운 상황을 고려하지 않은 채 북한 측의 이익만을 고려한 요구였기에, 동독국가계획위원회 같은 부서에서 북한의 요청을 심의하게 되었으며, 경우에 따라 거절되기도 하였다. 1956년 울브리히트에 보낸 보고서에서 북한이 요청한 10개의 완전한 공장과 건설작업소에서 단지 3개만이 지어져야 한다고 축소되었음을 알 수 있다.28) 그로테볼 수상에 보낸 외무상 장관 그레고르의 서신에서 분명한 것은 이 시점에서 무리한 북한지원이 더 이상 견딜 수 없는 한계점에 근접했다고 밝혀 양국간의 일정한 마찰이 있음을 알 수 있다.29)

---

27) Vgl. Fernschreiben Nr.300 aus Pyongyang vom 31.5.1956, in : Nachlaß, NY 4090/481, Bl.182.

28) Staatssekretär Ackermann an Minister Gregor vom 26.08.1953, in : Nachlaß, NY 4090/481, Bl.33.

29) Vgl. Schreiben des Ministers für Außenhandel u. Innerdeutschen Handel Gregor an den Ministerpräsidenten der DDR Grotewohl vom 15.09.1953, in : Nachlaß, NY 4090/481, Bl.41.

실제 북한은 보다 많은 물품을 교역하기를 원했으나 제작된 견본이 품질 미달 이유로 인수가 거절되고 품질개량이 이루어질 때까지 인수가 지체되었다. 이러한 무역거래의 불균형은 양국간의 협조관계를 어렵게 만드는 원인으로 작용하였다. 이와 관련하여 평양주재 동독대사를 지낸 마레츠키 박사는 양국의 경제교역과 북한의 주요 수출품목 문제점을 증언하였다.

> 동독은 (북한의) 원자재에 큰 관심을 갖고 있었습니다. 가장 중요한 원료는 마그네사이트 클링커였습니다. 그것은 채굴되는 것으로, 철강제조의 내장에 필요한 것입니다. 마그네사이트는 풍족히 산출되었습니다. 그러나 산업제품으로서 큰 전기를 필요하기에 언제나 제품의 품질이 문제가 되었습니다. 왜냐하면 용광로의 성능이 잘되지 않았기 때문이지요. 다른 원자재로 아연, 구리 같은 비철금속에도 관심이 많았습니다. 제가 있었을 시절에 기계품목이라든지 다른 산업완제품을 보지 못했습니다…. 북한의 섬유제품이 있긴 했습니다…. 그런데 아주 불만족스러웠습니다. 제품의 질에 큰 문제가 있었습니다.[30]

동독의 여러 경제복구사업 중 중심된 것은 함흥시 재건사업이었다. 함흥 프로젝트는 1954년부터 1962년에 걸쳐 북한과 구 동독간 추진된 경제사업으로, 전후복구에서 1960년대 초기까지 북한이 추진한 사회주의권 국가들과의 경제협력사업의 일단을 엿볼 수 있다. 특히 구동독은 북한에 대해 전후 무상원조에 대한 지원예상액을 1952년 이래 1964년까지 총 54,540만 루블을 설정하였고 1956년부터 1964년까지 함흥의 재건을 위해 매년 3,500만 루블을 배정하였다. 1962년까지 실제 지불된 통계자료는 다음과 같다.

전체 동독의 북한지원에서 함흥 경제협력 사업이 차지하는 비중은

---

30) 한스 마레츠키(Hans Maretzki)구술/저자녹취, 2004년 2월 19일.(저자에 의한 번역임)

1950~1962 구동독의 對북한 무상원조지원 내역

명칭	내 역	금액
원조협정 01	북한의 요청에 따른 물품인도	3,000만 루블
원조협정 02	북한의 요청에 따른 물품인도	3,000만 루불
원조협정 03	북한의 요청에 따른 물품인도	3,000만 루불
원조협정 04	디젤모터공장, 활판인쇄 콤비나트, 황해제련소 물품인도	8,800만 루불
함흥시재건		20,800만 루불
북한 연대위원회	자금과 물품기부	7,200만 루불
고아보육	600명분	1,900만 루불
학생교육	286명분	1,800만 루불
구동독적십자사	송금	25만 루불
기타	대학 토지검사 실험실 건립	10만 루불
합 계		49,535만 루불

40%를 상회 했는데, 이것은 함흥 프로젝트의 중요성을 알 수 있다.

수입된 함흥사업관련 기밀문서31)는 본 사업이 북한의 전후복구사업에서 어떻게 경제기반을 조성하였으며 북한 내 사회주의산업화의 건설을 어떻게 이끌었는지 잘 보여주고 있다. 수집된 문서는 사업 첫해인 1954년부터 1955년 1956년, 1957년과 이후 1962년까지 동독이 공업 및 과학기술원조와 금융원조를 통해 함흥 내 모든 생활영역에 걸쳐 복구사업과 현대화작업을 형성하며, 특히 함흥-흥남-본궁을 중심으로 이 지역을 함흥공업단지의 특별경제구역으로 개발, 육성하는 것을 보이고 있다. 이 계획은 북한 전문가들과 함께 소련의 조언자들의 공동 협력 하에 면밀히 논의되었고 가장 본질적인 사안까지 다루어졌으며, 도시의 세밀한 부분계획이 1:2000 척도로 앞서 제작 설계되었다.

---

31) 주요문건으로 그로테볼(Otto Grotewohl)수상 유고집 내 문건으로 ① Informationsmaterial über die Durchführung der Hilfe der DDR beim Aufbau der Stadt Hamburg, ② Baustab Korea : "Jahresabschlußbericht 1956", ③ "Quartalsbericht II. Quartal 1956" 참조.

그림 7. 함흥시주택건설(1957년 4월 15일)　　　　그림 8. 동독의 함흥시 재건사업(1960년 3월 4일)
　　(코블랜쯔문서관 소장, 45 964/ 10N)　　　　　　　(코블랜즈문서관 소장, 71 248/3N)

　　본 독일연구팀은 이들 프로젝트 참가자들을 만나 당시 일상생활을 포함한 다양한 협력과정과 사업정보를 수집하였다. 1956년 주택건축에 참가했던 뤼케와 베르너씨는 당시 건설작업과 관련된 일화를 전해주었다.

　　파괴되지 않고 남아있던 몇 개 전통건축물로부터 우리는 감동을 받았습니다. 따라서 이러한 매우 매력적인 아시아 건축술로부터 첫 기획에서부터 이런 민속 건축술의 전통을 함께 차용했습니다. 우리가 주택을 지었습니다. 그러나 최초 주택건물을 여전히 점토벽돌로 지었습니다. 그리고 탁아소와 유치원도 설치했습니다. 이들은 전형적인 기획에 의한 것으로 온 나라를 위한 것이었습니다. 그때 매우 재밌던 이야기가 있습니다. 제가 한 탁아소를 지었습니다. 그런데 건설공업성에 감사를 받고 이 작업이 비판적이라고 판결을 받았습니다. 그때 한 여자통역관이 통역해주었는데, 내가 소외양간을 설치하지 않아 매우 곤란하다는 것이었지요. 그때 당연히 난 놀랐습니다. 왜냐하면 탁아소와 소가 관련 있다는 것을 전혀 몰랐었거든요. 다른 여자통역관이 설명해 주더군요. 각 탁아소에는 적어도 두 마리 암소가 있어야 한다고요. 왜냐하면 아이들한테 우유를 공급해야 된데요. 당시엔 전 알 수 없었지요.32)

---

32) 베르너(C.Werner)와 뤼케(W.Lübke)구술/뤼케녹취, 2003년 6월 26일(저자에 의한 번역임).

당시 참가한 독일 건축가들은 매우 뛰어난 감각으로 한국 전통건축양식의 특징과 주거양식을 반영하여 주택을 건설하고자 했던 것을 볼 수 있다. 또한 이들 독일작업단은 북한 측과의 긴밀한 협조 하에 산업단지 개발을 효율적으로 추진하고자 생산시설의 인프라를 놓는 작업을 시행하였다. 도관을 제공받아 상수도시설을 설치하고 식수 및 배수설비를 개선하는 작업은 건설단의 주요한 임무 중 하나였다.[33]

> 나는 시험을 치룬 후 3년 후 북한에 가게 되었습니다. 북한정부고문으로서 말입니다… 난 기술고문으로서 존경받는 물의 명장이었습니다. 저의 주 업무는 함흥시의 대략 삼십만 명의 주민을 위한 식수공급을 재건하는 것이었습니다. 무엇보다 이러한 기계운영자 같은 전문가가 없었습니다. 당시 농사꾼들에게 수로파기를 교육했었습니다. 그들에게 수로를 어떻게 만들어야하는 지 가르쳤습니다. 내 생각에는 그것을 할 수 있을 때까지 3번쯤 다시 뜯어내야 했습니다. 그리고나서 아주 잘 되었습니다. 나는 어떤 잘못도 그냥두지 않았습니다. 안 그러면 마이스터로서 끝장일 것입니다.[34]

북한과 동독 작업자간의 협력은 비교적 성공적으로 이루어지고 있음을 당시 참가자들을 통해 알 수 있다. 물론 일부 갈등이 있었음이 확인되기도 한다. 통역관으로 참여했던 신동삼 선생은 이와 관련하여 한 일화를 전해주었다.

> 내가 본 게 하나 있는데, 독일 사람이 어떤 문제를 주장하더군요. 건설현장에 문제점을 제기하게 되었습니다. 함흥에 있는 건설일꾼이 '우리는 반대입니다.' 하니 독일 사람이 다시 이러이러한 조건으로 해야 됩니다 주장하니, 함흥일꾼이 말하길, '저 독일 사람은 히틀러 파쇼식으로 이야기한

---

33) Vgl. Beschluß 6/10 des Ministerrates vom 03.02.1955, in : Informationsmaterial über die Durchführung der Hilfe der DDR beim Aufbau der Stadt Hamburg, in : Nachlaß Otto Grotewohl, NY 4090/481, Bl. 105-106.

34) 립케(W.Lübke)구술/립케 녹취, 2003년 6월 26일(저자에 의한 번역임).

다'는 군요. 저는 곁에서 '내가 파쇼식이라고 독일어로 통역하여 말해야 합니까?' 그러니깐 함흥일꾼이 '글쎄 맘대로 하십시오'라고 했습니다. '당신이 그런 말을 했다면 회의는 끝나게 됩니다'라고 했지요. 그렇게 아십시오. '글쎄요 그렇게 되겠지요.' 그래서 '내 그 말은 하지 않고 다음번에 그런 말 하게 되면 한 숨도 쉬고 한 번 더 생각해서 말씀하는 게 좋을 것입니다. 우리를 돕기 위해 만 리 밖에서 왔는데 그렇게 모역하면 됩니까?' 이렇게 의견이 차이가 나기도 했지요.[35]

　수집된 동독의 문서는 시기별로 사회주의 경제기반과 인민생활에 필요한 산업, 교통, 통신수단 같은 기반의 구축과정의 지역인프라구축단계에서 동독의 선진 장비, 기계, 건설자재와 기술운영의 도입 및 산업개발관련 기술이전에 이르기까지 구체적인 진행과정을 상세히 보여주고 있다. 또한 이 문서들은 특별경제지역의 산업적 의미를 넘어 선진 사회주의 경제운영을 습득하는 배움터[36]로서 북한 인력의 교육 훈련을 포괄하는 거대한 사회주의 건설프로젝트로서 어떠한 역할을 담당하였는지를 보여주고 있다. 1956년 구 동독보고서는 교육시간 2,675시간, 938회, 강연참석자 17,750명과 교육과정과 강좌에 관해 구체적인 기록을 남기고 있다.[37] 그리고 이것은 함흥을 중심으로 아시아 지역 내 사회주의 산업화의 지역적 기본모델을 이루려는 설계에 기초하고 있었음을 확인시켜주는 의미성을 보여주고 있다.

---

35) 신동삼 선생구술/저자녹취, 2004년 2월 23일.

36) 『조선중앙연감』 1962, 5쪽; "우리 로동자들, 기술자들은 풍부한 경험을 쌓았으며 많은 지식을 체득하였습니다. 비날론 공장건설은 화학공업건설의 하나의 큰 대학이었습니다. 우리 로동자들과 기술자들이 쌓은 경험과 지식은 앞으로의 큰 밑천으로 됩니다."-김일성 1961년 5월 7일.

37) Baustab Korea : "Jahresabschlußbericht 1956", in : Nachlaß Otto Grotewohl, NY 4090/481, Bl.284f.

3. 동독대사관이 본 북한 60년대

북한은 50년대 후반 전후복구건설과 사회주의적 개조과정을 성공적으로 수행하고 60년대 중반까지 국내정세는 안정적인 상태를 맞게 된다. 당에는 항일빨치산 세력을 중심으로 김일성단일체제가 확고하게 구축되었다. 동독대사관의 평가보고서는 60년대 초반의 이러한 체제에 대해 문제점을 제시하고 있다. 항일 빨치산 투쟁과 연관하여 김일성의 역할을 지나치게 강조되고 있으며, 마르크스─레닌주의 이론이 김일성 동지를 위한 개인숭배를 뒷받침하는데 이용되고 있다는 점을 비판하고 있다.[38] 실제 중국민족의 투쟁과 조선의 독립운동사이에는 긴밀한 연관성이 존재한다는 사실을 간과하고 있다고 보았다.

김일성을 포함하여 조선의 많은 공산주의자들이 중국으로 피신한 점, 조선의 공산주의자들이 중국 공산당에 소속되었다는 점, 조선의 빨치산의 작전이 중국 인민해방군의 투쟁의 일부분으로서 감행되었다는 점, 수적으로 조선인들의 비중이 작은 점을 근거로 북한지도부의 항일 무장투쟁의 경험과 전통의 지나친 평가는 민족주의적인 경향이 뚜렷이 드러나고 있는 것으로, 국제적인 연관성을 부정하고 이러한 사실들을 누락하여 조선의 항일투쟁의 역할에 대해 과대평가를 하는 결과에 이르게 된다고 하여 논증이 불충분하고 옳지 않은 것으로 비판하고 있다.[39]

1950년대 후반에 시작되어 60년대 격렬하게 진행되었던 중·소분쟁은 공산주의세계를 양분시켰을 뿐 아니라, 북한에 큰 영향을 미쳤다. 북한은 독자적인 외교노선을 견지한 가운데 소련과 중국의 미묘한 갈등을 경험

---

38) Stellungnahme zu der parteiinternen Broschüre "Die revolutionären Traditionen unserer Partei", Vertrauliche Dienstsache Nr.32/63, vom 16.05.1963, in: Außereuropäische Abteilung Sektion Korea.

39) Ebd.

그림 9. 흐루시초프와 김일성(1961년7월 8일)   그림 10. 동독군사사절단의 북한방문
   (코플랜쯔문서관 소장 84 566/1N)   (1967년 10월 10일)
                                    (코블랜쯔문서관 소장 F1026/202/1 N)

한다. 이러한 관계는 동독과 북한사이에 여파를 미친다. 북한 대외정책의
결과는 북한·동독의 외교적 관계가 단절되지는 않았지만 양국간의 정
치·경제적관계의 악화를 초래하였다. 62년 동독대사관 보고서는 조선
노동당과 북한 정부가 점점 더 중국의 입장을 대변하여, 쿠바사태, 유고
슬라비아, 중국-인도 국경분쟁에 대한 그들의 태도와 갈팡질팡하는 대
외정책이 드러남을 지적한다. 따라서 동독은 이러한 국제정세에 따라
1952년부터 전개되어왔던 對북한 경제협력을 중단하게 된다. 1964년까지
계획되었던 함흥사업도 1960년 나토블록을 이유로 하여 1962년 중단하게
된다.40) 1962년 9월 11일~18일 에르미쉬 루이제를 단장으로 하는 동독
대표단은 북한을 방문하였고 함흥프로젝트완료를 알리는 종결식을 끝으
로 독일기술자들은 북한에서 철수하였다.41) 이후 함흥시의 재건을 위한

---

40) Vgl. Verehrter Genosse Ministerpräsident, in : Nachlaß Otto Grotewohl, NY 4090/481,
   Bl.303-304. 당시 사업 중단의 이유를 그로테볼 수상은 김일성에게 보낸 1960년 10월 6
   일자 편지에서 다음과 같이 서술하고 있다 : "독일민주공화국의 경제적 어려움과 서독연
   방정부가 내독무역에 있어 행한 조직적인 방해공작 그리고 나토블록의 자본주의 국가들
   이 행한 무역 보이코트는 우리를 어렵게 만들었습니다. 또한 현재의 상황에서 여러 사
   회주의국가들에게 금융지원을 해야 합니다. 따라서 SED 중앙위원회와 독일민주공화국
   각료회의는 북한지원을 포함하여 여타 사회주의 국가들의 지원에 대해 재검토를 해야
   했습니다. 결과적으로 우리는 북한지원을 다음과 같이 결정합니다. 시작된 건설대상들은
   첨부된 리스트에 적힌 대로 끝나게 되었습니다."

원조를 감축함으로써 원래 북한에 공급하기로 하였던 부품이나 생산이 중단된 반제품들은 무역형태로 거래하게 된다. 동독은 북한과의 경제협력 및 무역축소를 통해서 소련의 국익에 어느 정도 부응하여 북한에 압력을 가하려고 한 측면이 있음을 62년~64년 동독대사관보고서는 보이고 있다.

북한은 경제 수립과 운영문제에 "모든 것을 자력으로!"라는 민족주의적 구호를 앞세워 대처하게 되나 많은 심각한 문제를 노정시켰다. 동독보고서는 이와 관련하여 인민경제 수립과 관리의 결함으로 사회주의 국가들의 원조에 있어서 조약상의 만료를 주요인으로 꼽고 있다.42) 따라서 북한은 다른 사회주의 국가들, 특히 동독은 물론 소련, 체코, 폴란드와의 관계가 확대하여 이 경제문제를 풀 것을 해결책으로 정리하고 있다. 당시 북한이 제3세계에 대한 비동맹 외교를 강화하였으며, 쿠바, 예멘, 아랍에미레이트, 기니, 인도네시아, 알제리, 말리, 캄보디아등과의 관계를 예의주시하며 북한의 자주노선과 제3세계외교를 분석하였다.43)

또한 경제운영의 큰 문제로 군사산업에 인민경제를 지나치게 혹사한 점을 지적하고 있다. 당시 1960년 남한의 군사정부등장은 북한에 국방력 강화라는 긴장상태를 조성하고 있었다. 따라서 김일성과 항일빨치산지도부는 군사력에 지나친 강조를 하였다. 동독대사관 1965년 6월 24일자 보고서는 남조선 혁명사업과 국방력 강화를 위해 전 노동자의 임금에서 2원씩 공제한다고 한다고 서술하고 있다. 1원은 남베트남 지원금으로, 50전은 남조선의 혁명 운동 지원금으로, 50전은 농촌지원금으로 걷고 있음을 밝히고 있다.44)

---

41) 『조선중앙연감』(1963), 442쪽.

42) "Einschätzung der Entwicklung der militärpolitischen Lage der KVDR im Jahre 1963" vom Az. : 29a-40 Schr./Me, Tageb. Nr : 19/64. Botschaft der DDR in der KVDR am 25. 12. 1963.

43) Ebd.

이러한 군사력집중은 인민경제에 치명적으로 작용함을 지적하였다. 북한 지도부의 큰 지지에도 불구하고 군부의 무능을 동독은 분석하고 있다. 북한의 민족보위성 많은 간부들이 단지 한국전쟁 및 일본 식민주의에 맞선 빨치산 투쟁의 경험들만 갖고 있을 뿐 작전 계획수립과 군대의 지휘자격에 결여되어 있음을 지적하였고, 군의 가장 능력있는 전문가들이 장기간 동안 민간시설의 건설에 파견되거나, 땅굴건설과 위도 38도(휴전선) 부근의 지하 격납고 건설에 투입되고 있음을 비판하였다. 따라서 군사령관과 간부들의 자격강화를 위해 특별한 군사학 전문서적 교육과 체계적인 기술교육으로 자질을 향상시켜야 한다고 평가하고 있다.45) 1964년 흐루시초프의 실각과 함께 북한과 소련 관계는 새로운 변화를 맞이한다.

중국의 문화대혁명으로 중국과 북한의 갈등이 표면화 되어 친중정책에서 북한은 주체외교를 강화하게 된다. 68년 동독보고서는 무역을 제외하면 북한과 중국이 무역에 대한 협약이 조인되기는 했으나 중국이 모든 의무 사항을 지켜내지는 못할 것으로 고려하여, 북한과 동독의 장기적인 협력 및 특화사업에 있어서 무역의 종류와 규모가 확대될 것을 예측하고 있다. 또한 당시 북한의 대외무역확대가 40여 개국과 무역관계를 갖고 있지만, 북한이 생산해내는 기계와 장비들의 결함과 자주적 생산방식의 문제점을 평가하고 있다.46)

66년 이후 북한과 동독간에 정치적 중요인사들의 상호방문이 자주 있었음은 양국의 우호적 발전 및 긴밀한 협력강화를 추진하고 있는 것을

---

44) "Bericht über eine Information vom 24.6.1965", B-72-805-219. Botschaft der DDR in der KVDR am 28. 6. 1963.

45) "Information über Angaben, die der Militärattaché der NVA von dem sowjetischen Militärattaché in Phoengjang erhielt.", Tgb.-Nr. : 286/62, Auslandsabteilung am 23.02.62.

46) Aktenvermerk von Hegen an Walter Ulbricht am 27. 8. 1968.

나타내고 있다. 이 시기에 양국의 무역량은 현저히 증가되었으며, 68년 11월 4일 강계에 설치될 방직공장의 건설과 같은 장기차관을 제공하며 새로운 단계에 접어들게 된다.

동독과 북한의 통일정책은 근본적인 정치적 배경의 차이가 있었다. 그러나 이러한 차이점은 국가간의 사회주의 연대성을 바탕으로 크게 두드러지지 않도록 노력되었다. 前 동독대사 마레츠키 박사는 다음과 같이 회고하고 있다.

> 동독은 독일의 통일을 지지하지 않았고, 오히려 1972년 마련된 기본합의조약에 따른 두 독일국가체제의 현상유지를 바랬습니다. 북한은 신속한 통일이었고 김일성의 고려연방제 계획안이 특별한 역할을 한다고 선언했습니다. 그리고 김일성이 베를린에 방문했을 때던지 1986년 호네커가 평양에 방문했을 때라든지 하는 경우에 공동성명서에서 서로 다른 입장차가 피력되었습니다. 두 나라는 각자의 정치적 목적에 맞게 뜻을 밝혔습니다. 동독은 통일을 신속히 이루려는 북한의 구상을 인정했던 반면에, 북한은 동독의 견해인, "두 나라가 서로 분리된 상태를 유지하고 현재의 상태로는 통일될 수 없다"는 의견을 존중했지요. 이러한 관점에서 차이가 있었습니다. […] 동독과 북한간 상황에 따른 문제가 많습니다. 그러나 나는 이러한 상이한 정치적 관점이 논의에서 중요시 되지 않았다기 보다는 동독의 국가수반 겸 당수인 호네커와 김일성과의 각별한 상호이해를 했다고 덧붙이고 싶습니다. 그래서 두 나라간의 좋은 관계가 유지되었고 그에 맞춰 두 국가는 차이점보다는 일치점을 뚜렷이 나타내려고 언제나 노력하였습니다.47)

수집된 60년대 문헌자료들과 양국관계자의 구술증언은 동독과 북한간의 외교관계 및 양국발전의 기본관계가 소련과 중국관계에 의해 상당한 영향력을 받고 있음을 알 수 있다. 한편으로 이러한 국제적 관계에 기초하여 동독은 북한내부의 정치, 경제, 문화, 사회조직과 물가영역에 대한

---

47) 한스 마레츠키(Hans Maretzki)구술/저자녹취, 2004년 2월 19일(저자에 의한 번역임).

객관적인 자료 및 평가보고서들을 서술하게 되어서, 북한의 유일체제의 발전과정에서 1960년대 북한의 정치적, 경제적, 군사적, 사회문화적 측면을 포괄하여 동독보고서에 구체적 형태로 분석하고 제시하고 있다. 따라서 동독기밀문서는 당시의 국제적 관계 뿐 아니라, 북한체제 발전과정에 나타난 다양한 실질적인 활동상을 규명하고 생활상의 본질을 상세히 밝히는 중요한 의미를 지니고 있음을 확인하게 된다.

IV. 결 론

본 논문은 학술진흥재단의 연구과제인 "북한사회주의 체제 형성, 변화에 관한 해외문헌 및 구술자료 수집, 발굴과 Data-Base 구축사업"의 일환으로, 독일지역을 중심으로 수집된 독일국립문서보관소 소장된 북한관련 기밀자료와 북한·동독 간 협력사업 참여자의 구술인터뷰를 통해 구동독과 북한간의 외교수립에서 1960년대까지 양국관계사의 흐름을 살펴보았다.

기밀문서는 북한과 동독관계사의 흐름을 구체적 내용으로 담고 있어서, 북한 사회주의 체제의 형성과 전개과정에 관한 본질적인 문제에 접근할 수 있는 중요한 정보원으로서 북한의 질적 성격을 규명하고 평가할 수 있게 한다. 또한 여러 사건들에 관해 내부의 사정과 실상을 밝히고자 구술인터뷰를 도입하였다.

본 논고는 독일 내 북한 자료현황과 수집정보를 정리 소개한 후, 구체적인 심화연구로 현재까지 수집된 구동독의 기밀문서와 구술증언에 기초하여 동독과 북한의 관계성립과정, 동독과 북한간의 전후복구 협력기 그리고 1960년대 중소이념갈등에 따른 동독과 북한의 관계변화의 측면을 다루면서 초기 북한·동독관계사를 고찰하여 보았다.

이러한 독일 내 자료수집 및 구술연구는 북한연구의 저변을 확대할 수 있는 기초 작업으로서 중요성을 지니고 있다. 그 동안 북한 연구의 걸림돌로 작용해왔던 자료접근의 문제를 해소하는데 기여할 것이며, 다소 부족해왔던 북한연구의 실증적이며 객관적인 새로운 연구방법을 도입하는 의미성을 지니고 있다고 볼 수 있다.

참고문헌

1. 문헌자료

공산권경제연구실 편, 『북한무역론』(서울 : 경남대학교극동문제연구소, 1979).

김달중 외, 『폴란드·동독 : 정치·경제·사회·문화구조와 정책』(서울 : 법문사, 1989).

김석형 구술/ 이향구 녹취·정리, 『나는 조선노동당원이오!』(서울 : 선인, 2001).

나타리아 바자노바, 양준용 역, 『기로에 선 북한경제』(서울 : 한국경제신문사, 1992).

문병집 외 14인, 『북한경제론 이론과 실제』, 북한경제 FORUM 편(서울 : 법문사, 1996).

문용수 편저, 『마지막 선택-북한, 소련, 동구 그리고 서울』(서울 : 하나로, 1991).

임강택, 『북한대외무역의 특성과 무역정책변화전망』(서울 : 민족통일연구원, 1998).

임영태, 『북한 50년사-1권』(서울 : 들녘, 1999).

에리히 레셀, 백승종 편, 『동독 도편수 레셀의 북한 추억』(서울 : 효형출판, 2000).

전득주, 『분단국 통일의 재인식』(서울 : 대왕사, 1989).

정용욱 외 4인, 『해방전후사 사료 연구Ⅱ』(서울 : 정신문화연구원, 2002).

최완규 외 7인, 『북한사회주의 건설의 정치·경제』(서울 : 경남대학교극동문제연구소, 1993).

한스 마레츠키/정경섭 역, 『병영국가북한』(서울 : 동아일보사, 1991).

Chon, Tuk Chu : Die Beziehungen zwischen der DDR und der korean-
    ischen Demokratischen Volksrepublik(1949~1978), München
    1982.
Frank. Rüdiger : Die DDR und Nordkorea, Der Wiederaufbau der Stadt
    Hamhung von 1954~1962, Aachen 1996.
Judt. Matthias(Hrsg.) : DDR Geschichte in Dokumenten, Beschlüsse,
    Berichte, interner Materialien und Alltagszeugnisse, Bonn 1978.
Mählert. Ulricht(Hrsg.) : Vademekum DDR-Forschung, Ein Leitfaden
    zu Archiven, Forschungsinstituten, Bibliotheken, Einrichtungen
    der politischen Bildung, Vereinen, Museen und Gedenkstätten,
    Berlin 2002.
Weber. Hermann : Geschichte der DDR, München 1985.

2. 독일기밀문서

* Stiftung Archiv der Parteien und Massenorganisationen der DDR 문
    건(구동독 당과 대중 단체 문서보관기관)
-Nachlaß Otto Grotewohl(그로테볼 유고문서) NY 4090/109, 119, 168,
    208, 209, 215, 247, 469, 481, 604, 605
-Nachlaß Walter Ulbricht(울브리히트 유고문서) NL 4182/1240
-Abteilung Internationale Verbindungen(국제관계문서)
  DY 30/ IV 2/20/134-138, DY 30/ IV A 2/20/250-261, DY 30/ IV B
    2/20/27, DY 30/ vorl., SED 40520
-Aussenhandel(무역)
  DY 30/ IV 2/6.10/182, DY 30/ vorl. SED 16023, 23689, 31839

* Auswärtiges Amt-Politisches Archiv 문건(동독외무성-정치영역)/
    Wirtschaft(경제문서)
- A.6893 / A.6959 / A.7007 / A.6110 / A.6001 / A.5633 / A.5603 / A.10258 /
    A.10085 / A.10077 / A.7082 / A.7086 / A.7071 / A.6967

외무성 문서로 본 전후 일본의 한국인 국적처리문제 고찰

차 례

외무성 문서로 본 전후
일본의 한국인 국적처리문제 고찰

곽 진 오

I. 서 론

한국과 일본이 21세기에 공동으로 대처해야할 새로운 세계질서는 통합과 지역협력을 중심으로 19세기 후반 이래 우리가 수용해온 개별근대국제질서를 넘어서는 일이다. 그러나 현재 일본의 입장은 우리의 기대와는 현격한 차이를 보이고 있는 것 같다. 이는 지난 2000년 4월 이시하라(石原愼太郎)동경도지사의 일본자위대연설에서 제3국(The Third Nations)[1] 발언을 필두로 주요정치인들의 극우적인 발언들은 한국, 중국, 대만, 그리고 주변국들의 일본에 대한 경계심은 더욱 강해지고 있는 실정이다. 이런 상황에서 일본은 국가의 성격 규정과 국민의 자격조건에 대한 변화를 시도하고 있다. 이는 급속도로 진행되는 고령화와 인구감소, 그리고

---

1) 이시하라(石原愼太郎) 東京道知事가 2000년 4월 9일 육상자위대 내리마(練馬) 駐屯地에서 개최된 자위대「創隊紀念式典」에 출석해 인사말에서「불법 입국한 많은 3국인, 외국인이 흉악범죄를 저지르고 있다」를 共同通信과 朝日新聞 그리고 産經新聞 등이 보도하면서 문제시되었던 발언이다.

정주 외국인의 증가에 따른 사회적 변화에 대응하기 위해서 일본이라는 정치공동체의 성격과 구성원에 대한 자격조건을 변화시키려고 하고 있다. 이러한 변화는「보통국가화 되는 일본과 이에 상응하는 국민의 권리와 의무강조」에 관한 헌법개정 및 기본법제개혁안으로 구체화되고 있는 것으로 보인다. 헌법개정 및 법제개혁은 일본국적 취득 조건을 완화시키고 헌법이 정한 차별금지 대상을 일본에 거주하는 외국인들에게 확대시키는 것을 목표로 하고 있다. 이러한 국적정책의 변화는 국적법과 호적 관련 법안의 근본적인 개혁을 염두 해 두고 추진되고 있는 것으로 보인다.2)

그러나 일본을 둘러싼 국내외적 상황 변화는 종래의 재일한국인국적처리 방식에 대한 근본적인 재검토를 요구하고 있다. 이는 변화하는 세계화 추세 속에서 타민족이나 다른 문화를 배제하면서 존재할 수 없게 되었으며 오히려 적극적으로 수용하지 않으면 살아남을 수 없는 상황에 이르렀다. 더구나 일본의 고령화·少子化에 따른 국내의 노동력 부족은 외국인 노동자를 유입하지 않으면 안 되는 상황으로 변하였다. 한편 재일한국인과 같은 정주외국인은 일본국민과 똑 같은 납세의 의무 등 국민으로서 의무를 다하고 있음에도 불구하고 참정권제한, 취직 등에 있어서 차별을 당하고 있다. 특히, 재일한국인이 추진하고 있는 지방참정권 추진운동은 전국적인 범위에서 큰 호응을 얻고 있으며「外國人選擧權法案」은 국회에서 계속 심의가 진행되고 있는 상황이다.

본 연구는 구술자료와 일본외무성 자료를 중심으로 전후 일본의 재일한국인에 대한 국적처리정책을 살펴보고 재일한국인에게 일본거주 재류자격이 어떻게 적용되어 왔는지를 분석한다. 그리고 현재 일본사회에서

---

2) 지금까지 일본은 단일민족·단일국가라는 신화에 따라 동질적인 민족공동체라는 관점에서 배타적 국적법을 제정·유지하여 왔다. 이러한 상황에서 일본국적 취득은 일본에 歸化를 통해서만 가능하였다. 일본의 국적취득 정책은 재일외국인에게 많은 차별과 본국 국적의 포기를 강요하였다.

가속화되고 있는 재일한국인사회의 일본귀화 현황과 이에 대한 대응 방안을 분석하는데 그 목적이 있다.

II. 국적과 일본

국적의 취득에는 先天的취득과 後天的취득이 있는데, 전자의 경우는 출생에 의한 국적의 취득을 말하는데 부모가 自國籍이면 자국적을 부여하는 혈통주의와 자국에서 태어난 자에게 자국적을 부여하는 출생지주의가 있다. 혈통주의는 부모의 국적에 따라 자녀의 국적이 결정되는 주의이며, 출생지주의는 출생지의 국적을 따르는 주의이다. 한·일 양국도 국적의 자유선택을 인정하고 순수한 혈통주의를 채용하고 있다.

후자의 경우는 출생 이외의 사실에 의하여 국적을 취득하는 것으로 영토의 변경, 귀화와 같은 것이 있다. 이외에도 여러 가지 경우에 있어서 국적변경의 불가피성이 발생하기도 한다(예 : 혼인과 입양, 형벌로서 국적 박탈, 국가국경변경의 경우도 국적의 국가승계문제 등이 발생할 수도 있다). 이 장에서는 일반적으로 국적을 논의할 때, 국적의 조건이나 권리가 역사적으로 확대되어 왔다는 사실을 분석한다. 즉 국적의 의미 변화는 국가와 개인의 관계변화뿐만 아니라 국가자체의 변화는 물론 국가의 구성원을 규정하는 자격이 변화하였다는 것을 인식하고 논의하려한다.

1. 國籍의 歷史

모든 법이 자연법에서 유래한다고 생각되던 17세기에는 국적의 이탈이나 변경이 인정되지 않았으나 근대 자유주의사상의 발달이 국적 선택권의 자유를 인정하는 계기가 되었다하겠다. 일반적으로 우리가 알고 있는 오늘날 국적은 일정한 국가의 구성원이 되는 자격과 어떤 개인을 그 나라의 국민으로 하는가에 대해서는 그 나라의 전통·경제·인구정책·국방상의 정책 등의 이해관계와 직접 관련되는 일이 많으므로 국제법상의 제한을 두지 않고 그 나라 국내의 관할사항으로 되어 있다. 일정한 국적을 가진 사람은 그 나라의 영토 밖에서도 그 나라의 주권에 복종하는 반면에 국적에 의하여 보호를 받는 것을 원칙으로 하고 있다.

또한 개인의 견지에서 볼 때 어떤 나라의 국민이 되는가 하는 것은 개인의 이해와 중대한 관계가 있으므로 국적의 취득이나 상실은 개인의사가 존중되어지고 있기에 그래서 국적자유의 원칙 또는 국적 비강제의 원칙이 통용되고 있다. 근대국가에서 국적은 국가와의 일반적인 관계를 나타내는 추상적인 관계, 즉 권리와 의무를 규정하는 필수적인 구성원의 자격을 의미하게 되었다. 모든 개개인은 존중되고 평등이 보장되었고 국가를 중심으로 한 통합과 충성이 요구되었다. 그래서 국가는 누구를 자국의 구성원으로 간주하고, 어떠한 권리와 의무를 부여할 것인가를 결정하게 되었다.

근대국가는 국민국가의 원칙과 민주주의의 원칙에 입각하여 성립·발전하였다. 모든 민족은 자신들의 주권국가를 가지고 모든 국민은 국가에 대하여 완전한 정치적 권리를 가지는 것으로 출발하였다. 그러나 현실적으로 신생민족주의 국가들은 많은 장애에 직면하였으며 유럽의 소수민족들은 주권국가로 출발하지 못하였다. 유럽에 존재하는 많은 민족들은 국가의 형태를 갖추지 못하고 복잡하게 얽혀지게 되었고 국경선은 민족구성에 관계없이 그어지게 되었다. 국민의 자격 규정은 정치적 권리를 가진 시민 즉 유권자가 누구인가를 규정하는 것이었다.

그래서 국민 모두에게 동일한 성질의 권리를 부여하게 되었으며 투표에 참여하고 입후보할 수 있는 자격을 명확하게 규정하였다. 그래서 국가를 중심으로 국민을 통합하고 충성을 요구하기 위해서 국민에게만 정치적 권리가 인정되었으며 외국인은 그 대상에게 제외되었다. 그러나 1

차 세계대전과 파리강화회의이후 1919년을 전후해서 보통 선거권이 확대
되는 시기에 모든 국민은 정치적 권리를 가진 유권자 또는 정치적 공동
체의 구성원과 동의어로 쓰이게 되었다.3)

정치적 권리의 확대에 의해 국민과 국민의 테두리에 소속되지 못하는
사람간의 차이는 커지게 되었다. 이러한 차이는 사회적 권리인 사회복지
혜택 면에서도 큰 의미를 차지하게 되었다. 이는 인간으로서 기본적 생
활권을 보장받을 수 있느냐 그렇지 못하느냐라는 문제와도 깊은 관련을
가지게 되기 때문이다. 국적문제는 민족주의와도 강하게 결합하게 되었
다. 베네딕트 앤더슨이 문화적 정통성과 역사적 실체를 지닌 민족주의는
「상상의 공동체(imagined community)」라고 정의한 것처럼 민족주의의
발현형태는 상상의 스타일에 따라 다르게 나타난다.4) 그래서 감정적인
요소가 강하게 나타난다. 민족주의는 국민의 구성원 모두에 대해서 보다
큰 단위인 국가에 대한 일체감, 민족이나 역사에 대한 동일의식의 고양,
언어에 대한 일체감, 또한 종속적 지위에 있는 억압받는 소수에 대한 배
제의식의 공유와도 깊은 관련이 있다. 국민에게 동일한 언어와 일체감이
강조되는 것은 산업혁명 초기에 나타났는데 이것은 국가주도하에 의무교
육이 실시됨에 따라 동일한 언어를 습득해 가는 과정과 깊은 관련을 가
지고 있다고 볼 수 있다. 국가는 동일한 교육제도를 통하여 동일한 언어

---

3) 近藤 敦, 『永住市民と國民國家』(明石書店, 1999), 82~83面.

4) 유럽의 민족주의는 종족과 언어가 민족을 구성하는 중요한 요소로 생각되는 종족언어
   민족주의의 성격을 띤다(제 1세대 크리올 민족주의에 이어 제 2세대 종족언어 민족주의
   의 출현). 유럽의 경우 아메리카와 달리 '잠에서 깨어난' 민족의식이다. 유럽의 '잠'을 깨
   우는 '약'은 언어계보학, 문헌학, 지방언어사전과 고전의 지방어로 번역 · 출판 등 이었다
   (우리나라의 경우는? 계몽기 신문과 한글보급, 성서 번역 등도 상동한 것으로 이해할 수
   있는가?). 이 점이 아메리카 민족주의와 다른 기원을 가지고 있는 듯이 보이며, 앤더슨
   은 유럽민족주의가 크리올 대중민족주의를 모방, 표절했다고 본다(민족국가, 공화제도,
   보통 시민권, 인민주권 등을 추구하는 유럽민족주의의 상상된 실재와 아메리카 민족해
   방운동의 유사점). 이러한 종족언어 민족주의는 왕조국가의 제국주의적 팽창과 결탁, 관
   주도 민족주의로 정착한다.

를 습득시킨 후, 동일한 문화적 사회화 과정을 통하여 문화적 공동체를 구현한 것이다. 종교개혁 이후에도 국적취득의 조건은 왕조가 믿고 있는 신앙에 대한 귀의가 절대적인 조건이었다.

그러나 근대국민국가의 탄생과 더불어 국적취득은 국민에의 동화가 절대적 조건이 되었다. 바로 시민권(citizenship)이 그것인 데 이는 세 가지 즉 시민적·정치적, 그리고 사회경제적 요소 영역으로 구분될 수 있다. 첫째, 기본적인 시민적 자유를 위해 필수적인 권리에 해당하는 것으로서 법의 보호아래 국민들이 국가에 의해 통제 받지 않고 자유롭게 행할 수 있는 권리이다. 둘째, 정치적 권위를 부여받은 집단의 구성원으로서, 또는 그러한 집단의 선거권자로서 정치권력의 행사에 참여할 수 있는 권리이다. 셋째, 자원과 사회적 유산의 분배에 대한 권리로서 그 사회의 표준적 삶을 영위할 수 있는 권리 등이다. 우리 자신의 권리와 우리가 속한 다양한 조직들로부터 우리에게 강요되는 의무사이의 균형이 필요한데 이러한 의무의 중복성(multiplicity of obligations)은 회피하기 어려운 것이다.

위에서도 언급했듯이 서유럽의 국민은 시민적 권리, 정치적 권리, 사회적 권리의 순으로 획득되었으나 외국인은 사회적 권리가 제일 먼저 부여되는 경우가 많았다. 이것은 복지국가에서 사회적 권리가 가장 기본적인 것이라고 생각하기 때문일 것이다.

그리고 현재 시민적 권리를 영주시민에게도 인정하고 있다. 결사의 자유, 출판의 자유, 언론의 자유, 집회의 자유, 정당 가입도 허용하고 있다. 그러나 아직도 선거권과 피선거권은 국민의 특권으로 인식되고 있다. 20세기 이후 급격한 근대화에 따른 교통통신과 매스커뮤니케이션의 발달은 국가를 초월한 인적교류를 촉진시켰다. 활발한 인적왕래에 따른 외국인의 증가는 더 이상 민족국가를 고집하거나 근대적 의미의 정치적, 사회적 권리를 자국민에게만 부여하는 것은 불가능하게 되었다. 이는 아직도 각국이 국적을 부여하는 명확한 기준이 통일되어있지 않기 때문이며 앞으로도 이중국적내지 무국적문제가 발생하는 수가 있다. 이중국적 자에 대해서는 실효적국적의 원칙이 적용된다. 그리고 무국적자의 경우는 난민의 대우와 거의 동등한 지위를 무국적자 일반에게도 보장하며, 그 예로 1961년 '무국적자감소에 관한 협약'은 체약국 영역에서 태어난 자에 대하여 국적부여의무 등을 규정하고 있다.5)

2. 일본의 국적법

일본은 국적규정을 헌법 제10조에서 규정하고 있다. 헌법에는 「일본국민의 요건은 법률로 이것을 정한다」라고 규정하여 실제로 국적법에서 국적을 정하고 있다. 일본의 이러한 국적법 규정논리는 명치유신 이후의 일본의 근대국가형성에서부터 시작 되었다.6) 일본국민이 천황 직계의 통치를 받는 신민에 의해 구성된다는 신화에 따른다면 일본국민의 범위는 이 신화시대에 존재하였던 일본국 신민이나 그 후손으로 구성되는 일본 민족에 한정된다. 이러한 民族的 一體性을 유지하기 위해서 명치유신 직후에 일본에 편입된 北海道 지역이나 오키나와(沖縄) 지역에 거주하고 있었던 아이누 민족과 流球人을 동화시키기 위해서 천황제 국가에 귀순한 자는 누구라도 일본국민으로 인정한다는 논리를 만들어 내었다.7) 즉 정신적으로 일본민족화 되어 천황 지배를 행복으로 느끼는 자는 일본국

---

5) 고선규,『일본의 국적 정책과 재일 한국인의 일본국적 문제』, 한국일본학회 발표논문, 2003.

6) 명치유신에 의해 새롭게 탄생한 일본이라는 근대국가는, 神武天皇이래 단일 가계의 천황이 만세에 걸쳐 지배한다는『古事記』,『日本書紀』의 神話에 의해 성립된 국가이다. 이러한 신화에 의거하여 명치헌법 제1조에서는 「대일본제국은 만세일계의 천황이 통치한다.」라고 규정하고 있다. 그리고 헌법 宣布勅語에서는 「우리 신민은 祖宗의 忠良한 臣民의 子孫」으로 民族的 一體性을 강조하고 있다.

7) 河炳旭,『第4の選擇韓國系日本人』(文藝社, 2001), 220~221面.

민으로 인정하였던 것이다. 즉 北海道 지역의 아이누 민족이나 오키나와 (沖繩) 지역에 거주하고 있었던 流球人일지라도 천황의 지배를 받아들이는 자는 일본국민으로 인정하였던 것이다.

일본의 천황지배를 근간으로 하는 국민의 조건은 식민지 시대에 들어와서도 변하지 않았다. 대만인이나 조선인에게도 똑같은 논리가 적용되어 일본 천황에 대한 忠誠心과 敬慕의 情이 커져갈 때 비로써 완전한 의미의 일본국민이 된다는 논리를 적용하였다. 그러므로 식민지 국가의 국민으로써 민족적 정체성과 긍지를 버리고 천황에게 충성을 강요하였던 것이다. 식민지 지배 당시 일본이 조선인에게 강요하였던 創氏改名과 神社參拜는 천황에게 충성과 일본민족으로의 동화를 의도해서 시행한 것이라고 볼 수 있다. 전후에도 이러한 국민의 조건과 국적개념은 변화하지 않고 지속되고 있다.

歸化제도는 이러한 연장선상에서 이해될 수 있을 것이다. 전후 귀화가 인정되는 경우는 일본민족에 속하는 것이 행복이라고 생각하는 자에 한해서 인정되었다. 그러므로 재일한국인이 일본국적을 선택한다는 것은 민족적 정체성을 부정하는 행위 자체였으며 인간으로서의 존엄성과 권리를 침해받는 것을 감수하고 선택할 수밖에 없었다. 결국 이러한 동화적 귀화제도에 많은 재일 한국인이 반발하지 않을 수 없었다.8)

이러한 과거의 복합적인 관행의 연장선상에서 전후 시행된 일본의 新국적법에서도 일본국적의 취득은 원칙적으로 일본국적을 보유한 부모사이에서 출생한 자녀에 한정하고 있다. 일본은 父系血統主義를 채택하고 있었기 때문에 출생에 의해 일본 국적이 주어지는 범주는 일본인 아버지와 일본인 어머니 사이, 또는 일본인 아버지와 외국인 어머니 사이에서 출생하는 자녀에 한정되었다. 이 이외에 일본국적을 취득할 수 있는 경

---

8) 구술인터뷰자료, 박두진(동경, 2004년 11월 22일).

우는 귀화를 통해서 일본국적을 선택하는 방법 밖에 없었다. 그러나 1985년 일본이 「여성차별철폐조약」에 가입한 것을 계기로 국적법 및 호적법이 개정되었다. 국적법의 개정에 따라 자녀의 국적 승계가 부계혈통주의에서 부모양계혈통주의로 개정되었다. 즉, 개정 국적법에서는 「출생 당시 父 또는 母가 일본국민일 경우, 그 자녀는 일본국민이 된다」라고 규정하게 되었다. 이로써 어머니만이 일본인인 경우에도 출생과 동시에 일본국적을 취득할 수 있게 되었다.

실제로 개정 국적법의 시행에 따라 외국인 아버지와 일본인 어머니사이에서 출생한 20세 미만의 자녀는 자신의 의사표시만으로 일본국적 취득이 가능해지게 되었다. 그리고 국적법과 동시에 개정된 호적법의 시행에 따라 한국인 아버지와 일본인 어머니 사이에서 태어나 일본국적을 취득하는 자녀의 경우, 이름과 성이 한국식이라 할지라도 일본국적을 취득할 때 일본식으로 개명하지 않고도 가능해졌다.

그리고 재일한국인의 일본국적 취득문제와 결부시켜 볼 때 1985년에 개정된 국적법은 커다란 변화라고 할 수 있다. 종전에는 재일한국인의 일본국적 취득은 귀화를 통해서만 가능하였다. 그러나 일본인과 결혼을 통해서도 가능하게 되었고 한국식 이름으로도 일본국적 취득이 가능하게 되었다. 귀화신청의 조건은 국적법 제4조 1항에 의해 5년 이상 계속해서 일본에 주소를 두고 있는 사람의 경우에 가능하다. 일본인 배우자의 경우 3년 이상이면 가능하다. 우선 이러한 거주조건이 만족되어야 하고 이외에도 성실하게 납세의 의무를 다 했는지에 대한 여부, 형사처벌 여부, 심지어는 교통위반 여부까지 조사한다.9) 마지막으로 일본에 대한 충성을 서약하고 귀화가 허용된다.

---

9) 고선규, 『일본의 국적 정책과 재일 한국인의 일본국적 문제』, 한국일본학회 발표논문, 2003.

3. 전후 일본의 재일한국인 참정권정책

1910년 8월 조인된 한일합방에 관한 조약 발효로 한반도로부터 건너온 많은 조선인이 일본에 정착하게 되었고 일본제국 신민이 되었다. 일본국적을 보유하게 된 조선인은 일본인과 동등한 권리와 의무를 수행하게 되었다. 그러나 태평양전쟁이 일본의 패전으로 끝나자 당시 일본에 거주하고 있던 약 200만 명의 조선인 중 약 150만 명은 귀국하고 약 50만 여명이 일본에 남게 되었다. 태평양전쟁이전 재일한국인에게 참정권과 같은 제반 권리가 인정되었으나 일본의 패전에 따라 국적은 물론 정치적 권리도 상실되었다.

1945년 12월 중의원의원선거부칙에서 법률 제40호에서 '호적법의 적용을 받지 않는 자의 선거권 및 피선거권은 당분간 정지한다'고 정해져 재일 한국인에 대한 일방적인 참정권 조치가 내려졌다. 다시 말해서 일본의 패망 이전에 재일 한국인은 外地 戶籍의 형태로 戶籍法의 적용을 받아 왔으나 패망과 더불어 호적법의 적용을 받지 않게 되면서 일본국민으로서의 자격을 상실하게 되었다.

제89차 제국의회(帝國議會)에서 호리키리(堀切)내상은 제안 이유를 다음과 같이 설명했다.

임시특별조치로서 두세 가지 특수한 문제를 동법률안의 부칙으로 규정하고 있습니다. 그중 하나는 호적법의 적용을 받지 않는 자, 즉 조선인 및 대만인의 선거권 및 피선거권을 당분간 정지하는 것과 포츠담선언의 수락에 의해 조선 및 대만은 제국의 영토로부터 이탈하게 되며, 그 결과 조선인 및 대만인은 원칙적으로 제국의 국적을 상실하는 것과 다름없는 것으로 생각되어짐으로 그들을 지금까지처럼 제국 신민으로서 선거에 참여시키는 것은 적당하다고 인정할 수 없는 것으로 생각하는 바입니다. 그러나 강화조약의 체결까지는 아직 제국의 국적을 가지고 있는 자로 생각되어지

기 때문에, 지금 당장 선거권 및 피선거권의 향유를 금지하는 것은 적당하
다고 인정하기 어려움으로 선거권·피선거권을 가지지만, 그 국적이 국제
법상 확정되어지기까지는 그것을 정지하는 것으로 취급하려하는 것입니
다.10)

즉 제89차 제국의회에서, 현재 선거권·피선거권을 가지고는 있지만
그 국적이 국제법상 확정되어지기까지는 선거권·피선거권을 당분간 정
지한다고 정한 것이다.

1946년 11월 연합국총사령부는 재일한국인의 지위에 관한 발표를 통해
서 「총사령부의 인양계획에 따라 본국에 귀환하는 것을 거부하는 사람은
정당한 절차를 거쳐 수립된 조선정부가 재일한국인을 자국민으로서 승인
할 때까지 이들은 일본국적을 보유하는 것으로 간주한다」라는 견해를 발
표하였다. 그리고 일본정부도 한국인의 국적문제에 대해서 일본 국내에
거주하는 한국인은 여전히 일본국적을 보유하는 것으로 해석된다고 발표
하였다.

그래서 「강화조약체결이 체결되지 않은 상태에서 재일한국인은 일본국
적을 상실하지 않은 상태라고 봐야한다. 특히, 현재 일본에 거주하는 사
람들에 대해서는 그렇게 보고 있다」고 1949년 1월 26일 법무성 민사국장
이 표명하였다. 이후 4월 28일 최고재판소 사무총장은 「패전이전부터 계
속해서 일본에 거주하고 있는 조선인은 예전과 같이 일본국적을 보유하
고 있다고 볼 수 있다」고 설명하고 있었다. 그러나 국적이 일본인이라면
선거권과 피선거권의 행사가 가능한 것이 상식이지만 재일한국인에 대해
서는 예외였다. 즉 1945년 12월 17일 중의원의원선거법, 1947년 2월 24일
참의원의원선거법, 1947년 4월 17일 지방자치법, 1950년 4월 15일 공직선
거법 개정에서 호적법의 적용을 받고 있지 않기 때문에 재일한국인·조
선인의 참정권은 정지되었다.

---

10) 第89次帝國議會速記錄, 1945年 12月 17日 法律40号, '衆議院選擧法附則戶籍法說明'

4. 외국인 登錄令

1946년 2월 17일 '한국인·중국인·유구인(琉球人) 및 대만인의 등록에 관한 건'이 GHQ(General Headquartas)의 명령으로 공포되어졌다. 이 명령은 동년 3월 18일까지 귀환의사에 관한 등록으로서, 고국에 돌아갈 것을 희망하지 않는 자는 귀국의 특권을 상실한다는 내용이다. 이후 1946년 4월 2일, GHQ로부터 발표된 '비 일본인의 일본입국과 등록에 관한 각서'(SCAPIN 852)의 내용은 다음과 같다.

가. 점령군 부대에 속하지 않는 외국인에게 수시로 일본에 입국 할 수 있는 허가를 내줄 수 있는 경우가 있다. 이러한 자들은 반영구적으로 일본에 거주하게 될 것이다. 현재 외국에는 일본영사가 주재하지 않고, 따라서 여행사증을 받는 것이 불가능하기 때문에 합법적인 입국 거주 수속의 실정이 필요하다.

나. 다음에 열거하는 수속에 있어 일본정부가 일본 측으로서의 조치를 실시하기위한 수단을 강구할 것을 희망한다.

  1) 최고사령부는 입국을 허가받는 자에 대하여 그 허가를 통고하고, 여권사증의 필요는 폐기되지만 그들이 일본에 도착했을 때에는 등록을 위해 일본 내무성에 출두해야한다는 것을 통지할 것이다.

  2) 일본제국정부는 앞에 적힌 조항에 의해 입국허가를 받는 자의 성명을 통보해야 한다는 것을 통지할 것이다.

  3) 이러한 자가 내무성에 출두하면 일본제국정부는 이를 등록하고 신분증명서와 그 외 일본국내거주를 합법화하는데 필요한 서류를 교부할 것을 요구한다.

이 각서는 명백히 금후 입국을 허가받는 사람에 대한 등록에 관한 것이었다. 이것을 기회로, 구 내무성을 중심으로 사법성, 농림성, 운수성 등의 관계공무원이 모여 법령의 입안에 착수하여 약 1년간 GHQ와 절충해 조선인 단속의 필요성을 역설하여 양해를 얻은 결과는 1947년 5월 2일 포츠담칙령 270호를 발령하여 外國人登錄令의 공표였다. 이 칙령에 따라 재일한국인은 외국인으로 간주되었다.

이후 1952년 4월 19일 「샌프란시스코평화조약의 발효에 따른 국적 및 호적사무에 관하여」라는 법무성 사무국장 통달(제438호)이 내려졌다. 이 민사국장 통달의 내용은 「조선은 조약 발효일로부터 일본의 영토로부터 분리되었기 때문에 조선인은 일본국내에 거주하는 자를 포함하여 모두 일본국적을 상실 한다」라고 되어 있다. 이렇게 법령도 아닌 통달의 형태로 재일한국인의 국적문제가 처리되었다.

이상에서 열거한 최고재판소나 법무성 민사국장이 재일한국인은 일본국적을 보유하고 있다는 설명과는 달리 일방적으로 국적문제가 처리되었다. 재일한국인은 일본국적을 상실하게 되면서 참정권 박탈은 물론 외국인으로 전락하여 거주등록을 해야만 일본국내에서 생활할 수 있는 불안한 처지가 되고 말았다.11) 이에 대해 한국인단체들은 맹렬히 반대했지만 일본정부는 점령군과 협력하여 벌금·금고·징역 및 강제 송환 등에 의한 위압을 사용하여 1947년 10월 말경이 되어 겨우 한국인의 등록이 완료되었다. 비록 등록이 완료 되었다 할지라도 점령군은 재일한국인의 권리를 보장한다고 성명을 발표했지만 일본 정부는 '외국인으로 간주 한다'고 규정했기에 이런 상황에서 일본정부는 한국인을 일본에 유리한 법적 지위로 놓아두기 위하여 실질적으로 점차 관리를 강화해 갔다.12)

제1회 등록은 1947년 5월 2일부터 1950년 1월 15일까지 행해졌으며,

---

11) 구술인터뷰자료, 박진산(동경, 2004년 11월 23일).

12) 구술인터뷰자료, 박두진(동경, 2004년 11월 22일).

등록증명서의 용지는 각 시·정·촌(市·町·村) 별로 인쇄하여 사용하였다. 한 장의 서류를 둘로 접게 되어 있었으며, 사진이 붙은 것이 있는 반면 사진 재료의 부족으로 사진이 없는 것도 있었지만, 단체로 일괄 신청하여 수리하기도 했다.

제2회 등록은 1950년 1월 16일부터 1952년 9월 28일까지 행하여졌으며 등록증명서의 용지는 나라에서 인쇄하여 배부하고 반드시 사진을 필요로 하였으며 일괄 신청도 받았다.

제3회 등록은 1952년 9월 29일부터 1954년 3월 27일까지 행하여졌으며 반드시 개개인의 출두를 요구하고 사진을 붙이며 전국적으로 통일된 규격 서류를 사용함과 동시에 표지에 색을 입혔으며, 예외적으로 단체의 일괄 신청을 받았다.

제4회 등록은 1954년 3월 28일부터 1956년 7월 31일까지 행하여졌으며 개개인의 출두를 요구했고 단체의 일괄 신청은 예외적으로 인정하지 않았다. 그리고 1955년 4월 27일 이후 지문을 채취하기 시작했으며, 다음의 대량 교체 전에 지문 날인의 실적을 올려놓게 되었다.

제5회 등록은 1956년 8월 1일부터 1959년 7월 31일까지 행해졌으며 전원에게 지문 날인을 강요하고 사진 뒷면에 성명을 기입한 뒤 발행자인은 찍었다. 그리고 주소 변경의 신고를 엄중하게 요구했고 신고하지 않으면 고발당해 오천 엔의 벌금이 과해졌으며 1973년부터는 여권 사항의 기재를 의무화했다. 위의 제도위반에 대한 벌칙은, 외국인등록령 중 제12조에 '벌칙은 6개월 이하의 징역 또는 금고, 千円 이하의 벌금 또는 구류 내지는 과료에 處罰한다.' 라고 했으며, 제13조와 14조에는 강제 퇴거를 가능케 하는 규정을 두고 있었다. 한편 1952년 4월 28일 체결된 샌프란시스코 강화조약에는 일본 내 한국인 국적문제는 전혀 언급되지 않았다.

한국이나 북한은 조약 당사국이 아니었기 때문에 출석하지 못하였으며 국적 선택권을 주장할 수 있는 기회마저 갖지 못했다. 결국 대만인을 포함한 일본 식민지 국가의 국민은 영토의 변경이 없었으므로 국적 변경이 필요 없었다. 그럼에도 불구하고 재일한국인의 법적지위는 일본정부의 일방적인 조치로 일본인에서 외국인으로 전락하고 말았다. 재일한국인이 일본국적을 상실하였다고 해도 본국으로 돌아가면 아무런 문제도 발생하지 않았다. 그러나 문제는 그리 간단하지도 단순하지도 않다. 재일한국인의 국적문제는 일본의 식민지 지배가 만든 온갖 모순을 내포하고 있었기 때문이다.

III. 재일한국인의 역사적 경위

현재 일본에는 약 60만 명의 재일한국인이 살고 있다. 그러나 1945년 일본패전직후 일본에 거주하던 한국인들은 이보다 훨씬 많은 약 200만 명이 살고 있었다. 이렇게 많은 재일한국인이 일본 땅에 건너오기 시작한 것은 명치초기 1876년 강화도조약 또는 조일수호조규(朝日修好條規) 이후 일본의 산업화진행과정에서 국내의 노동력 부족을 해소하기 위한 수단으로 대체 인력을 유입하였다.

이러한 유입책의 일환으로 조선인은 도일하여 규슈지방의 탄광이나 산지의 철도건설현장에서 노동자로 일하게 되었다. 그러나 재일한국인이 본격적으로 일본으로 유입되고 오늘날 재일한인사회를 형성하게 되는 직접적인 계기는 1910년에 체결된 한일합방이다. 1910년 당시 일본에 거주하는 재일조선인은 800명 정도에 불과했고 10년 후 1920년에는 약 3만 명, 1930년에는 30만 명 가까이 증가하였다. 그리고 1940년에는 약 120만 명, 일본이 패전하는 1945년에는 약 235만 명 정도가 일본에 거주하고 있었다고 한다.13) 이 장에서는 재일한국인들의 일본유입에 관한 역사적

---

13) 구술인터뷰자료, 박갑동(동경, 2003년 6월 12일).

배경을 살펴보고 전후 일본정부의 재일한국인 처우과정을 분석하는데 목적이 있다. 전후 일본에는 약 60만 명의 재일한국인이 거주하게 되는데 이들에 대한 일본정부의 처우는 어떻게 변해왔으며 현재 이들의 재류상황을 분석하기로 한다.

1. 戰前과 戰後의 재일한국인

재일한국인의 대부분은 가혹한 식민지 통치 때문에 고향에서 생활하기가 어려워지면서 일자리를 찾아 일본으로 건너가게 되었다.14) 조선에서 겪었던 생활고는 일본의 식민지 정책과 깊은 관련이 있다. 일본은 조선의 토지소유가 불명확하다는 점을 이용하여 농민의 토지를 수탈하려는 의도에서 토지조사사업을 실시하였다. 토지를 수탈당하고 높은 소작료 때문에 경제적으로 생계가 곤란한 농민들은 생활고를 견디지 못해 일본으로 일자리를 찾아서 떠나게 된 것이다.

일본으로 건너 온 조선인들은 탄광, 항만, 도로공사, 댐, 철도부설 등 주로 토목이나 건설현장에서 일하게 된다. 처음에는 가족을 조선에 두고 혼자 몸으로 일본으로 건너오는 경우가 많았다. 일본에서 생활이 어느 정도 정착되면, 가족을 데리고 와 정착하였다. 도일을 선택한 이유로는 식민지 초기의 경우, 생활고와 같은 경제적인 문제가 많았지만 1930년대 이후에는 전적으로 변화하였다.15)

일본은 중국과의 전쟁이 본격화되면서 일본 국내의 심각한 노동력 부족을 메우기 위하여 조선인을 강제 연행하게 된다. 1930년대에 들어서면서 재일조선인 수는 급격하게 증가한다. 일본내무성 警保局 조사를 보면, 재일조선인의 유입 수가 1931년에는 2만 명 정도 증가하였으나 1932년에

---

14) 구술인터뷰자료, 박갑동(동경, 2003년 6월 12일).

15) 구술인터뷰자료, 박갑동(동경, 2003년 6월 12일).

는 7만 2천 명 정도 늘어나 유입인구가 3배 이상 증가하였다. 1932년 이후 매년 일본으로 유입되는 조선인 수는 6만 명 에서 8만 명 정도를 헤아리게 된다. 이러한 결과 1938년에는 재일조선인 총수가 799,865명에 달하게 되었다.

그러나 1939년부터 군수공장, 철광산, 탄광 등으로 조직적이고 관중심의 강제공출이 실시되었다. 1939년 한 해 동안 일본으로 유입된 조선인 수는 16,726명으로 전년도에 비해 3배 이상 급증하였다. 이후 매년 일본으로 건너오는 조선인 수는 1940년 228,853명, 1941년 276,786명, 1942년 155,824명, 1943년의 경우, 한 해 동안 257,402명의 조선인이 유입되어 재일조선인 전체 인구는 1,882,456명을 헤아리게 되었다. 일본이 패망하는 1945년의 조선인 유입 수는 428,420명이었다.

1945년 한 해 동안 유입된 조선인 수는 1932년까지 일본에 거주하는 조선인 전체 수보다도 많은 인구이다. 이로써 1945년 패전당시 일본에 거주하는 조선인 전체 수는 235만 명 이상을 헤아리게 되었다. 이렇게 많은 재일조선인이 일본에 거주하게 된 요인은 전쟁 말기의 심각한 노동력 부족을 메우기 위하여 조선인을 강제 연행하였기 때문으로 생각된다. 강제연행은 노무동원계획에 따라 각 지역별로 할당되어 진행되었는데 희망자를 모집하는 방법으로 부족한 노동력을 채울 수 없게 되자 국가주도의 강제연행이 실시되었다.

노무동원계획에 따라 일본으로 연행된 조선인은 100만 명이 넘는다고 한다. 실제로 확인된 수만 해도 72만 4000명 정도이다. 패전 후 일본정부가 동원기록을 은폐한 것을 고려한다면 이 보다 훨씬 많은 수가 동원된 것으로 추정된다.16)

강제연행이나 노동력 동원에 의해 일본으로 오게 된 사람들은 일본의

---

16) 佐藤文明, 『在日「外國人」讀本』(綠風出版, 1999), 45~48面.

패망과 더불어 가족이 있는 고향으로 귀국하는 경우가 많았다17). 그러나 일본에 장기간에 걸쳐 거주하면서 생활기반을 마련한 사람들은 고향에 돌아가도 토지나 생활터전이 없는 상황이라 귀국을 미루는 경우가 많았다. 패전 이후 일본은 조선으로 돌아가는 귀향 조선인에게 일본의 재산이나 물건을 가져가지 못하게 금지조치를 취하였다.18) 이후 한반도는 남과 북으로 분단되었고 서로 다른 정부가 수립되었다. 남북한간에 이데올로기 대립이 격화되는 상황에서 한국인은 귀국을 미루고 한반도의 정세를 관망하게 되었다.

해방 이후 한반도의 극심한 생활고와 정세불안은 재일한국인이 귀국을 미루는 한 가장 큰 요인 중의 하나였다. 특히, 1950년에 발발한 한국전쟁은 재일한국인의 귀국을 더욱 불안하게 만들었다. 결국, 재일한국인은 조국이 해방되었어도 귀국하지 못하고 생활기반이 있는 일본에 정착하게 되었다. 이러한 의미에서 재일한국인은 일제의 식민지 지배에서 오는 경제적 곤란과 강제연행으로 일본에 온 사람들과 그 후손들을 중심으로 형성되었다고 볼 수 있다.19) 그러나 식민지 조국이 해방되었음에도 불구하고 귀국하지 못한 재일한국인은 다시 분열되었다. 1946년 10월 在日本朝鮮居留民團이 결성되었는데 이 단체는 1948년 10월 재일본 대한민국거류민단으로 개칭되어 대한민국 정부를 지지하게 되었다. 그리고 북한의 해외공민으로 자칭하는 사람들에 의해 재일본조선인총연합회(조총련)가 결성되었다. 위의 두 단체는 조국의 분단에 따라 이념적으로나 정치체제면에서 상호 대립하게 되었다. 재일동포 사회에서 민단과 조총련은 현재

---

17) 1945년 8월에서 대한민국 정부가 수립되는 1948년 8월까지 3년간에 걸쳐 약 150만 명 정도가 귀환한 것으로 알려지고 있다.

18) 일본정부는 개인이 가지고 귀환할 수 있는 재산의 금액과 소지품의 무게를 제한하였다. 돈은 일본 엔으로 1千円이었으며 소지품의 무게는 200파운드로 제한하는 조치를 취하였다.

19) 구술인터뷰자료, 정대성(동경, 2004년 11월 24일).

까지도 상호 대립과 반목을 거듭하고 있다. 그러나 2000년 6월 역사적인 남북정상회담 이후 대립과 반목의 역사를 씻고 민족공동체의 일원으로 상호 협력하려는 움직임이 보이고 있다.

현재 재일한국인사회는 식민지 시대에 건너 와서 정착하게 된 사람과 후손들이 주를 이루고 있으나 1980년대 이후 결혼이나 일·유학 등으로 일본으로 온 재일한국인들이 증가하면서 새로운 국면을 맞이하고 있다.

2. 해방과 재일한국인

1947년 5월 2일 「外國人登錄令」(昭和22年 勅令 第207号)이 제정되었다. 이 칙령은 외국인 등록뿐만이 아니라 출입국 및 강제출국에 관한 규정을 포함한 외국인 출입국관리에 관한기본법령이었다. 1945년 조선이 일본식 민지로부터 독립하면서 일본에 거주하는 재일한국인의 체류자격 문제가 대두되었다. 그렇지만 1952년 샌프란시스코 강화조약이 체결되기 이전에 는 재일한국인이 일본국적 보유자로서 보는 견해가 정부당국자 사이에서 도 일반적인 견해였지만 이 칙령을 적용시키면 조선인들은 외국인이었기 에 외국인등록증 및 출입국관리의 대상이 되었다. 하지만 1952년 11월 1 일 일본정부는 본격적으로 出入國管理法制를 제정했다. 「出入國管理令」 (昭和 26年 政令第319号)이 시행되었다. 이때까지만 해도 이 법령은 조선 인들에 대해서는 적용되지 않았다.

그러나 1952년 4월 28일 체결된 강화조약 이후 일본정부는 구식민지 국민들의 일본국적을 일방적으로 박탈하였다. 재일한국인은 일본국적 상 실에 따라 일본에 거주하기 위한 체류자격에 관한 법적 문제가 대두되었 다. 이때 일본정부는 특별법을 제정하지 않고 잠정조치로서 '포츠담선언 수락에 준해서 발령되어진 명령에 기초해서 外務省關係諸命令措置에 관 한법률'(昭和27年 法律第 126号)을 시행했다. 이는 포츠담정령으로 제정하고 '出入國管理令'의 법률로서 효력을 발휘하기 위해서였다. 이 법률 시행에 따라서 샌프란시스코평화조약 발효 후에도 일본에 재류를 희망하는 외국인들은 3개월 이내에 재류자격취득신청을 하지 않으면 안 되었다. 그리고 이러한 법률에 의해 체류하는 사람들을 당시에는 126호 해당자라고 부르기도 했다.[20]

그러나 1945년 9월 2일 이전부터 일본에 재류했던 조선인(1945년 9월 3일부터 1952년 4월 28일까지 일본에서 출생한 아이를 포함)에 대해서는 일본재류의 역사적 경위에 따라서 그 법적지위가 별도법률로 정해지기까지는 계속해서 재류자격을 갱신하지 않고도 일본에 머무를 수가 있었다. 한편 1959년 8월 13일 '북한 적십자사와 일본적십자사간의 재일조선인 귀환관련협정'이 체결되었다. 이 협정에 따라서 1959년 1월 14일부터 1967년 11월 12일까지 88,611명의 조선인이 북한으로 귀환했다.[21]

이후 한일간에 국교회복을 위한 양국간 협상이 계속되어 마침내 '협정 영주권'이 주어졌다.[22] 이상의 협정영주권으로 1966년 1월 17일 '일본에 거주하는 대한민국국민의 법적지위 및 대우에 관한 대한민국과 일본과의 사이에 협정실시에 따른 출입국관리특별법'(昭和 40年 法律 第146号)이 실시되었다. 그러나 이 협정영주권은 재일한국인·조선인사회를 한국국적 소유자와 조선(북한)국적 소유자로 양분하는 결과를 가져왔다.

---

20) 구술인터뷰자료, 신창석(동경, 2004년 11월 25일).

21) 『日本外務省資料』(東京 : アジア局 東北アジア課, 1962年), 1面.

22) 협정영주권 내용은 다음과 같다. 1. 1945년 8월15일 이전부터 일본에 거주하고 있는 한국인 및 그 직계비속으로서 1945년 8월 16일부터 1971년 1월 16일까지 일본에서 출생해서 계속 일본에 거주하고 있는 한국인은 所定의 날까지 신청하면 협정상의 영주권을 허가한다. 2. 협정영주권이 허가된 사람의 아이는 출생일로부터 60일 이내에 신청하면 부모와 동일한 자격의 협정상 영주를 허가한다. 3. 협정영주가 허가된 사람은 강제출국사유가 완화되어지는 등 일반외국인에 비교해서 유리한 취급을 받는다.

3. 한·일 기본조약과 국적문제

1965년 6월 22일 한국과 일본 양국은 불행한 과거를 청산하고 새로운 국교관계를 맺기 위하여 「한일기본권에 대한 조약」, 「일본에 거주하는 대한민국 국민의 법적 지위 및 대우에 관한 협정」, 「재산 및 청구권에 관한 문제 해결과 경제협력에 관한 협정」, 「어업에 관한 협정」, 「문화재산 및 문화협력에 관한 협정」, 「관계부속문서」로 구성된 한일조약을 체결하였다. 이 한일조약이 12월 18일 비준됨에 따라 1966년 1월부터 5년간에 걸쳐 재일한국인·조선인에게 본인의 신청에 의거하여 「협정영주권」이 부여되었다. 이때에도 재일한국인·조선인에게 국적 선택의 기회는 주어지지 않았다.

한일 간 조약체결에 의해 전전부터 일본에 거주해 온 재일한국인·조선인 1세와 1971년 1월 17일 이후 일본에서 태어난 2세에게 「협정영주」라는 법적 지위가 주어졌다. 한일 간 지위협정에 따라 부여되는 협정영주권은 협정1세와 2세에게만 부여되었고 협정3세 이하는 대상에서 제외시켰다. 협정3세 문제는 25년 후에 다시 협상하기로 정하고 명확한 결정을 내리지 못했다. 협정3세는 협정2세에서 태어나므로 당연히 일본에서 태어나고 성장하는데도 불구하고 이들에게 영주권을 부여하지 않는다는 것은 도저히 이해하기 어려운 조치가 아닐 수 없다.

일본의 의도는 협정3세 이하의 신분을 불안한 상태로 두면, 재일한국인·조선인의 귀화자가 증가하게 되고 그러면 협정영주권자의 수가 줄어들게 될 것으로 판단하였기 때문으로 보인다. 그리고 영주권에 대한 일본정부의 양보에 대한 비난이 국내에서 고조되었기 때문이기도 하다.

그러나 1966년부터 「협정영주권」이 효력을 발휘하게 되면서 재일한국인·조선인사회는 양분되기 시작하였다. 1966년 이전 재일한국인·조선인은 외국인 등록증에 국적이 모두 「조선」으로 표기되었다. 그러나 새롭게 협정영주로 체류자격을 변경하기 위해서는 국적표기를 「조선」에서 「한국」으로 변경하지 않으면 안 되었다. 결국 재일한국인·조선인사회는 협정 영주권자와 기존의 법률 제126조에 의거하여 체류하는 사람들로 양분되는 현상이 발생하였다.

외국인등록은 재일한국인·조선인 모두가 새롭게 등록하지 않으면 안 되었기 때문에 모든 재일한국인·조선인은 「조선」이나 「한국」을 국적으로 선택해야만 했다. 이에 대해 북한은 조국의 분단과 더불어 재일한국인·조선인 사회도 분단되었다고 한·일국교정상화를 비판했으며 이에 대한 책임은 한국과 일본 그리고 미국에 있다고 비난한다.[23]

일본정부는 한일국교정상화에 합의하면서 한국정부를 한반도의 유일한 합법정부로 인정하였기 때문에 협정영주의 시행에 있어서도 재일조선인에게 한국국적 취득을 장려하였다. 그리고 협정영주의 시행으로 재일한국인·조선인 신분이 보다 안정되었으나 「일반영주」보다는 안정되지 못해 강제퇴거 조항은 여전히 존속하게 되었다. 한편 1965년 한·일조약 체결 당시 재일한국인 3세에 대한 법적 지위는 25년 후에 재차 협의하기로 한 점은 앞에서 언급한 바이다. 1966년 실시된 협정영주가 25년째를 맞이하는 해가 1991년이었기에 이를 「1991년 문제」라고 부르기도 한다.[24]

1988년부터 한국과 일본정부는 재일한국인 3세의 체류자격에 대한 협의를 계속하여 1991년 1월 10일 마침내 한·일 외교장관 간에 각서가 체결되었다.

한·일 양국간 각서체결에 따라 일본정부는 1991년 5월 「평화조약에 의거하여 일본국적을 이탈한 자 등의 출입국관리에 관한 특례법」을 제정하여 2월 1일부터 시행하였다. 이 특례법의 시행에 따라 첫째, 재일한국

---

23) 『日本外務省國際資料部資料課』(東京 : アジア局 東北アジア課 資共第63号, 1965年).

24) 고선규, 『일본의 국적 정책과 재일한국인의 일본국적 문제』.

인 협정3세 이하에게 「특별영주권」이 부여되었다. 둘째, 강제퇴거 사유는 내란죄, 外患죄 등에 한정시키기로 합의하였다. 셋째, 특별영주권자가 외국에 출국하여 다시 일본에 재입국하려 할 때 그 기간은 최대 5년으로 설정되었다.

이러한 세 가지 조항은 재일한국인·조선인 1세와 2세에게도 동일하게 적용되었다. 아울러 외국인등록과 관련하여 지문날인제도가 폐지되는 대신 동일인임을 확인하는 방법으로 서명과 가족사항을 등록하도록 개정되었다. 그리고 거주지 등의 변경등록 위반에 대한 처벌이 벌금형으로 변경되었고 1991년에 「특별영주권」이 시행됨으로서 재일한국인·조선인의 일본 체류자격이 통일되었다. 1965년 한일국교정상화에 따라 「협정영주권」취득권자와 기존의 법률 126조에 의거 한 체류자로 양분되었던 재일한국인·조선인의 체류자격은 1991년 이후 「특별영주권」에 의한 체류자로 일원화되었다.

IV. 재일한국인의 감소와 현황

앞에서 보았듯이 현재 일본에 거주하고 있는 약 60만 명의 한국인은 과거의 차별받는 민족에서 현재는 과거보다 많은 개선이 있었다 할지라도 모두가 협정영주권 취득자로서 살아가고 있는 것은 아니다. 여기에는 북한을 지지하는 조선인은 협정영주권을 취득함으로서 한국인이 되는 것을 거부하고 있다. 그래서 재일한국인·조선인 스스로가 자신을 한국인이나 조선민주주의인민공화국의 일원으로 규정하는 한 한국이나 북한의 국적을 가지는 것은 당연하다. 그 결과 북한국적 소유자들은 在日의 역사적 경위나 자기의사에 기인하지 않고 일방적으로 일본국적을 상실하게 되어 외국인으로 남게 되고, 일본에서 태어나 성장하고 성년이 되어 한국국적의 협정영주권자들과 전혀 다름이 없음에도 불구하고 법적지위 면

에서는 불안정한 상태에 놓여있다.25)

예를 들면, 북한국적소유자들의 법적지위는, 부모 또는 親(재류자격 유무 관계없이 일본에 재류할 수 있다 '法 126-2-6 該當者'), 子(省令上의 특정재류자격), 孫(省令上의 법무대신이 특별히 재류를 인정하는 사람만 재류자격)으로 세대가 내려갈수록 불안정한 재류형태를 취하게 된다. 하지만 재일한국인의 재일채류가 이전보다는 나아졌다고 하지만 문제는 재일한국인의 숫자가 해마다 급속히 감소하고 있다는 데 있다.

이는 일본사회의 인구고령화・少子化로 인한 인구감소에 고심하던 일본정부가 정주외국인에 대한 일본사회 구성원자격요건을 강화하려는 움직임을 보이고 있기 때문이라고 한다.26) 일본정부의 이런 움직임은 기존의 정주외국인이 住民으로서 일본사회의 보호를 받을 수 있었지만 이제는 國民이 아니면 사회의 보호대상에서 제외시키는 국적법과 호적관련 법안의 추진강화를 보이고 있기 때문이다. 그래서 이 장에서는 재일한국인의 정주외국인으로서의 재일체류의 한계와 재일한국인의 감소로 인한 문제점 그리고 대응을 살펴보기로 한다.

1. 재일한국인 재류형태의 변화

이러한 불안정한 재류형태에도 불구하고 재일한국인・조선인에 대한 처우는 개선되고 있는듯하다. 이에 대해서는 최근 재일한국인에 대해 지방자치체가 건축한 공공주택에 입주가 가능해지고 사회보장제도의 가입에 있어서 국적조항이 폐지된 것과 특히 1982년 9월 「국립 또는 공립대

---

25) 재일한국인・조선인은 1952년 4월 28일 일본과 연합국간에 체결된 강화조약이 발효되기 이전에는 일본국적을 보유하고 있었다. 일본정부는 법무성 민사국장의 통달을 통하여 재일한국인・조선인의 일본국적을 일방적으로 박탈하였다. 이러한 통달에 의한 국적상실은 법적으로 무효하다고 볼 수도 있다. 그러므로 이론적으로 현재까지 재일한국인・조선인은 일본국적을 보유하고 있다고 볼 수 있다는 주장이 제기되고 있다.

26) 구술인터뷰자료, 신창석(동경, 2004년 11월 24일).

학의 외국인 교원 임용 등에 관한 특별조치법」이 시행되어 외국인 교원 임용이 가능해졌다.

그리고 1991년 한·일간 합의각서 채택 이후 지방자치체의 공무원 채용도 점차 확대되고 있다. 1992년부터 교원임용선발시험에 재일한국인이나 외국인 수험생을 인정하고 정식교사는 아닐지라도 이에 준하는 상근 강사로 채용하고 있다. 급기야는 지역사회의 의사결정을 위한 주민투표에 재일외국인을 참가시키는 자치단체들이 늘어나고 있는 추세이다.27)

일본정부의 제도개선 및 차별조항철폐에 의한 재일한국인·조선인들의 일본사회참여는 반가운 일이나, 반면 현재 재일한국인의 수가 점점 감소하고 있으며 이들의 민족의식이 점점 약화되어 가고 있다. 현실적으로 2세 이하인 경우, 한국에 대한 실제적 경험이 부족하고 친인척과 같은 혈연적 관계도 약화되었다고 볼 수 있다. 더구나 최근 급격하게 눈에 띄는 귀화에 따른 일본국적 취득자의 급증은 귀화를 통한 일본국적 취득자가 지금과 같이 증가한다면 머지않아 재일동포사회는 소멸위기에 빠지게 될지도 모른다. 일본 법무성 출입국관리국의 집계에 따르면, 1999년 현재 재일한국인·조선인 수는 635,548명으로 나타났다.

이러한 숫자는 1997년과 비교할 때 1만 명 정도가 감소한 숫자이다. 일본 국적법이 부계중심주의에서 부모양계주의로 개정된 1986년 이래 계속해서 13년째 감소하고 있는 실정이다. 이러한 재일한국인·조선인의 감소는 여러 가지 복합적인 요인이 존재하고 있다. 그러나 가장 큰 요인은 특별영주권자로 살아가기에는 너무 많은 차별이 존재한다는 사실일 것이다. 실제로 재일한국인의 본명 사용 여부와 귀화여부에 준거해서 분류하면 다음의 네 가지 패턴으로 분류될 수 있다.28)

---

27) 시즈오카현(靜岡縣)은 2001년 6월, 靜岡공항건설여부를 묻기 위한 주민투표條例案을 제안하면서 재일외국인의 투표권을 인정하기로 하였다. 자격요건은 만 18세 이상으로 일본에 3년 이상 거주한 사람이면 주민투표에 참가할 수 있다.

28) 河炳旭, 『第4の選擇韓國系日本人』(文藝社, 2001), 21~22面.

첫째, 한국명과 일본이름을 병용하여 쓰는 한국인이다. 재일한국인 중에서 이러한 패턴이 가장 많다. 일본사회가 차별을 강요하는 분위기 속에서 이러한 행동패턴은 어쩔 수 없을 지도 모른다. 동시에 일본에서 사업을 하거나 자영업에 종사하는 경우 일본인을 상대로 하기 때문에 부득이하게 일본이름을 쓰게 된다.

둘째, 한국명만을 사용하는 한국인이다. 이러한 패턴의 사람들은 한국인으로서 자부심을 가지고 당당하게 살아가려고 노력하는 사람들이다. 재일한국인 1세에 해당하는 사람들이 대부분인데 점점 그 수는 줄어들고 있다.

셋째, 귀화하여 일본인 이름만을 사용하는 일본인이 세 번째 패턴에 해당한다. 이러한 부류의 사람들은 귀화하여 일본인으로 살기를 결심하였거나 일본인과 결혼하여 배우자와의 관계 때문에 동화한 사람들이라고 볼 수 있다.

넷째, 한국명을 가지고 일본인으로 존재하는 것이다. 일본국적을 선택하였지만 한국인 본명을 사용하는 사람들이다. 엄밀한 의미에서 재일한국인이라 할 때는 위에서 열거한 네 가지 패턴 중에서 첫째와 둘째에 해당하는 사람들이다. 그러나 민단의 규약에서 귀화한 동포들을 우호단원으로 규정하고 있는 것처럼 일본국적을 취득한 사람들도 같은 동포로서 인정하고 있음을 알 수 있다. 1999년 8월 한국 국회에서 제정된 「재외동포특례법」에서도 이 법의 적용대상을 거주 국가의 국적 취득자들도 포함시키고 있다. 그러나 문제는 해방 이후 재일한국인·조선인의 수는 1950년에 60만 명 이하로 감소하였으나 이후 1990년까지 출산율증가로 인해 재일한국인의 숫자는 계속 증가 일변도였다. 그러나 1990년대에 들어와서는 점진적으로 감소하고 있다. 1990년대 재일한국인·조선인의 감소는 일본국적 취득과 일본인과 결혼을 통한 귀화자가 증가하였기 때문으로 볼 수 있다.

2. 정주외국인의 재류한계

일본국적 취득과 일본인과의 결혼이 증가하는 이유는 재일 1세들과는 달리 한국이나 북한과의 지연적, 혈연적 관계 약화와 민족적 정체감의 약화로 초래되었다고 볼 수 있다. 현재 재일한국인·조선인사회에서 재일 1세가 차지하는 비율은 10% 미만으로 나타난다. 재일 2세, 3세, 4세들은 도일 당사자인 재일 1세들과는 달리 본국에 대한 정치적 귀속의식이 약하고 일본정부나 사회에 대한 반감도 적어 일본인과의 결혼이나 일본국적 취득이 용이해졌다하겠다.

예를 들면, 1970년대 이후 귀화하는 재일한국인·조선인의 수는 1975년 6,323명에서 1989년에는 4,759명 정도로 감소하였다. 그러나 1990년 이후 지속적으로 증가하여 1995년에는 1만 명이 넘는 것으로 나타났다. 역시 1999년에도 일본으로 귀화한 재일한국인·조선인 수는 1만 명 이상을 기록하고 있다. 결국, 1990년대 이후 지속적인 귀화자의 증가는 재일한국인·조선인의 수를 감소시키고 있다고 볼 수 있다.[29]

재일한국인·조선인의 감소와 귀화자의 증가는 재일한국인·조선인의 결혼양태와도 밀접한 관련이 있다하겠다. 1970년대까지는 재일동포간의 결혼이 압도적으로 많았으나 그러나 1980년대에 이르면 재일한국인·조선인의 결혼 상대자는 같은 재일한국인·조선인보다는 일본인이 많아지게 된다. 1990년대 이후에는 일본인과의 결혼이 압도적인 비율을 차지하여 재일한국인·조선인 70% 이상이 일본인과 결혼하고 있다. 특히 일본인 남성과 재일한국인·조선인 여성이 결혼하는 비율이 3분의 2정도를 차지한다. 일본인과 결혼하는 비율이 압도적으로 증가한 이유로는 재일한국인·조선인사회의 세대교체와도 무관하지 않다. 즉 본국에서 결혼해

---

29) 『現代コリア』(東京 : 現代コリア, 2000年 第401号), 37面.

서 도일한 재일 1세와 달리 2세 이하는 일본에서 태어나고 일본학교에서 교육을 받아 일본인에 대한 인식이 재일 1세와는 근본적으로 다르기 때문이다. 또한 일본인과 학교나 직장에서 접촉하게 되는 기회가 늘어난 것도 이유일 것이다.[30]

그렇지만 무엇보다도 일본에서 태어나서 자라왔고 앞으로 일본에서 생활해야 하기 때문에 재일한국인·조선인이라는 차별적 존재로 살기보다는 일본인과 동등하게 살기를 원하는 마음이 있기 때문에 증가하였다고 본다. 이러한 변화는 일본사회가 재일한국인·조선인에게 가하고 있는 차별로부터 도피하려는 현상일지도 모른다. 그리고 일본은 1985년 국적법 개정 이후, 일본인과 결혼하는 모든 자녀에게 일본국적을 부여하는 부모양계주의를 채택하였다. 그 결과 일본인 여성과 결혼하는 재일한국인·조선인 남성의 비율도 2배 가까이 증가하였다.[31] 현재 재일 3세, 4세를 중심으로 구성된 재일한국인·조선인사회는 위기에 직면하고 있다. 연간 1만 명이 넘는 재일 한국인·조선인이 귀화하여 일본국적을 취득하고 있다. 일본인과의 결혼도 급격히 증가하여 국적선택은 물론 민족적 정체성이 약화되고 있다. 계속해서 일본국적 취득과 일본인과의 결혼이 증가하면 재일한국인·조선인사회는 자기 정체성의 위기에 빠지게 될 지도 모른다.[32]

3. 재일한국인 감소와 대응

21세기의 재일한국인·조선인은 2050년을 기점으로 소멸한다는 다소 비관적인 애기들이 일본에서는 기정사실화되고 있다. 이유로는, 일본인과

---

30) 고선규, 『일본의 국적 정책과 재일 한국인의 일본국적 문제』.
31) 동시에 1985년 이후 이중국적 소지자에게 일본국적 취득을 장려하는 정책이 전개되면서 일본국적 취득자는 증가하였다.
32) 구술인터뷰자료, 강덕상(동경, 2004년 11월 24일).

의 결혼증가와 일본인구감소를 들 수 있다. 그리고 이제부터 재일한국인·조선인들의 일본국적취득이 급속히 진행되면 재일한국인·조선인의 인구가 큰 폭으로 감소할 것으로 예측된다.[33] 한편 지금까지 재일한국인·조선인에 대한 법적 지위 향상은 한·일양국정부간 협의를 통해서 이루어져 왔다. 한국정부는 보다 자유롭고 기본적 인권과 사회보장제도의 혜택을 받으면서 재일한국인이 일본에서 생활할 수 있도록 외교적 노력과 상호주의에 입각한 국내법의 정비가 필요하다.

예를 들면, 재일한국인의 지방선거 참정권은 한국이 외국인에 대한 참정권을 허용하고 있지 않기 때문에 상호주의를 내세워 일본도 허용하지 않는다고 주장하고 있다. 그리고 재일한국인이 일본사회에서 거주하게 된 근본적인 이유는 과거 식민지 지배에서 유래하였다. 그러므로 원초적 원인 제공자인 일본정부에게 인도적 차원과 세계적 권리신장 추세에 걸맞는 권리보장을 요구해야만 할 것이다.

한국정부는 1999년 8월 국회를 통과한 「재외동포특례법」에서 규정하고 있는 것과 같이 해외에 거주하는 한국 국적소유자뿐만 아니라 거주국가의 국적을 취득한 동포에 대해서도 보호정책을 실시하고 있다. 현실적으로 한국과 일본정부가 이중국적을 허용하고 민족의 문화와 교육에 대한 자율성을 보장하지 않는 한 재일한국인의 귀화는 막을 수가 없을 것 같다. 그렇다면 한국정부는 특별영주자로 일본에 거주하거나 귀화하여 일본국적을 취득한 한국계 일본인이 본국과의 관계를 원활히 하고 민족적 긍지를 가지고 생활할 수 있도록 지원해야 한다.

특히 재일한국인에 대한 한글교육과 전통문화·예술 등에 대한 지원은 대단히 중요하다. 1997년에 설립된 「재외동포재단」을 통해서 보다 적극적인 한글교육과 민족문화의 보급 활동을 전개해야 한다. 그리고 정부가

---

33) 『現代コリア』, 38面.

재외동포의 역할에 대한 인식을 보다 적극적으로 해야 한다. 재일한국인·조선인은 그들이 가진 경제력과 북한과의 인적 네트워크 때문에 남북통일과정에 지대한 공헌을 할 것으로 생각된다.

북·일간 관계정상화가 이루어진다면 일본의 자본은 물론 재일한국인·조선인 자본이 북한으로 유입되어 북한의 경제위기 극복에도 크게 기여할 것이다. 또한 재일한국인·조선인은 한국이 국내외적으로 위기에 봉착하게 되었을 때 거주국가의 국적취득에 관계없이 한국을 돕게 될 것이다. 재일한국인·조선인은 한국을 대변하는 민간외교관으로, 한국제품의 소비자로서 한국 전통문화의 홍보요원으로 크게 기여하게 될 것이다.

실제로 한국정부가 조총련계 동포에게 한국방문과 경제적 투자를 허용한 이래 상당수의 조선국적 소유자가 한국을 방문하고 있다. 이들은 한국정부가 발행하는 임시 여권을 소유하고 입국하게 되는데 특히 젊은 사람들은 병역신고 문제로 인해 한국 입국과정에서부터 공항 출국심사에서까지 병역신고 미필자로 적발되어 어려움을 격고 있다고 한다. 이러한 경우, 재일조선인은 같은 민족임에도 타국인 취급을 받고 있다.[34]

앞에서도 살펴본 바와 같이 일본에서는 외국인의 인권문제가 새롭게 제기되는 가운데 재일한국인문제도 새롭게 조명되고 있으며, 재일한국인의 인권문제를 일본사회가 어떻게 인식하고 대응하는가 하는 것이야말로 일본의 모습이 단일민족에 기초한 민족국가에서 세계의 여러 나라 외국인이 공생하는 다민족·다문화로 구성된 공동체로 변화하고 있음을 보여주는 시금석이라는 주장도 제기되고 있다.[35] 또한 현재 일본사회가 처한 사회적, 경제적 여건을 보더라도 외국인과의 공생은 불가결하며, 세계사적 흐름과 일본사회가 처한 제반환경을 고려하여 남북한과 일본은 재일한국인·조선인의 국적문제를 적극적으로 해결해야 할 것이다.

---

34) 구술인터뷰자료, 강덕상(동경, 2004년 11월 24일).
35) 구술인터뷰자료, 강덕상(동경, 2004년 11월 24일).

V. 결 론

　일본의 근대국민국가 출범이후 국적제정과 국가의 성격변화 그리고 일본국민과 국적법의 특징을 살펴보았다. 그리고 재일한국인의 형성에 대한 역사적 경위, 체류자격의 변화 그리고 현재의 일본국적 취득 현황에 대해서 고찰하였다. 앞에서 보았듯이 재일한국인·조선인은 역사적으로 일본에 의한 강제동원정책과 식민정책의 폐단으로 말미암아 오늘에 이르게 되었다. 그래서 전후 초기의 재일한국인·조선인문제는 일본의 국내 전후처리문제에 중요한 과제의 하나였을 뿐만이 아니라 때로는 한·일간의 초미의 관심사가 되기도 했다. 이는 일본정부에 의한 노골적인 한국인·조선인 차별정책과 일본사회의 소수민족에 대한 몰이해를 들 수 있겠다. 그래서 해방 이후 재일한국인을 외국인으로서 취급하여 왔고 외국인이라는 명분으로 민족교육을 부정하여 왔다. 그리고 직업선택의 자유를 제한하고 제반 사회보장제도의 혜택으로부터 제외되었다. 이러한 권리를 보장받기 위해서는 귀화하여 일본국적을 취득할 것을 강요받았으며 현재에도 계속되고 있는 이러한 귀화정책은 폐쇄적인 발상이며 세계사적 흐름에도 부합하지 못하는 민족적 동화정책임을 알 수 있다.

　그러나 1970년대부터 시작된 정주외국인 참정권운동을 중심으로 한 시민운동은 국가의 틀에 얽매이지 않고 인간으로서의 존엄을 확보할 수 있는 독자적인 아이덴티티를 모색해왔다. 그 결과 불충분하지만 지속적인 운동의 성과로 지역 단위이기는 하지만 지방자치단체를 중심으로 재일한국인에 대한참정권이 부분적으로 허용되기 시작했으며, 제도적 차별이 조금씩 해소되기 시작했다. 그 과정에서 일본사회의 양심 있는 세력과의 연대가 모색되어져, 이때부터 민족이나 국적을 넘어서서 생활의 장을 공유하는 같은 시민으로서 자신들이 몸담고 있는 사회를 변혁시키려는 운동이 일어나게 되었다.

일본의 이러한 사회적 변화에 따라, 1985년 이후 일본정부에 의한 일본 내 소수민족 정책에 많은 변화와 발전으로 이제는 재일한국인·조선인의 법적지위향상을 위한 노력보다는 이들의 自然消滅論에 대해서 더 신경을 써야할 시기가 되었다. 이를 위해서는 이제까지의 재일한국인·조선인에 대한 정책이 기존의 양적인 처우개선을 위한 처벌규정완화나 일본인화를 위한 귀화종용정책에서 일본영주 재일동포로 살아가기 위해 어떤 방법이 있는지에 대한 구체적인 방법과 대안을 기대해본다.

그리고 재일한국인·조선인이 일본국적을 취득하지 않고 한국민족 고유의 민족문화를 향유하며 일본에서 생활할 수 있는 환경을 조성해야 한다. 이를 위해서 일본정부는 재일한국인·조선인의 민족적 정체성 회복과 사회적 권리, 지방참정권의 부여 등 정치적 권리를 부여해야 할 것이다. 이렇게 하는 것이야말로 오늘날의 다국적·다민족 그리고 다문화화 현상에 대한 대응의 형태라 할 수 있겠다.

참고문헌

고선규, 『일본의 국적 정책과 재일 한국인의 일본국적 문제』, 한국일본학
　　　회 발표논문, 2003.
日本外務省資料, アジア局 東北アジア課, 1945~1968.
日本外務省國際資料部資料課, アジア局 東北アジア課, 1945~1968.
佐藤文明, 在日『外國人』, 讀本 : 綠風出版, 1999.
在日韓國・朝鮮人の國民年金を求める會, 國籍差別との鬪い, 凱風社, 1984.
田中 廣, 外國人の地方參政權, 五月書店, 1996.
河炳旭, 第4の選擇韓國系日本人, 文藝社, 2001.
山下誠也, 在日コリアンのアイデンティティと日本社會 明石書店, 2001.
山本敬三, 國籍 三省堂, 1984.
梁泰昊・川瀨俊治, 在日韓國・朝鮮人問題 解放出版社, 2002.
尹健次, 日本國民論, 筑摩書房, 1997.
現代コリア, 1993~2003.

구술인터뷰자료, 강덕상(동경, 2004년 11월 24일).
구술인터뷰자료, 박갑동(동경, 2003년 6월 12일).
구술인터뷰자료, 박두진(동경, 2004년 11월 22일).
구술인터뷰자료, 박진산(동경, 2004년 11월 23일).
구술인터뷰자료, 신창석(동경, 2004년 11월 24일).
구술인터뷰자료, 신창석(동경, 2004년 11월 25일).
구술인터뷰자료, 정대성(동경, 2004년 11월 24일).

■ 저자소개

□ 정현수

통일미래사회연구소 연구위원

경희대 정치학 박사

주요저서・논문 :

「화해협력시대의 남북한관계론」,

「중국 조선족의 한국전쟁 참전연

구」

□ 우병국

통일연구원 프로젝트연구위원

대만 국립대만대학 법학박사

주요저서・논문 :

「대만 정권교체 이후의 독립추진

동향과 중국의 대응전략」, 「대만의

정치부패에 관한 연구」, 「중국의

한국전쟁 연구현황에 관한 분석」

□ 김하영

통일연구원 프로젝트연구위원

미국 하와이대 정치학 박사

주요저서・논문 :

「김일성의 민주주의에 대한 인식」,

「미국 사회의 인종갈등과 거버넌

스」

□ 김 면

통일연구원 프로젝트연구위원

독일 베를린(T.U.Berlin)

　　대학교 문학박사

주요저서・논문 :

「구동독의 對 북한 사회주의 건설

지원」, 「독일 국립문서보관소 소

장 자료를 통해서 본 북한과 구동

독간의 경제협력」

□ 전현준

통일연구원 선임연구위원
전남대 정치학 박사
주요저서·논문 :
「북한의 대남정책 특징」,「북한의
강성대국 건설 실태 평가」

□ 곽진오

통일연구원 프로젝트연구위원
영국 University of Hull
　정치학 박사
주요저서·논문 :
「일본의 FTA전략」,「일본의 전후
처리, 일·독 비교」,「90년대 구조
불황과 일본정치경제시스템의 변
화 I·II」(공저)